国内外能源科技创新发展报告
（2025）

罗良才　主编

石油工业出版社

内容提要

本书是中国石油集团经济技术研究院在长期跟踪研究世界能源科技创新发展的基础上编写而成的,主要内容涵盖综述、技术发展报告和专题研究报告。综述部分重点阐述了国内外能源科技创新发展的现状及趋势;技术发展报告全面归纳总结了世界油气工业上下游各领域和新能源领域的重要技术进展及发展趋势;专题研究报告围绕战略新兴产业和未来产业,重点介绍了地热、储能、新材料、合成生物学、人工智能、量子计算等技术的发展与趋势,并分析了石油行业的专利发展态势。

本书可作为油气行业、新能源领域各专业科技管理人员、科研工作者以及石油院校相关专业师生的参考用书。

图书在版编目(CIP)数据

国内外能源科技创新发展报告 . 2025/罗良才主编 .
北京:石油工业出版社,2025.6. -- ISBN 978 – 7 – 5183 –
7607 – 0

Ⅰ. F416.2

中国国家版本馆 CIP 数据核字第 20253M5X07 号

出版发行:石油工业出版社
(北京安定门外安华里 2 区 1 号楼 100011)
网 址:www.petropub.com
编辑部:(010)64523546 图书营销中心:(010)64523633
经 销:全国新华书店
印 刷:北京中石油彩色印刷有限责任公司

2025 年 6 月第 1 版 2025 年 6 月第 1 次印刷
787×1092 毫米 开本:1/16 印张:13.25
字数:307 千字
定价:180.00 元
(如出现印装质量问题,我社图书营销中心负责调换)
版权所有,翻印必究

《国内外能源科技创新发展报告（2025）》

编委会

主　　　任：钱兴坤　陆如泉
副 主 任：罗良才　吴谋远
成　　　员：廖　钦　林东龙　李　男　王洪伟　程显宝
　　　　　　朱颖超　杨　艳　刘　佳　闫　勇　范向红

编写组

主　　　编：罗良才
副 主 编：杨　艳　赵　旭　张焕芝
编写人员：（按姓氏笔画排序）
　　　　　　王小天　车　蕾　尹成芳　刘帅奇　刘雨虹
　　　　　　刘知鑫　刘炜辰　孙乃达　李田玮　李晓光
　　　　　　吴　聃　吴　潇　汪樟发　张　帆　张华珍
　　　　　　张运东　张珈铭　范向红　单慕晓　赵明洋
　　　　　　郝丽娟　贺怡然　袁　磊　高维群　郭晓霞
　　　　　　龚雅妮　蒋明英　焦　姣
指导专家：吴国干　刘玉章　张福琴　张桐郡　王悦军
　　　　　　金　鼎　潘松圻　隋永莉　李万平　杨金华
编写单位：中国石油集团经济技术研究院

前　言

当今世界，新一轮科技革命和产业变革深入推进，绿色低碳、数智化、可持续发展成为时代主题。随着全球能源转型步伐加速，"技术就是资源"的趋势愈加明显。世界各主要国家高度重视能源科技创新，积极抢占低碳智慧能源发展制高点。

中国石油集团经济技术研究院能源科技创新与发展研究团队，持续跟踪研究世界油气和新能源科技信息，及时把握能源科技创新发展动态，自2012年以来，每年形成一份涵盖油气上中下游和新能源领域技术发展报告和专题研究报告，为油气行业和能源企业的科技发展战略研究与规划编制提供支撑。

《国内外能源科技创新发展报告（2025）》由综述、9个技术发展报告、8个专题研究报告和附录组成。技术发展报告总结了地质、开发、物探、测井、钻井、储运、炼油、化工和新能源9个专业的年度行业动态和技术新进展；专题研究报告突破以往专业限制，聚焦战略性新兴产业和未来产业发展，重点分析了地热、熔盐储能、AI＋材料、合成生物学、量子计算、人形机器人等技术与产业的发展前沿与趋势，剖析了美国能源部在能源颠覆性技术和变革性技术创新方面的经验与管理模式，洞察国际大石油公司和油服公司专利技术发展趋势。附录新增了能源科技发展趋势的研判，首次发布了未来极具潜力的十大油气和新能源技术。从本年度起将采用新封面，体现油气行业绿色低碳转型和数智化转型趋势。

中国石油集团经济技术研究院钱兴坤书记、陆如泉院长对本书进行了总体指导，罗良才副院长对报告进行了整体设计、策划，指导并参与了报告内容的编写与审核，杨艳、赵旭和张焕芝组织了报告编写与审核工作。吴国干、刘玉章、张福琴、张桐郡、王悦军、金鼎、潘松圻、隋永莉、李万平、杨金华等多位专家对报告内容进行了审核。

限于编者水平，书中难免存在疏漏与不足之处，恳请读者指正，真诚地希望听到大家的意见和建议，进一步提高报告的编写质量和水平。

目 录

综 述

一、油气和新能源科技创新宏观形势 ·· (3)
  （一）新一轮科技革命为能源产业发展注入新动能 ························ (3)
  （二）能源科技创新呈现"三融一跨"新特点 ···························· (4)
二、油气和新能源科技新进展 ·· (4)
  （一）油气技术"四极"发展趋势 ·· (5)
  （二）新能源技术"四化"发展方向 ······································ (5)
  （三）数智技术为能源产业"两赋能" ···································· (6)
三、油气和新能源技术发展展望 ·· (7)
  （一）油气可持续发展技术展望 ·· (7)
  （二）能源绿色低碳转型技术展望 ·· (7)
  （三）未来智慧能源技术展望 ·· (8)

技术发展报告

一、勘探地质理论技术发展报告 ·· (11)
  （一）油气勘探新动向 ·· (11)
  （二）油气勘探技术新进展 ·· (15)
  （三）油气勘探技术展望 ·· (23)
二、油气田开发技术发展报告 ·· (26)
  （一）油气田开发新动向 ·· (26)
  （二）油气田开发技术新进展 ·· (27)
  （三）油气田开发技术展望 ·· (46)
三、地球物理技术发展报告 ·· (51)
  （一）地球物理行业新动向 ·· (51)
  （二）地球物理技术新进展 ·· (52)

（三）地球物理技术展望 ………………………………………………………………（58）

四、测井技术发展报告 …………………………………………………………………（61）
　　（一）测井行业发展新动向 ………………………………………………………（61）
　　（二）测井技术新进展 ……………………………………………………………（63）
　　（三）测井技术展望 ………………………………………………………………（71）

五、钻井技术发展报告 …………………………………………………………………（74）
　　（一）全球钻井行业新动向 ………………………………………………………（74）
　　（二）钻井技术新进展 ……………………………………………………………（76）
　　（三）钻井技术展望 ………………………………………………………………（83）

六、油气储运技术发展报告 ……………………………………………………………（86）
　　（一）油气储运行业新动向 ………………………………………………………（86）
　　（二）油气储运技术新进展 ………………………………………………………（87）
　　（三）油气储运技术展望 …………………………………………………………（93）

七、石油炼制技术发展报告 ……………………………………………………………（96）
　　（一）石油炼制行业新动向 ………………………………………………………（96）
　　（二）石油炼制技术新进展 ………………………………………………………（97）
　　（三）石油炼制技术展望 …………………………………………………………（106）

八、石油化工技术发展报告 ……………………………………………………………（108）
　　（一）石油化工行业新动向 ………………………………………………………（108）
　　（二）石油化工技术新进展 ………………………………………………………（109）
　　（三）石油化工技术展望 …………………………………………………………（113）

九、新能源技术发展报告 ………………………………………………………………（116）
　　（一）新能源行业新动向 …………………………………………………………（116）
　　（二）新能源技术新进展 …………………………………………………………（118）
　　（三）新能源技术展望 ……………………………………………………………（131）

专题研究报告

一、美国能源高级研究计划署推动能源科技创新的经验与启示 ……………………（139）
　　（一）ARPA－E 的资助领域及取得成绩 ………………………………………（139）
　　（二）ARPA－E 的主要实践经验 ………………………………………………（142）
　　（三）ARPA－E 变革性技术创新认识与启示 …………………………………（144）

二、美欧地热科技创新实践及启示 ·· (146)
    （一）美欧地热科技创新计划与启示 ·· (146)
    （二）我国地热开发利用前景与挑战 ·· (148)
    （三）推动我国地热产业发展的策略 ·· (149)

三、"AI+材料"开启新材料产业智能新时代 ·· (151)
    （一）"AI+材料"领域发展现状 ·· (151)
    （二）"AI+材料"领域主要技术进展 ·· (152)
    （三）"AI+材料"领域的未来发展方向 ······································ (154)

四、合成生物学产业发展的思考与认识 ·· (155)
    （一）合成生物学产业发展进程 ·· (155)
    （二）合成生物学应用领域 ·· (156)
    （三）合成生物学产业发展现状 ·· (158)
    （四）合成生物学产业展望 ·· (160)

五、熔盐储能：长时储能"黄金赛道" ·· (161)
    （一）熔盐储能技术体系与应用场景分析 ···································· (161)
    （二）熔盐储能行业发展现状 ·· (163)
    （三）熔盐储能技术未来发展面临的挑战 ···································· (165)

六、国际大石油公司布局以量子计算为代表的未来技术探索与借鉴 ················ (166)
    （一）量子算力在能源和材料领域应用前景 ·································· (166)
    （二）量子计算技术的产业化进展概况 ······································ (167)
    （三）国际油气行业量子计算发展现状 ······································ (168)
    （四）对能源行业发展未来产业的认识与启示 ································ (169)

七、超前部署积极应对人形机器人带来的机遇与挑战 ······························ (170)
    （一）国内外人形机器人研发现状与发展前景 ································ (170)
    （二）人形机器人带给油气行业的机遇与挑战 ································ (171)
    （三）人形机器人在油气行业应用的技术发展方向 ··························· (172)
    （四）油气公司参与人形机器人产业的建议 ·································· (172)

八、国外主要石油公司专利技术发展趋势洞察 ···································· (174)
    （一）国外石油公司公开专利数量与地域 ···································· (174)
    （二）国外石油公司专利布局重点技术方向 ·································· (176)
    （三）国外石油公司专利布局主要特征 ······································ (178)

附 录

附录一　中国石油科技十大进展 …………………………………………………………（181）
　一、2024 年中国石油十大科技进展 ………………………………………………………（181）
　二、2014—2023 年中国石油与国际石油科技十大进展汇总 ……………………………（185）

附录二　国外石油科技主要奖项 …………………………………………………………（192）
　一、2024 年石油工程技术创新特别贡献奖 ………………………………………………（192）
　二、2024 年 OTC 聚焦新技术奖 ……………………………………………………………（195）
　三、2024 年 IPTC 卓越项目奖 ………………………………………………………………（197）

附录三　未来极具潜力的十大油气和新能源技术 ………………………………………（199）

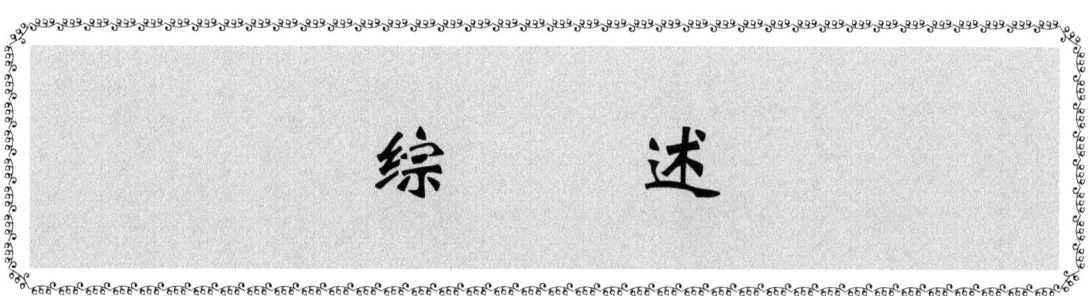

回顾历史，油气行业经历了四次重大的技术革命性突破，每一次都极大地推动了行业的进步与发展。而今，由人工智能引领的第五次技术革命带来了前所未有的机遇与挑战。在全球范围内，新一轮科技革命和产业变革正在加速推进，绿色低碳、数智化（数字化与智能化的结合）以及可持续发展的理念成为时代的核心主题。面对气候变化的严峻挑战，各国纷纷制定了碳中和目标，推动能源结构从传统化石燃料向清洁能源转变。油气行业面临转型升级和系统重塑的艰难选择，科技创新正引领其从资源依赖型产业向创新驱动型产业转变，通过开发更清洁、更高效的能源解决方案，助力构建低碳智慧能源体系。

一、油气和新能源科技创新宏观形势

在全球能源转型和数智化发展的背景下，科技创新被赋予了前所未有的重要性，不仅成为推动能源产业从资源依赖型向创新驱动型转变的关键动力，而且是实现能源行业高质量发展的核心要素。

（一）新一轮科技革命为能源产业发展注入新动能

1. 科技创新始终是推动人类社会向前发展的核心力量

人类历史上每一次跨时代变革都离不开科学技术的重大突破，已发生的三次工业革命无不由科学和技术革命推动形成。当前，人类正在经历以智能化为典型特征的技术革命，第四次工业革命方兴未艾。人工智能作为引领新一轮科技革命和产业变革的核心引擎，正在深刻改变人们的工作方式和生活习惯，重塑行业格局，推动社会进步。人工智能在能源领域的应用展现出巨大潜力，根据国际电信联盟（ITU）的数据，2024年全球人工智能市场规模将达到1.5万亿美元，其中能源行业占比较大。全球能源咨询机构Indigo Advisory统计数据显示，目前，人工智能在能源领域的潜在应用已经达到50余种。根据麦肯锡全球研究所的报告，到2030年，人工智能预计将在全球经济中创造约13万亿美元的价值，其中能源行业将是受益最大的领域之一。

2. 科技创新仍然是解锁能源资源的金钥匙

世界石油工业历史上已经经历了四次技术革命性突破，以反射波地震勘探、注水开采、三次采油、水平井分段压裂等为代表的科技创新推动油气行业里程碑式发展。如今，人工智能引领的新一轮（第五次）技术革命正在为油气产业发展注入强劲动力。智能油田、智能钻井、智能炼化等智能化技术体系加速形成，将为油气行业带来深刻变革；太阳能光伏技术、风力发电技术、生物质能技术等的不断突破，使得可再生能源的成本持续下降，竞争力不断增强；储能技术的进步也为可再生能源的大规模应用提供了重要支撑；核聚变、氢能等前沿能源技术的研发也在不断推进，为未来能源的发展提供了新的可能性。

3. 全球第三次能源转型呼唤绿色低碳技术快速发展

人类已经经历了从薪柴转向煤炭、从煤炭转向石油天然气的两次大的能源转型，目前正在经历从传统化石能源向可再生能源的第三次能源转型，这一转型过程对绿色低碳技术的创新发展提出了迫切需求。这次以气候变化为动因，以"碳中和"为目标的第三次能源转型，其主要技术路径包括化石能源清洁低碳化生产与利用、全面提升能源利用效率、广泛应用风光等可再生能源和加快推动电氢等二次能源规模应用。同时，碳捕集利用与封存（CCUS）技术、负排放技术等也在不断发展，为应对气候变化提供了新的解决方案。这些绿色低碳技术的快速发展，不仅有助于减少温室气体排放，缓解气候变化，还能推动能源产业的转型升级，创造新的经济增长点。

（二）能源科技创新呈现"三融一跨"新特点

新一轮科技革命和产业革命正深刻改变着世界能源的发展进程与格局。纵观全球能源技术发展动态和各国推动能源科技创新的政策，能源科技创新呈现"三融一跨"新特点。

1. 科技创新与产业创新深度融合

能源产业正在超越传统的资源驱动、资本驱动和技术驱动模式，向"创新驱动＋场景牵引"新范式迈进，以科技创新推动产业创新，增加高质量科技供给、加快科技成果转化应用，引领能源产业高质量发展。

2. 化石能源与非化石能源互补融合

通过科技创新破除油气、煤炭、风、光、热、电、氢、核能等不同能源之间的生产与转化利用壁垒，促进化石能源与非化石能源互补融合和各种能源的梯级利用，推动以清洁低碳、安全高效为核心的多能融合发展，加快构建多能互补的新型能源体系。

3. 数字技术与能源技术交叉融合

数字革命与能源革命并行推进，数智化技术加速与能源技术交叉融合，驱动能源科技创新体系重构、能源产业管理模式变革、商业模式优化与核心能力提升。

4. 跨界创新持续推进

能源科技创新面临着与航空航天、生命科学等多个行业类似的技术挑战，技术需求涵盖机械、电子、力学、化学、生物等在内的多个学科领域，正在开展跨行业、跨领域、跨学科协同创新，从行业外寻找新技术解决方案，如中国石油与华为合作开发的智能油田管理系统，通过 AI 算法优化油气开采流程，显著提高了生产效率和安全性。

二、油气和新能源科技新进展

在新技术的驱动下，全球油气和新能源科技发展呈现出油气技术"四极"趋势、新能源技术"四化"方向和数智化技术"两赋能"产业。

（一）油气技术"四极"发展趋势

在油气领域，科技创新正呈现出四个显著的趋势，即油气技术向极宏观拓展突破空间尺度、向极微观深入探寻本质机理、向极端环境挺进开拓地球极限、向极综合交叉发力重塑产业形态，不断刷新人类对油气勘探开发的认知边界，为油气工业高质量发展开辟新空间。

1. 向极宏观拓展

油气勘探开发正突破传统区块尺度限制，向更大空间范围、更多能源类型、更高综合效益方向拓展。超级盆地勘探开发实现了大型—特大型油气田规模化发现与效益开发，突破了传统单一区块开发模式。多矿同采技术创新性地将常规油气、致密油气、页岩气等多种能源统筹开发，降低了单位成本，提高了资源利用效率，开创了区域综合开发新模式。立体开发技术通过地质—工程—开发一体化设计，实现了多层系、多类型油气藏的协同开发，大幅提升采收率。

2. 向极微观深入

油气技术正突破传统物理手段局限，向分子纳米尺度的精准表征、量化评价和调控方向深入。DNA 测序技术通过解析微生物 DNA 信息，实现了对储层温度、压力、有机质含量等特征的精确表征，为储层评价提供了分子水平新方法。油藏精细描述技术实现了纳米孔隙结构与流体运移规律的可视化表征，突破了传统表征手段局限。纳米驱油技术通过分子尺度设计与调控，显著提升采收率，引领油气开发迈入纳米调控新阶段。

3. 向极端环境挺进

油气勘探开发正突破常规自然及地质环境限制，向深地、深海、极地等极端条件挺进。陆上油气勘探深度已突破万米大关，塔里木油田的深地塔科 1 井完钻井深达到 10 910 m，成为世界第二口、亚洲第一口垂直深度超万米井，同时刷新温度（高于 200 ℃）和压力（大于 230 MPa）纪录。海洋油气勘探开发不断刷新水深纪录（大于 3000 m），向远海拓展。极地油气勘探开发攻克冰区勘探、冻土钻井、油气集输等技术难题，实现极寒环境安全高效开发。

4. 向极综合交叉发力

油气技术正突破传统专业分工边界，向多学科交叉、全产业链协同和一体化方向发展。勘探开发一体化技术实现地质、工程、开发等多专业数据共享与协同决策，如沙特阿美公司通过引入人工智能技术，实现了对复杂地质结构的高精度建模，大幅提升了勘探成功率。炼化一体化技术优化资源配置与产品结构，实现全流程经济效益最大化。智能化综合平台融合人工智能、大数据、物联网等新技术，构建智能油田、智能炼厂等新模式，推动油气全产业链智能升级。

（二）新能源技术"四化"发展方向

近年来，我国新能源产业呈现出发展速度快、利用水平更高、产业竞争力强的良好态势，正在由"量"的增长向"质、量"双增转变。以科技创新开辟发展新能源领域的新赛道、塑造发展新动能和新优势是大势所趋，也是高质量发展的迫切要求。技术创新推动新能源向多元化、高效化、规模化、低成本化方向发展。

1. 多元化

新能源产业发展不仅体现为能源种类和技术路径多元化，还体现在应用场景多元化，共同推动新能源产业创新。能源种类多元化，开发利用多种可再生能源，如太阳能、风能、地热能等，有助于多能互补，提高能源供应的稳定性和可持续性；技术路径多元化，新能源发展拥有多种技术路径，如制氢技术包括化石燃料制氢、工业副产氢、电解水制氢等，有利于因地制宜发展新能源产业；应用场景多元化，应用场景包括电力、交通、工业等，多元化应用场景有利于满足不同领域需求，推动新能源产业快速发展。

2. 高效化

新能源领域在设计、材料、系统集成等方面实现了创新和突破，从而使能源的转换效率显著提升。太阳能从传统晶硅电池到如今的钙钛矿等新型电池，光电转换效率世界纪录不断被刷新。晶硅钙钛矿叠层太阳能电池光电转换效率世界纪录为34.6%，海上风电机组最大单机容量已达26 MW，全固态锂硫电池能量密度超过600 W·h/kg。

3. 规模化

2024年，全球可再生能源装机总容量44.48×10^8 kW，净新增年增长率达到15.1%。我国已具备完备的可再生能源产业链，可再生能源发电装机规模全球最大、发展速度全球最快。截至2024年底，可再生能源发电装机容量18.89×10^8 kW，占我国总装机规模的56%。

4. 低成本化

新能源技术快速发展、太阳能光电转化效率持续提升、新能源发电规模快速增长，推动新能源成本持续下降。2010年以来，我国陆上风电和太阳能光伏发电成本分别下降70%和90%。光伏产业在全球范围内处于领先地位，2024年光伏组件产量占全球总量的70%，成本优势明显。

（三）数智技术为能源产业"两赋能"

1. 数智技术赋能传统油气产业转型升级

数智技术在油气产业应用日益广泛，以"云、大、物、移、智、链"（云计算、大数据、物联网、移动互联网、人工智能、区块链）为主，聚焦油气勘探开发、炼油化工、工程技术三大方向，通过智能地层表征、智能钻完井、智能油田、智能炼厂等应用场景驱动油气产业智能化发展。在勘探开发方面，数智技术赋能大幅提高油气资源的发现效率和开发成功率。通过分析海量地质数据，AI算法能够更准确地预测油气藏位置和储量，优化钻井方案，降低勘探风险。在生产运营管理方面，物联网技术的应用实现了设备状态的实时监控和预测性维护，减少了非计划停机时间。美国埃克森美孚公司通过AI技术优化运营系统，实现了对油气田生产过程的实时监控和调整，显著提高了生产效率。在安全环保方面，数智技术可以实时监测作业现场，预测设备故障，及时发现安全隐患，预防事故发生。

2. 数智技术赋能新能源产业智慧化发展

数智技术赋能新能源产业智慧化发展，通过智能输配电、智能监测、智能巡检、智能调度等应用场景助力新能源产业实现高效管理和优化配置。在电力调度方面，通过实时监测分析设备运行状态，预测风电、光伏等可再生能源的发电量，为电网调度提供可靠依据。在运维管理方面，物联网和人工智能技术结合，更加精准地监测设备状态，预测故障，降低运维成本，提高设备利用率。在分布式能源系统发展方面，数智技术为能源互联网的建设提供了重要支撑。区块链技术的应用使得分布式能源交易更加安全透明，智能合约则简化了交易流程。同时，人工智能算法能够优化分布式能源系统的运行策略，提高整体效率。这些技术的应用促进了可再生能源的普及和利用，推动了能源系统的去中心化发展。

三、油气和新能源技术发展展望

能源领域科技创新具有长周期性、高转换成本、强系统性等特点，当前面临着高效支撑传统油气产业转型升级、新能源产业创新发展、数智化转型深入推进三方面挑战。随着全球对低碳智慧能源的需求不断增长，科技创新与产业创新深度融合，聚焦于油气可持续发展、能源绿色低碳转型及未来智慧能源三大方向，开创低碳智慧能源未来。

（一）油气可持续发展技术展望

深地油气勘探开发已成为检验科技创新能力的重要标志，向地球深部进军是引领全球能源科技创新的重要方向，未来将攻克高温高压储层改造、智能钻完井、耐温井下工具等关键技术，可有效解锁占全球35%的深层石油和45%的深层天然气资源。

深海油气发现占年度新发现的一半，天然气水合物资源量更是传统化石燃料碳总量的两倍，对提升全球能源安全、推动环境可持续发展具有战略意义，未来将攻克深水油气藏精细描述与评价技术、深水安全高效开发技术，包括海底工厂、智能化钻探系统，以及深水天然气水合物开发技术，实现深海油气开采低成本、高产量与环境友好的统一。

我国陆相页岩油资源量约 1500×10^8 t，可采资源量 $(30 \sim 60) \times 10^8$ t，对保障国家能源安全、推动经济社会可持续发展具有重大战略意义。未来，陆相页岩油勘探开发将围绕绿电+原位改质开创开发新范式，水平井超级"一趟钻"和单井日钻 2000 m 将成为常态，陆相页岩油气将实现规模效益开发，助力中国版页岩革命。

当前炼化行业从生产燃料油品和大宗石化产品向生产高端石油基新材料转型，未来高端石油基新材料生产技术将更加聚焦原料绿色化、用能绿色化、制造过程绿色化，使化工新材料全生命周期更加绿色低碳。

（二）能源绿色低碳转型技术展望

风光氢储规模化可持续利用对于提升能源利用效率、促进可再生能源发展、实现碳中和目标、构建新型能源体系、提高供能可靠性、支持新型电力系统建设以及推动产业低碳转型等方面具有重要意义。未来，风光氢储技术创新将与产业创新深度融合，如氢燃料电池技术的应用以及探索新的应用模式。"风光发电+氢储能"一体化应用新模式，有助于消纳弃风弃光资源，同时推动能源结构的转型，实现能源的高效利用。

CCUS技术是实现碳中和的兜底保障技术，未来发展将通过全流程智能化，利用物联网、大数据等技术优化从捕集到封存的各个环节，将大幅提升CCUS技术的经济性，实现规模效应。

化学循环处理技术有望突破废塑料材料化回收利用的发展瓶颈，为彻底解决塑料污染提供根本出路；构建覆盖全面、运转高效、规范有序的退役动力电池高效循环利用体系，才能为新能源汽车产业的绿色高质量发展提供有力支撑。

基于合成生物学的先进生物制造技术，在推动绿色生产、产业升级、跨学科合作、解决全球问题以及健康医药领域等方面发挥着重要作用，未来将攻克新型数字化、智能化细胞工厂的开发，RNA工艺路径使用的关键酶开发，高效高产化编辑改造等技术，推动合成生物学与智能生物制造产业升级和可持续发展。

（三）未来智慧能源技术展望

能源智慧生产与利用技术是一种融合"智慧油气生产"和"人工智能决策的新能源利用系统"形成的未来能源技术，通过人工智能决策、能源互联网、多能互补手段解决未来能源智能化、绿色化生产与利用的问题。未来人工智能技术将推动传统油气田生产和管理智能化，打造自动、高效的智慧油气田。基于人工智能决策的能源互联网将集成分布式发电、储能、通信传感等智能电网技术，推动智慧油气田与光伏发电、油田地热供能等多种新能源场景融合高效开发，实现生产环节与新能源利用协同耦合，多能互补，长效匹配。

可控核聚变是人类理想的清洁能源之一，是解决人类社会能源问题和环境问题的重要途径。近年来，各国重点围绕等离子体自持燃烧及稳态运行技术、涉氚技术、极端环境核材料技术、遥操作技术、超导强磁场技术等重点技术研究领域展开研究，在未来10~15年有望实现首座聚变电厂并网发电。可控核聚变的商业化应用，将推动人类社会逐渐摆脱对化石燃料的依赖，进入全新的能源时代。

（撰写人：杨　艳　赵　旭　张焕芝　李田玮　审核人：张运东）

技术发展报告

一、勘探地质理论技术发展报告

2024 年,全球油气地质勘探领域整体呈现出投资缩减、储量增长放缓、新发现减少的特点。在相关技术方面,油气勘探技术与人工智能加速融合,"两深一非"(深层、深水、非常规)相关油气勘探理论技术是研究热点,地球化学研究继续向精准化、环境友好型转型,勘探设备向便携式、易操作方向发展。

(一)油气勘探新动向

1. 全球油气勘探开发投资呈现陆上降、海洋升的态势

2024 年,全球油气勘探开发投资 5540 亿美元,较 2023 年减少 140 亿美元,这是自新冠疫情以来首次出现年度下降(表 1 和图 1)。陆上油气勘探开发投资结束两连涨,减少 290 亿美元至 3520 亿美元,同比降幅达 7.6%;海洋油气勘探开发投资增加 150 亿美元至 2020 亿美元,同比增长 8.0%。

表 1 全球油气资源勘探开发投资

年份		2015	2016	2017	2018	2019	2020	2021	2022	2023	2024	2025
陆上油气投资/亿美元	常规	2200	1770	2110	2290	2300	1530	1760	2590	2530	2310	2270
	非常规	940	510	900	1190	1070	870	690	1060	1280	1210	1250
	合计	3140	2280	3010	3480	3370	2400	2450	3650	3810	3520	3520
海洋油气投资/亿美元		1670	1200	1090	1020	1040	910	1230	1490	1870	2020	2300
总投资/亿美元		4810	3480	4100	4500	4410	3310	3680	5140	5680	5540	5820

数据来源:IHS Markit 公司,2024 年。

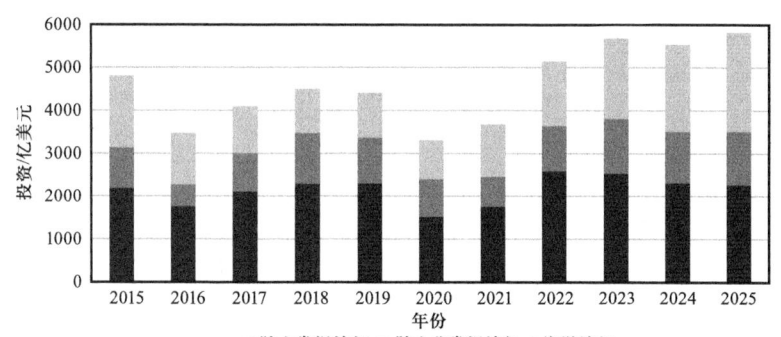

图 1 全球油气勘探开发投资
数据来源:IHS Markit 公司,2024

全球各大区域陆上油气勘探开发投资均呈现不同程度的下降。北美作为资本支出强度最高的地区,继续在投资额方面领先,占年度全球陆上投资总额的 44.9%,但投资额同比下

降10.0%，主要原因是新增钻井较2022年峰值下降32.1%，较2023年下降18.0%。其余地区的投资额同比降幅依次为：中东10.5%、欧洲8.1%、亚太5.5%、俄罗斯和里海地区5.4%、拉美2.8%、非洲1.2%（表2）。

表2　全球各地区陆上勘探开发投资

区域	投资额/亿美元										
	2015年	2016年	2017年	2018年	2019年	2020年	2021年	2022年	2023年	2024年	2025年
非洲	220	162	189	203	206	128	146	227	244	241	240
亚太	705	611	633	684	776	574	597	936	899	850	798
欧洲	33	23	23	28	35	21	22	32	37	34	32
中东	225	214	245	247	261	196	220	307	325	291	301
北美	1461	824	1418	1802	1551	801	1066	1624	1756	1580	1630
俄罗斯和里海地区	312	328	367	368	382	276	274	328	335	317	321
拉美	189	118	134	150	156	100	121	194	213	207	203
合计	3145	2280	3009	3482	3367	2096	2446	3648	3809	3520	3525

从全球各大区域海洋油气勘探开发投资来看，除亚太、俄罗斯和里海地区外，其余各地区投资均有增加。其中，拉美地区以520亿美元，同比涨幅22.4%领涨各地区，随后依次是非洲12.1%、北美5.3%、中东5.0%、欧洲5.0%（表3）。

表3　全球各地区海洋油气勘探开发投资

区域	投资额/亿美元										
	2015年	2016年	2017年	2018年	2019年	2020年	2021年	2022年	2023年	2024年	2025年
非洲	224	161	115	108	127	94	130	148	223	250	269
亚太	440	285	245	232	256	224	311	389	498	491	602
欧洲	318	240	251	226	216	171	197	207	281	295	310
中东	118	105	117	133	140	110	153	201	261	274	325
北美	229	150	132	123	113	91	100	122	150	159	205
俄罗斯和里海地区	39	32	31	19	25	30	22	25	33	31	36
拉美	298	223	194	181	161	186	312	395	425	520	551
合计	1666	1196	1085	1022	1038	906	1225	1487	1871	2020	2298

2. 全球石油剩余探明可采储量增长0.23%，天然气下降0.09%

2024年12月，美国《油气杂志》（OGJ）发布的《全球油气储量报告》显示：全球石油储量为$2418×10^8$ t（表4），同比增加0.23%；天然气储量为$213.3×10^{12}$ m^3（表5），同比下降0.09%。欧佩克石油储量稳定，天然气储量增长0.2%，全球储量占比分别为70.32%和35.20%。

全球油气资源格局不变，石油储量主要集中在中东（49%）和美洲（34%），天然气储量主要集中在中东（39%）、东欧及原苏联（31%）地区。中东地区油气储量保持稳定，其中沙特阿拉伯天然气储量上调1.4%至$9.65×10^{12}$ m^3；阿曼石油储量上调1.3%，天然气储量下调4.2%。美洲石油储量增长0.6%,天然气储量下降1.4%。这主要是因为美国石油储量上调3.5%至114.7×10^8 t,天然气储量下调3%至17.93×10^{12} m^3;伴随布齐奥斯、图皮等海上油田的勘探开发,巴西国家石油管理局将石油储量上调7%至21.8×10^8 t,天然气储量上调27%至0.52×10^{12} m^3;阿根廷政府将油气储量分别上调2.6%和8.1%;委内瑞拉和哥伦比亚的油气储量均小幅下调。亚太地区油气储量增幅明显,分别上涨1.4%和1.1%。其中,中国油气储量分别增长1.2%和2.3%;巴基斯坦油气储量分别增加26%和2%;泰国在能源危机后加大油气勘探力度,2024年将油气储量分别上调15%和33%;印度和印度尼西亚也小幅上调了石油储量。东欧及原苏联地区油气储量保持稳定,仅匈牙利下调了本国油气储量。非洲油气储量分别增长0.4%和0.2%。其中,中国石油在尼日尔的阿加德姆油田二期项目投产,使该国石油储量增长9倍至2×10^8 t;尼日利亚油气储量分别上调1.4%和0.5%。西欧的油气储量明显下降,降幅分别为6.5%和6.1%。除丹麦上调了油气储量外,挪威、荷兰、英国、法国、德国等国的储量均有所减少。

表4　2024年世界主要国家或地区石油剩余探明可采储量及储采比

序号	国家或地区	储量/10^8 t	增幅/%	储采比
1	委内瑞拉	415.087	(0.1)	947.7
2	沙特阿拉伯	366.07	0	69.3
3	伊朗	285.75	0	151.23
4	加拿大	223.44	(0.43)	76.4
5	伊拉克	198.66	0	86.7
6	阿联酋	154.79	0	74.7
7	科威特	139.04	0	99.7
8	美国	114.70	3.5	11.4
9	俄罗斯	109.59	0	20.6
10	利比亚	66.25	0	106.4
11	尼日利亚	51.37	1.4	66.9
12	哈萨克斯坦	41.10	0	42.3
13	中国	38.51	1.2	18.0
14	卡塔尔	34.58	0	40.6
15	巴西	21.77	12.19	12.6
1	中东地区小计	1193.49	0	81.0
2	美洲小计	818.58	0.6	46.3
3	东欧及原苏联地区小计	164.32	(0.0)	24.2
4	非洲小计	163.81	0.4	45.5
5	亚太地区小计	63.8	1.4	17.5
6	西欧小计	14.02	(6.5)	9.3
	欧佩克总计	1700.45	0	106.1
	全球总计	2418.02	0.2	50.4

注:"()"内数据表示降幅。
资料来源:2024年12月美国《油气杂志》发布的《全球油气储量报告》。

表 5　2024 年世界主要国家或地区天然气剩余探明可采储量

序号	国家或地区	储量/10^{12} m^3	增幅/%
1	俄罗斯	47.78	0
2	伊朗	33.97	0
3	卡塔尔	23.85	0
4	美国	17.93	(3.0)
5	土库曼斯坦	11.32	0
6	沙特阿拉伯	9.65	1.4
7	阿联酋	8.20	0
8	中国	7.66	2.3
9	尼日利亚	5.94	0.5
10	委内瑞拉	5.47	(0.6)
11	阿尔及利亚	4.50	0
12	伊拉克	3.71	0
13	莫桑比克	2.83	0
14	澳大利亚	2.73	0
15	加拿大	2.46	0
1	中东地区小计	82.78	0.1
2	东欧及原苏联地区小计	66.47	(0.0)
3	美洲小计	28.69	(1.4)
4	非洲小计	17.57	0.2
5	亚太地区小计	16.12	1.1
6	西欧小计	1.68	(6.1)
	欧佩克总计	75.08	0.2
	全球总计	213.32	(0.1)

注："（）"内数据表示降幅。
资料来源：2024 年 12 月美国《油气杂志》发布的《全球油气储量报告》。

2024 年，世界油气主要资源国前五强未发生变化，油气储量仍占六成以上。石油储量前五强仍是委内瑞拉、沙特阿拉伯、伊朗、加拿大和伊拉克，总储量为 1489×10^8 t，占全球储量的 61.6%。天然气储量前五强仍是俄罗斯、伊朗、卡塔尔、美国和土库曼斯坦，总储量为 134.8×10^{12} m^3，占全球储量的 63.2%。

3. 全球油气新发现数量和储量均下降

2024 年，全球共获得 168 个油气发现，新增油气 2P 可采储量 11.7×10^8 t 油当量，其中石油 6.5×10^8 t，天然气 6197×10^8 m^3。与上年相比，发现数量减少 75 个，发现储量下降 25.5%。

新发现的油气储量主要集中在非洲和美洲，油气可采储量分别为 3.7×10^8 t 和 3.4×10^8 t 油当量，占比分别为 32% 和 29%；其次为中东、亚太、俄罗斯-中亚和欧洲，油气可采储

量分别为 1.6×10^8 t 油当量、1.5×10^8 t 油当量、0.7×10^8 t 油当量和 0.6×10^8 t 油当量。2024 年，新发现的油气储量主要集中在海域，占总发现储量的 64%。

全球十大油气发现可采储量合计 8.1×10^8 t 油当量，占全年新发现总储量的 69.2%。十大油气发现中有 7 个位于海域，且深水/超深水占据 6 席，2024 年全球发现的最大油气田为纳米比亚的 Mopane 1X，为葡萄牙高浦能源在奥兰治次盆的超深水区发现，详见表 6。

表 6　2024 年全球十大油气新发现概况

序号	国家	油气田	发现者	海陆	类型	可采储量/10^8 t 油当量
1	纳米比亚	Mopane 1X	高浦能源	海上超深水	油气	1.78
2	美国	Ahpum Topset East	Pantheon Resources Plc	陆上	油气	1.59
3	科威特	Al Nokhatha 1	科威特石油	海上浅水	油气	1.21
4	纳米比亚	Mangetti 1X	道达尔能源	海上超深水	油气	0.71
5	科特迪瓦	Murene 1X（Calao）	埃尼	海上超深水	油气	0.59
6	俄罗斯	Ilginskoye	SibGaz	陆上	气	0.55
7	圭亚那	Bluefin 1	埃克森美孚	海上深水	油	0.50
8	玻利维亚	Mayaya Centro X1	玻利维亚国家石油	陆上	气	0.41
9	苏里南	Fusaea 1	马来西亚国家石油	海上深水	油气	0.40
10	印度尼西亚	Tangkulo 1	穆巴达拉	海上深水	气	0.37

（二）油气勘探技术新进展

2024 年，地质勘探领域在技术创新与应用方面取得了显著进展，为能源资源勘探、地质灾害监测及环境保护等领域提供了有力支持。这些进展不仅提升了勘探效率和精度，还拓展了勘探的深度和广度。

1. 人工智能（AI）与勘探融合的技术进展

AI 通过深度学习、数据融合和自动化分析，正在重塑勘探行业的全流程，从资源发现到生产优化均展现出显著优势，未来将成为全球矿业与能源领域的核心驱动力。例如，中国地质调查局通过 AI 技术对海量文献数据进行定性和定量分析，筛选出地质学 19 个分支学科的 54 个重点研究前沿，为精准识别活跃研究方向提供支持。AI 驱动大数据的智能化勘探使勘探周期缩短，数据处理速度提高 10 倍，钻探成本减少，人力依赖降低，矿床识别准确率提升，地下成像分辨率达厘米级。在矿产资源勘探方面，美国 KoBold 金属公司结合 AI 算法分析卫星遥感、激光扫描、地震波等数据，构建全球地质数据库 TerraShed，并利用 μ 子探测器进行地下结构成像，在赞比亚发现特大型铜矿（Mingomba 项目），铜品位超 5%（行业平均 0.6%），预计年产能 30×10^4 t；勘探成功率提升至 80%（行业平均 3%），成本降低 75%。中国科学网 AI 驱动遥感分析（Landsat、ASTER 卫星数据）、环境噪声层析成像（3 km 深度高分辨率成像）及地质模型优化，勘探中精准锁定高潜力区域，生产设计优化使资源利用率提升 20% 以上。在油气勘探开发方面，壳牌（荷兰）与 SparkCognition 合作利用生成式 AI 处理地震数据，构建地下三维模型，将深海勘探周期从 9 个月缩短至 9 天，成本降低 40%，同时提升图像分辨率和储层识别精度。中国石化江汉油田自主研发测井解释软件 MicRange 接入国产大模型 DeepSeek，结合卷积神经网络（CNN）算法分析页岩气藏数据，地震资料处理效率提升 60%，实现智能地质导向与压裂跟踪，助力非常规油气田开发。在智能油田建设方面，中国海油恩平 15-1 油田群，AI 远程操控无人平台，集成台风智能关停系统，实现极端天气下全流程自动化生产，安全事故率趋近于零，资源利用率提升 15%。

1) 无人机和遥感技术

核心技术进展，多载荷集成与高精度数据采集，中国地质调查局成都地调中心成功实现无人机航磁探测在青藏高原的应用，结合高光谱遥感技术，精准识别隐伏矿体。新型无人机搭载激光雷达（LiDAR）和时频电磁系统，可穿透植被覆盖获取厘米级地形数据，显著提升复杂构造区的勘探精度，国际团队开发的小型轻量化航空重力测量系统，通过无人机快速获取重力场数据，用于深部矿产资源评估，成本较传统方法降低 40%。智能化数据处理与 AI 融合，中国有色桂林矿产地质研究院专利技术"多元三维信息融合与智能成矿预测系统"，整合无人机遥感、卫星数据、地球物理与钻探数据，利用机器学习算法自动识别成矿有利区，预测准确率提升至 85% 以上。沙特阿拉伯国家矿业公司基于无人机遥感与 AI 算法，实现矿区环境动态监测，实时分析植被覆盖、土壤成分变化，辅助绿色矿山建设。中国石油辽河物探分公司利用无人机搭载激光雷达和 AI 算法生成三维地表模型，结合甲烷探测仪进行管道巡检，在植被覆盖区实现 95% 地表特征还原，巡检效率提升 80%，安全风险降低 60%。澳大利亚必和必拓公司在西澳大利亚州铁矿应用该技术，发现新矿体的速度提升 60%，勘查成本降低 35%。

2) 自动化和机器人技术

国际地质勘探领域通过自动化机器人、AI 算法及跨学科技术融合，实现了从深海到极地、从数据采集到决策支持的全流程升级。

中国安萨（北京）勘探科技有限公司研发的矿产勘探机器人系统（专利号：CN119141533A），通过视觉感知、地质类型识别模型及智能采样工具的集成，实现复杂地形下的自动化勘探。该系统可实时分析地质图像并匹配采样工具，显著提升高风险环境下的作业效率与安全性，未来有望成为全球矿业智能化的重要装备。美国波音公司"海神号"自主水下航行器（AUV）可下潜超 1×10^4 m，用于深海油气勘探；挪威 Equinor 公司使用遥控水下航行器（ROV）"Deep Discoverer"完成北海油田维护任务，体现了遥控潜水器在海底工程中的灵活性。俄罗斯与哈萨克斯坦联合研发的 1.2×10^4 m 自动化钻机，配备管柱自动操作系统与智能监测技术，支撑里海盆地超深油气井钻探。其抗高温钻井液体系可耐受 250 ℃ 环境，突破了中亚地区深部资源开发的技术瓶颈。欧盟"北极星"计划部署的低温适应型机器人，在北极圈内实现冰层下地质采样。该设备采用防冻材料与高效能源管理系统，可连续作业 72 h，为极地矿产资源评估提供了关键数据。

国际地质学界普遍将 AI 用于地震数据处理、岩心自动记录及矿产远景填图。例如，加拿大矿业公司采用 AI 模型分析历史勘探数据，将靶区优选效率提升 30%；中国地质调查局研究指出，AI 在复杂地质条件下的勘探策略优化潜力显著，但需解决数据异构性与算法透明度问题。美国斯坦福大学团队开发的 AI 系统，结合地质、地球物理与遥感数据，成功预测智利某铜矿深部矿体分布，准确率达 85%。该技术通过迁移学习减少对海量数据的依赖，为全球资源勘探提供了新范式。

3）虚拟现实与增强现实

虚拟现实（VR）与增强现实（AR）领域的最新技术进展是高精度三维地质建模，国际团队利用 VR 技术构建了厘米级精度的三维地质模型，整合地震、测井、岩心等多源数据，实现地层、断层、矿体的动态可视化。例如，美国某公司开发的 VR 系统可实时模拟油气藏形成过程，辅助优化钻井轨迹；沉浸式交互与实时数据融合，结合 5G 和边缘计算技术，VR 设备可同步接入勘探现场的传感器数据（如温度、压力、化学参数），支持远程专家"身临其境"指导作业。挪威 Equinor 公司在北海油田测试了此类系统，将决策效率提升 40%，AI 驱动的虚拟场景生成，机器学习算法被用于自动生成虚拟地质环境，减少人工建模成本。德国 GFZ 研究中心开发的 AI 模型可根据少量数据快速重建复杂构造带，为深部矿产勘探提供预评估。

日本海洋研究开发机构（JAMSTEC）使用 VR 技术复现马里亚纳海沟环境，帮助分析极端压力下的海底热液活动，发现新的硫化物矿床分布规律。欧盟"北极星"计划通过 AR 眼镜叠加卫星遥感与地面雷达数据，实时显示冰层下地质结构，指导矿产资源评估。沙特阿美公司利用 VR 系统模拟油气运移过程，动态分析油气藏，预测剩余储量分布，优化开发方案。加拿大某矿业公司通过 AR 技术在实地勘探中叠加矿体三维模型，指导采样点选择，钻探成功率提高 25%。国际矿业协会推广 VR 虚拟矿难场景培训，让矿工在沉浸式环境中学习逃生路线与设备操作，事故响应速度提升 50%。

4）大数据和云计算

（1）多源数据融合与智能分析。全球矿业机构普遍采用大数据整合技术，融合地质、地球物理、遥感、钻探等多源数据，构建智能化勘探模型。例如，中国地质调查局研发的智能地质填图系统，通过深度学习算法自动识别岩性、构造特征，将传统填图效率提升 40%。沙特阿拉伯国家矿业公司利用云计算平台实时分析卫星遥感数据，将勘探周期从 15 年缩短至 7 年以内。国际矿业研究中心（ICMM）报告指出，基于知识图谱和大语言模型的智能找矿系统已在多国应用。加拿大某公司通过整合全球矿床数据库与 AI 算法，成功预测南美洲某铜金矿体延伸方向，钻探验证准确率达 82%。中国"一带一路"项目中，大数据智能找矿系统通过分析跨国地质数据，辅助优化海外资源布局。

（2）云计算平台的全球化应用。跨国矿业企业依托亚马逊 AWS、微软 Azure 及中国华为云等平台，实现全球勘探数据的实时共享与协同分析。例如，美国埃克森美孚公司使用云端地震数据处理系统，在北极圈复杂地质条件下完成油气藏建模，成本降低 30%。挪威 Equinor 公司通过边缘计算技术，在北海油田实现井下传感器数据的毫秒级响应。针对敏感数据跨境流动问题，沙特阿拉伯与甲骨文公司合作推出主权云服务，采用 Alloy 平台为政府及企业提供合规的云端存储与 AI 分析能力，保障关键矿产数据主权。中国地质调查局也建立了自主可控的地质云平台，支撑全国地质大数据的统一管理与共享。

（3）全球矿业数据共享计划。联合国资源开发署（UNDP）推动全球地质数据联盟，整合120余个国家的勘探数据，通过云平台向发展中国家提供 AI 找矿工具，助力资源潜力评估。中国参与该计划并贡献青藏高原等区域的高精度地质数据。澳大利亚某锂矿利用云计算构建矿区数字孪生系统，整合地下矿体、地表环境及开采设备数据，实现开采方案的动态优化，资源回收率提升15%。欧盟"地平线2020"项目中，多国联合开发的云端三维地质建模平台，支持跨学科团队远程协作。

2. 深地、深海和极地勘探技术进展

万米钻探、跨国数据融合（Earth CT）及智能监测技术成为焦点，页岩油气、天然氢等新兴能源开发加速，载人深潜（如"奋斗者"号）与无人系统（如法国 A6K–M）协同，推动深渊科学与资源勘探，冰下探测技术（无人机电磁、深冰钻探）突破，助力气候与地质研究。

1）中国万米特深井钻探工艺集成

中国石油针对万米特深井超高温、超高压、压力系统复杂等难题，将地质工程一体化设计、套管下入技术创新、钻机技术升级、钻头及钻具优化、钻井参数优化、钻井工具及钻柱动力学研究集成万米钻探工艺，研制出"1.2×10^4 m 自动化钻机、抗高温井筒工作液、抗高温水泥浆体系"等核心技术装备，支撑深地塔科1井，实现最快突破全球陆上万米大关。中国深地塔科1井突破首次在陆地万米深层发现油气显示，绘制亚洲首份万米地质剖面图，验证超深层油气地质理论，推动国产装备技术升级，支撑塔里木盆地超深层油气开发。

中国发起的跨国地球深部探测计划，旨在构建全球岩石圈"十字"剖面图。2024年，中俄蒙、跨欧洲、中巴三条跨国剖面合作达成共识，计划通过宽带地震观测、电磁探测等技术连接区域数据，深化全球资源、灾害及气候变化研究。中国建成全球最大深地实验室，聚焦页岩油气开发、深地储能及安全封储技术。自主研发低渗透岩体渗流演化计算软件，实现可燃冰流动性精确评估，并开发"震电磁光智能监测系统"，提升深地工程灾害预警能力。

2）深层—超深层油气勘探关键技术

深层—超深层油气勘探成为全球油气增储上产的重要领域，成藏地质理论不断深化，相关技术不断取得突破。成藏机制不断深化，中国学者提出"超大陆裂解—聚合控制源储配置"理论，揭示了元古宇—古生界优质烃源岩与低地温背景下的油气富集规律，明确深层油气以气藏为主的特征。储层形成机理不断完善，早期云化、岩溶与构造裂缝的三元控储理论，为超深层碳酸盐岩储层预测提供了关键依据，建立超深油气藏四维地质力学理论体系，实现孔、洞、缝复杂储集体精细三维地质建模，提升油气藏表征精度，攻关地应力耦合多物理场模拟技术，地应力耦合多物理场、多渗透四维数值模拟技术，基于图形处理器（GPU）的数值模拟提速算法，推进超深层千万级网格建模数值模拟商业化进程。

中国石化通过立体成像技术，预测塔里木盆地寒武系盐下超深层油气藏资源量超 50×10^8 t 油当量，在塔里木盆地顺北中部断裂间新领域勘探取得重大突破，部署的顺北411、顺北61等井试获高产油气流，展现了持续规模增储潜力，在四川盆地寒武系超深层页岩气勘探取得重大突破，资阳探区资阳2井试获日产页岩气超百万立方米，创寒武系超深层页岩气测试产量纪录。中国石油采用"甜点区"预测＋水平井分段压裂技术，在深层页岩气藏

（埋深 4500~6000 m）实现商业开发，单井日产量超 $50×10^4$ m^3，在圭亚那 Stabroek 区块中深层发现大型油田，利用地震反演与岩石物理建模技术，探明可采储量超 $10×10^8$ bbl❶。

目前，深层—超深层油气勘探遇到的关键技术问题是深层高温高压环境下的仪器可靠性、长寿命钻头研发及复杂流体（如超临界 CO_2）运移模拟。深层资源评价标准尚未统一，需加强国际合作与数据共享。

3）深海油气勘探与关键技术

中国"奋斗者"号全球深渊科考，完成马里亚纳、克马德克等八条全球主要海沟载人深潜，创多项作业纪录，揭示深渊地质演化、生命起源及环境污染规律，推动国际深渊科学合作，完成中国—新西兰联合航次。

中国石油集团东方地球物理勘探有限责任公司（以下简称东方物探）研发的 3000 m oSeis 海洋节点仪器是用于超深水油气勘探的重要装备，国外对 500 m 以深海洋节点对我国实施禁售，东方物探为实现超深水地震采集装备自主可控，开展了相关研发工作。采用"肋"形耐高静压及振动去耦技术，解决了深水节点的关键瓶颈问题，确保仪器在 3000 m 水深的高压环境下稳定工作。首创 120 mW 国产低功耗芯片级原子钟，为仪器提供了高精度的时间基准，保证了数据采集的准确性和同步性。创新水下信息回传技术，有效解决了质控、重定位及续航难题，实现了 3000 m 水深、120 天长续航，确保在长时间的勘探作业中能够稳定地传输数据和进行定位。自主开发了深海节点管理、数据下载等软件系统，实现了从硬件到软件、核心部件到系统集成、研发到生产制造的一体化自主技术，以及深海节点的全流程智能化管理。

中国海油在深水—超深水、深层—超深层等关键领域加强地质理论与关键技术等硬科技攻关，在珠江口复合陆缘盆地推动惠州 19-6 构造深层—超深层整体评价，发现我国南海储量最大碎屑岩油田，探明油气地质储量亿吨级油当量，在琼东南盆地探获全球首个超深水超浅层千亿立方米大气田——陵水 36-1 气田，开辟了全球深水天然气勘探新领域，我国首个深水高压气田"深海一号"二期天然气开发项目（陵水 25-1 气田）顺利投产，"深海一号"大气田高峰年产量大幅提升。在圭亚那 Stabroek 区块中深层油田应用地震反演与岩石物理建模技术，探明可采储量超 $10×10^8$ bbl，推动国际深水资源开发。

法国 Exail 公司研发的 A6K-M 型 6000 m 级深海自主无人潜航器，配备惯性导航与声学传感器，可执行深海侦察、基础设施监视任务，助力法国实现"海底战争战略"目标。

深海是油气勘探开发的重大战略接替领域，《世界深海活动进展报告（2024）》指出，多国在深海矿产、油气及可燃冰勘探中取得突破，如中国海油南海陵水 36-1 超深水浅层气田开发技术创新等。

4）极地勘探技术

（1）极地钻探技术突破。中国南极冰下基岩无人机电磁探测，第 40 次南极考察中，自主研发无人机电磁设备在拉斯曼丘陵完成 16 条测线采集，首次获取冰下基岩三维电阻率成像，为冰盖稳定性、地下水赋存研究提供关键数据。

---

❶ 1 bbl = 158.97 L。

（2）极地深冰钻探装备突破。吉林大学团队研发无钻杆取心钻探技术，在南极成功获取冰下基岩岩心，填补了我国极地深冰下采样空白，支撑南极地质构造与环境演变研究。中俄联合开展"东南极冰下地质环境研究"，验证了自主研发的极地冰下钻探装备的可靠性，为后续万米级冰下湖钻探奠定基础。中国地质大学（北京）团队研发的可自动回收钻探取样装置，计划于未来3年对南极麒麟冰下湖实施钻探。若成功，中国将成为继美国、俄罗斯后第三个获取冰下湖样品的国家，推动极地生命起源与气候变化研究。

3. 新能源与非常规油气勘探技术进展

2024年，新能源与非常规油气勘探技术通过智能化、低碳化创新实现跨越式发展。

1）页岩油气勘探技术

页岩油气勘探技术不断创新，提高了页岩油气的勘探效率和产量。中国在页岩油气勘探方面取得了多项突破，新增探明地质储量保持高位。中国松辽盆地先导试验工程：吉林大学团队研发的高温氮气原位转化技术，通过注入高温氮气激活油页岩有机质裂解，实现单井日产油量突破50 t，转化率提升至35%。该技术解决了传统露天开采成本高、污染大的问题，为陆相油页岩规模化开发提供了新路径。新疆吉木萨尔页岩油示范区：应用水平井+体积压裂技术，单井最终可采储量（EUR）达1.2×10^4 t，采收率提升至18%，成为全球首个陆相页岩油百万吨级产区。AI驱动"甜点"预测与压裂优化，中国石油长庆油田基于700亿参数昆仑大模型，构建页岩油储层"甜点"智能识别系统，将"甜点"预测精度从65%提升至82%，压裂施工效率提高30%。美国Permian盆地：雪佛龙公司应用ENERGYai大模型优化水平井轨迹设计，单井产量预测误差缩小至5%以内，开发成本降低12%。中国石化涪陵页岩气田应用数字孪生技术，建立全气田数字孪生模型，实时模拟压裂裂缝扩展与气体渗流规律，指导加密井部署，实现单井EUR提升至1.5×10^8 m^3。中国石油大学（华东）团队提出"吸附比例方程"和量子物理吸附理论，结合核磁共振技术，实现页岩储层吸附气/游离气含量精准量化，为深层页岩气勘探提供理论支撑。

涪陵页岩气田累计探明储量超1.5×10^{12} m^3，2024年通过井工厂+同步压裂技术，单井平均日产气量突破3×10^8 m^3。美国Eagle Ford页岩区，埃克森美孚公司应用AI优化水力压裂设计，单井产量同比提升20%，作业周期缩短15%，成为北美页岩油成本最低的产区之一。俄罗斯北极圈页岩油项目在诺瓦泰克公司采用抗冻型压裂液体系，在-40 ℃环境下实现水平井分段压裂，单井日产油量达80 t，推动极地非常规油气开发。

遇到的问题是深层（大于4500 m）页岩气开发面临高温高压、复杂构造等难题，国产耐高温压裂液体系仍需突破，原位转化技术规模化应用受限于地下空间精准调控与环境风险控制。陆相页岩油"甜点"预测和压裂优化技术仍需提升精度和效率，以提高页岩油勘探开发效益。

2）致密油气勘探技术

致密油气勘探技术的进步，使得致密油气的勘探和开发更加高效。中国在致密油气勘探方面取得了显著成效，新增探明地质储量和产量均保持增长。延长石油团队提出"海陆交互相控砂规模成储"新认识，突破传统"南油北气"认知，发现鄂尔多斯盆地南部万亿立方米致密气田。该理论揭示了多层"甜点"叠置成藏模式，为全球类似盆地勘探提供了新思路，创新采用直井+水平井混合井网，结合体积压裂，实现多层气藏立体动用，单井EUR 提升至 $0.8×10^8 m^3$，开发成本降低 25%。西南油气田天府气田应用高精度三维地震与地质建模技术，在四川盆地深层（大于 4500 m）致密砂岩中精准识别含气"甜点"，单井测试日产气量突破 $22×10^4 m^3$，无阻流量达 $43×10^4 m^3/d$。吐哈油田准东新区研发耐温300 ℃的超高温压裂液，在 5000 m 以深致密气藏压裂施工中成功率达 100%，单井日产气量突破 $15×10^4 m^3$。川渝地区金浅 525-7-H2 井通过优化井身结构与钻井参数，解决深层泵压高难题，完钻周期缩短 30%，成为川渝首口低成本致密气水平井。

美国雪佛龙公司在 Permian 盆地利用机器学习模型优化压裂液配方与施工参数，单井产量预测误差降至 8%，作业效率提升 20%。埃克森美孚公司在美国 Eagle Ford 页岩区应用 AI 优化水平井轨迹与压裂设计，单井成本下降 15%，产量同比提升 20%，维持北美致密油低成本产区地位。阿根廷 YPF 公司在 Vaca Muerta 页岩区采用工厂化作业+同步压裂技术，单井日产量突破 100 bbl 油当量，成为南美最大致密油开发项目。

遇到的问题是深层（大于 5000 m）致密油气面临高温高压、储层非均质性强等难题，国产耐高温压裂液及随钻测井工具仍需突破，致密气藏 CO_2 驱提高采收率技术处于试验阶段，需解决注入成本与长期封存稳定性问题。

3）煤岩气勘探技术

中国主导深层煤岩气勘探技术创新，突破传统"1500 m 开采禁区"，提出深层煤岩气（埋深大于 1500 m）富集理论，发现深层煤储层单位体积含气量为浅层的 2~3 倍，且游离气占比显著提升（20%~50%），可实现压裂后快速高产，中国石油在鄂尔多斯盆地成功实施 3000 m 水平井钻井，实现长水平井+极限体积压裂，结合大规模碎裂贯通式压裂技术，单井日产量突破 $10×10^4 m^3$，通过"黑金靶体"概念定位富集区，产气贡献率达普通储层的 3~6 倍。中国石化华北油气分公司在新疆完成 CO_2 前置/伴注压裂试验，验证了 CO_2 替代水基压裂液的可行性，降低了水资源消耗并减少了碳排放，利用高频压力计与微地震监测系统实时追踪压裂效果，优化缝网设计，提高改造效率。中国石油渤海钻探工程公司开发综合+元素+地球化学录井技术体系，从岩石、含气性、烃源岩、工程品质四维度精准评价储层，支撑水平井轨迹优化与压裂层位优选。成都理工大学牵头举办"煤岩气和非烃气富集机理国际论坛"，联合英国、澳大利亚、德国等国机构推动理论创新与技术共享。

中国鄂尔多斯盆地大吉区块已经建成全球首个百万吨级深层煤岩气田，2024 年产量达 $20×10^8 m^3$，占全国煤岩气总产量的 80%，应用极限体积压裂与全生命周期采气工艺，单井平均钻完井周期缩短 37.8%，煤层钻遇率高达 96.8%。中国石化完成超大型煤岩裂缝扩展试验，验证 CO_2 压裂对减少水耗和温室气体排放的双重效益，为全球深层煤岩气绿色开发提供参考。英国杜伦大学参与中国煤岩气储层模拟研究，探索煤岩变形与气体吸附解吸机制，与澳大利亚联邦科学与工业研究组织（CSIRO）合作开发深部煤层渗透率预测模型，优化压裂参数设计。

遇到的问题是深层钻井与压裂成本仍较高（单井超 5000 万元），需进一步提升效率，煤岩易坍塌特性限制水平井长度，需加强井壁稳定技术研发。

4. 地球化学勘探技术进展

地球化学勘探在高分辨率分析技术、多尺度数据融合及环境友好型应用方面取得显著进展,尤其在锂、稀土等战略性矿产勘探中发挥关键作用。未来,随着人工智能与大数据技术的深度融合,地球化学将向智能化、精准化方向加速发展,为全球资源安全和可持续发展提供核心支撑。

1) 核心技术进展——深穿透地球化学方法突破

(1) 纳米级元素迁移理论。中国学者通过扫描电镜(SEM)和透射电镜(TEM)发现,隐伏矿体上方地表土壤中存在纳米级金属单质颗粒(如 Au、Cu 等),揭示了元素迁移的新机制。这一发现革新了传统离子迁移理论,为深穿透地球化学技术(如地气法、电地球化学法)提供了微观证据。

(2) 选择性提取技术优化。基于土壤微粒分离和热磁组分分析,开发出适用于覆盖区的高精度元素检测方法,可识别数百米深度的矿化信息,异常解释准确率提升30%以上。

(3) 多学科融合创新。地球化学与人工智能结合,通过机器学习算法分析海量地球化学数据,自动识别成矿异常模式。例如,加拿大某公司利用 AI 模型预测锂矿化潜力,将钻探验证成功率提高至75%。

(4) 环境地球化学应用扩展。开发便携式纳米传感器,实时监测地下水污染和土壤重金属含量,检测下限降至 10^{-9} 级,助力绿色矿山建设。

2) 典型应用案例

在矿产资源勘探方面,瑞典奥利韦克锂矿项目,通过岩石地球化学勘查,结合区域地质分析,发现伟晶岩脉中锂辉石矿化,氧化锂含量高达1.7%,锁定3个钻探目标,计划投入947万美元开展深部验证,揭示北欧锂成矿省的巨大潜力,地球化学数据直接指导勘探方向,提升了高价值金属(如锂)的发现效率。中国云南红河超大规模中重稀土矿基于全国地球化学基准图,圈定稀土元素超常富集区,研发水系沉积物细粒级采样、土壤剖面穿透性地球化学技术及浅钻验证方法,实验室高精度分析技术实现 16 种稀土元素的精准测定,探明潜在资源量 115×10^4 t,其中镨、钕、镝、铽等高价值元素占比超40%,创滇南稀土找矿"零的突破",建立离子吸附型稀土矿多尺度地球化学勘查技术体系,解决红土覆盖区矿化识别难题。在油气勘探中的地球化学应用方面,地球化学数据用于油气藏定位、资源潜力预测及环境影响评估,"海槽控页岩、物源控储层"等创新地质理论指导页岩气勘探,在鄂西渝东地区实现日产超 4000 m^3 工业气流突破。在技术方法创新方面,中国的地球化学基准图,建立全国尺度81项指标基准值,为矿产资源"基因筛查"提供基础工具。未来将多学科融合,地球化学与遥感、地质建模结合,提升隐伏矿床预测精度。

5. 基于纳米的勘探技术进展

1) 核心技术进展

纳米岩石物理研究:西南石油大学团队提出"热—流—力—化—生(THMCB)多场耦合"理论框架,通过纳米级实验设备(如纳米 CT 重构技术)揭示页岩气储层孔隙结构与流体运移规律,为深层油气开发提供理论支撑;针对"双碳"目标,研究纳米孔隙中氢气、氦气等气体的吸附与储存机制,推动 CCUS 技术发展。

纳米材料与传感器创新:基于纳米材料的高比表面积和量子效应,开发出便携式多参数传感器,可实时检测地下水污染物、土壤重金属等含量,灵敏度提升50%以上;在油气勘探中,纳米级催化剂可加速烃类转化反应,提高油藏表征精度和采收率。

2)典型应用案例

非常规油气开发:中国石化通过纳米孔喉系统连续型油气聚集理论,结合纳米流控芯片实验技术,在四川盆地探明多个深层页岩气田(如威荣气田),年产量突破 250×10^8 m^3,技术实现从跟跑到并跑;松辽盆地应用纳米孔隙表征技术,揭示页岩油赋存状态与流动机制,配合水平井体积压裂工艺,单井产量提升30%,2023年产量达 458.4×10^4 t。环境与工程勘探,地下水污染监测:纳米吸附材料(如石墨烯氧化物)用于水文勘探,可高效富集地下水中的重金属离子,检测下限降至 10^{-9} 级;基于纳米光子学的微型光谱仪可实现矿物成分现场快速分析,辅助矿产资源勘查与工程地质稳定性评价。

6. 新型勘探设备进展

地质勘探技术在多个领域实现了显著突破,开发出更轻便、易操作的新型勘探设备,便于在复杂地形和偏远地区使用,新型高精度地质勘探仪器提高了数据采集的准确性和可靠性。

1)实时定位与监测技术

实时定位系统(RTLS)集成 Chirp 射频技术,实现地下 $300\sim500$ m 高精度定位,支持设备碰撞预警、人员安全监控及生产流程优化。美国某金矿通过 RTLS 系统将设备故障率降低40%,紧急响应时间缩短至 30 s 内,成为北美首个实现全矿区数字化管控的矿山。

2)深部探测装备

万米级超深钻机技术突破:中国自主研发的"地壳一号"改进型钻机,在松辽盆地完成 7018 m 科学钻探,创亚洲大陆科学钻井纪录,服务于地球深部结构研究、地热能开发及碳封存潜力评估。

3)环保型勘探技术

CO_2 激光诱导击穿光谱仪(LIBS)无须化学试剂,通过激光瞬间分析岩石成分,减少野外采样污染。欧盟"地平线"计划项目中,该设备在非洲刚果(金)铜矿勘探中实现实时品位分级,采样效率提升70%。

(三)油气勘探技术展望

随着科技的飞速发展,油气勘探领域正面临一场前所未有的技术革命。在未来的油气勘探中,一系列创新技术将发挥核心作用,推动勘探领域的边界不断拓展。

1. 勘探精度不断提高

未来的油气勘探将更加注重多学科的综合应用,特别是地球物理勘探和地球化学勘探的结合,可以更全面地了解地下地质情况,提高勘探精度。通过更先进的采集设备和处理算法,地震数据的分辨率和准确性将得到显著提高,能够更清楚地了解地下构造和岩性特征,从而更精确地定位油气藏。利用化探技术,分析地表和地下的化学元素分布,帮助识别潜在的油气藏。

2. AI 与大数据分析技术深度融入

AI 与大数据技术在油气勘探中的应用将更加广泛。通过机器学习算法，勘探公司可以更高效地处理和分析海量的地质、地震和测井数据，从而提高勘探成功率。AI 能够帮助识别复杂的地质构造，预测油气藏的分布，优化钻井方案，并降低勘探风险。

3. 区块链技术与物联网（IoT）技术在勘探中深化应用

区块链技术与物联网技术将在油气勘探中发挥重要作用，特别是在数据共享和设备管理方面。区块链技术可以确保勘探数据的安全性和透明度，促进公司之间的数据共享与合作。通过物联网技术，可以实时监控勘探设备的状态，预测设备故障，减少停机时间。

4. 绿色勘探与环保技术深度结合

随着全球对环境保护的重视，油气勘探将更加注重绿色和可持续发展。未来的勘探技术将更加环保，减少对生态环境的影响。例如，低影响勘探技术和 CCUS 技术，通过使用低噪声、低排放的勘探设备，减少对海洋生物和陆地生态的干扰，通过减少温室气体排放，推动油气行业的低碳转型。

（本报告撰写人：焦姣　孙乃达　审核人：吴国干）

参 考 文 献

[1] Ricardo Montes, Frank Larsen, Ding Li Ang. Global uptream spending [R]. IHS Markit, 2024.
[2] Xu C L, Bell – Hammer L. OGJ survey shows global oil reserves increase while natural gas reserves decline [J]. Oil and Gas Journal, 2024, 122 (7)：12 – 16.
[3] 季天愚，刘小兵. 2024 年全球油气勘探发现概况 [OL]. [2025 – 01 – 03]. https：//riped. eip. cnpc/xwzd/qqyq/202501031727491302. aspx.
[4] 肖倚天，孙旭东. 综合性 AI 技术　引领油气勘探智能化发展未来 [J]. 中国石化，2024（1）：46 – 50.
[5] 邱聪. AI 新技术在矿山地质勘查中的应用 [C]//2024 精益数字化创新大会平行专场会议——冶金工业专场会议论文集（上册），2024.
[6] 赵凤莉. 从跟跑到并跑再到领跑大数据 + AI，智慧油田的未来可期 [J]. 中国石油和化工，2019（6）：51 – 53.
[7] 李强. 基于深度学习的地震勘探速度建模研究与应用 [D]. 大庆：东北石油大学，2022.
[8] 2024 年全国油气勘探开发十大标志性成果发布 [OL]. [2025 – 01 – 27]. http：//news. cnpc. com. cn/system/2025/01/27/030153914. shtml.
[9] 魏启，任文静，王浩，等. oSeis 海洋地震节点软件系统设计及应用 [J]. 物探装备，2022（5）：296 – 299，341.
[10] 2024 油气勘探新成果 [OL]. (2024 – 12 – 20). https：//www. 163. com/dy/article/JJSPQBRG05508GA4. html.
[11] 奚宽浩，张乔，杨洁，等. 基于深度学习的智能环境勘探采集机器人设计 [J]. 电子设计工程，2025（13）：1 – 6.
[12] 赵宁，阎述学. "智"探极地深海 [N]. 中国自然资源报，2024 – 09 – 17.
[13] 谭宾，张斌，陶怀志，等. 深地勘探钻井技术现状及发展思考 [J]. 石油天然气工业，2024（2）：70 – 82.

[14] 张运东, 方辉, 刘帅奇, 等. 深地油气勘探开发技术发展现状与趋势 [J]. 世界石油工业, 2023 (6): 12-20.

[15] 寇贝贝, 汤文桓, 吴梦莹. 深海资源勘探船的应用领域及前景分析 [J]. 船舶物资与市场, 2024 (11): 10-12.

[16] 刘君正, 吴梦莹, 汤文桓, 等. 深海资源勘探船应用现状与发展研究 [J]. 船舶物资与市场, 2024 (10): 28-30.

[17] 吴廷晖. 极地环境下人工地震多源激发控制技术研究 [D]. 北京: 中国地质大学（北京）, 2023.

[18] 陈琰, 张永庶, 徐兆辉, 等. 柴达木盆地干柴沟地区勘探突破及启示 [J]. 石油与天然气地质, 2024 (4): 1018-1031.

[19] 王强, 程志中, 颜廷杰, 等. 富硫化物隐伏矿地球化学勘查技术: 含硫气体地球化学测量 [J]. 地学前缘, 2025, 32 (1): 302-321.

[20] 王妍心, 蒲仁海. 西非纳米贝盆地构造-沉积演化与油气勘探潜力 [J]. 海洋地质前沿, 2021 (2): 62-69.

[21] Singh N B, Kumar B, Usman L, et al. Nano revolution: Exploring the frontiers of nanomaterials in science, technology, and society [J]. Nano-Structures & Nano-Objects, 2024, 39: 1-29.

[22] Grégory Francius, Racha El Zein, Laurence Mathieu, et al. Nano-exploration of organic conditioning film formed on polymeric surfaces exposed to drinking water [J]. Water Research, 2017, 109: 155-163.

[23] Deb Newberry. Nanotechnology: Applications to space exploration [M]. Cham: Springer Cham, 2024.

[24] Jin Z. Hydrocarbon accumulation and resources evaluation: Recent advances and current challenges [J]. Advances in Geo-Energy Research, 2023, 8 (1): 1-4.

[25] Guo W, Deng S, Sun Y. Recent advances on shale oil and gas exploration and development technologies [J]. Advances in Geo-Energy Research, 2024, 11 (2): 81-87.

[26] Tao S, Wei J, Chen S D, et al. Exploration and development of unconventional oil and gas resources: Latest advances and prospects [M]. Basel: MDPI Books, 2024.

[27] Li Y, Zhou D H, Wang W H, et al. Development of unconventional gas and technologies adopted in China [J]. Energy Geoscience, 2020 (1): 55-68.

[28] Zuo R G, Wang J, Xiong Y H, et al. The processing methods of geochemical exploration data: Past, present, and future [J]. Applied Geochemistry, 2021, 132: 23-31.

[29] Doherty M E, Arndt K, Chang Z, et al. Stream sediment geochemistry in mineral exploration: A review of fine-fraction, clay-fraction, bulk leach gold, heavy mineral concentrate and indicator mineral chemistry [J]. Geochemistry Exploration, Environment Analysis, 2023, 23 (4): 1-19.

[30] Annika Parviainen, Kimberly Beisner, Johanna Blake, et al. Geochemical processes related to mined, milled or natural metal deposits in a rapidly changing global environment [J]. Geochemistry Exploration, Environment Analysis, 2023 (1): 1-16.

二、油气田开发技术发展报告

随着全球能源需求的持续增长及油气资源开采难度的不断加大,油气田开发技术正经历着深刻变革。从提高采收率到压裂、人工举升,再到油藏描述、人工智能应用及海上生产技术等多个领域,创新成果不断涌现,为油气行业的高效、可持续发展提供了强大动力。本报告将详细阐述油气田开发的新动向以及各项技术的新进展,并对未来技术发展进行展望。

(一)油气田开发新动向

在全球能源需求增长与结构调整的浪潮下,油气田开发领域正经历深刻变革。环保意识提升、资源开采难度加大,促使行业必须革新。当下,油气田开发呈现出一系列新动向,从高效环保理念的普及,到技术创新、数字化转型,再到海上开发受重视与资源综合利用,这些趋势对行业发展和能源格局影响深远。

1. 聚焦环保,追求可持续发展

能源经济形势的起伏以及投资者对回报、现金流和资本纪律的严苛要求,促使油气田开发全力向高效环保转型。运营商高度关注降低成本与减少非生产时间,力求以更少的投入获取更多的产出。例如,在压裂作业中,新一代电压裂系统的应用简化了电气化进程,降低了温室气体排放,削减了总体拥有成本,同时提高了压裂作业的效率与可靠性,以更环保、经济的方式推动开采作业。在海上生产领域,海上平台电气化技术通过将用电系统转变为电力驱动,利用低碳能源,减少运营足迹,不仅节省硬件资本支出,还提高了运营效益,实现了可持续发展目标。

2. 技术创新破局复杂油藏开采

面对复杂油藏开采难题及传统技术的局限,技术创新成为破局关键。各大能源公司和科研机构纷纷加大研发投入。在提高采收率方面,沙特阿美公司研发的低矿化度智能水协同驱替技术,在聚合物驱、表面活性剂—聚合物复合驱等多种驱替方式中,有效减少化学品用量,提高原油采收率;科威特国家石油公司针对高矿化度稠油油藏开发的磺化聚合物驱技术,成功突破传统聚合物驱技术的瓶颈,实现了在复杂条件下的高效开采。在人工举升技术领域,Silverwell公司的数字智能人工举升技术,将井内监测与地面分析自动化相结合,大幅提高了生产效率,降低了油井生命周期成本。

3. 数字化智能化转型加速推进

信息技术的迅猛发展,为油气田开发带来了数字化智能化变革的浪潮。人工智能和数字化技术在各个环节广泛渗透。斯伦贝谢公司推出的Lumi数据和人工智能平台,打破数据壁垒,将人工智能功能与能源价值链工作流程深度融合,客户能够利用该平台培训和部署人工智能模型,实现运营自动化与实时优化。自动化生产机器学习模型通过对电动潜油泵(以下简称电潜泵)运行数据的学习和分析,精准预测关键条件和最佳补救措施,减少意外停机故障，提升设备运行寿命。这些技术极大地提升了决策效率，优化了生产流程，降低了运营风险。

4. 海上油气开发热度攀升

随着浅海及陆地油气资源的逐步减少，深海油气资源因其巨大储量成为重要的战略接替区。海上油气开发技术不断取得突破，以应对深海复杂环境带来的挑战。雪佛龙公司在墨西哥湾 Anchor 项目中应用的高压油藏深水技术，实现了在超高压力和超深深度下的高效开采，为全球深海油气开发树立了典范；阿联酋阿布扎比国家石油公司部署的 RoboWell 海上井控解决方案，利用人工智能算法自主操控油井，提高了油井的安全运行和效率。

5. 资源综合利用备受重视

对于边缘或储量较小的油气田以及开采过程中的伴生资源，高效开发和综合利用成为行业关注重点。石油和天然气技术公司 Pivotree 研发的综合海底生产系统，针对小型油田设计，摒弃了额外基础设施，降低前期资本支出，加快首次采油时间，同时对海底物理影响小，可重复使用，为开发搁置油气田提供了新途径。在提高采收率技术中，对各类资源的协同利用，如超临界 CO_2 与稀释微乳液协同技术，提升了页岩油的采收率，实现了资源的高效利用。

（二）油气田开发技术新进展

2024 年，全球油气田开发技术迈入创新突破与深度转型的关键阶段。面对能源需求增长、资源劣质化及低碳发展的双重挑战，行业以技术革新为核心驱动力，在提高采收率、压裂工艺、人工举升、油藏描述、人工智能及海上开发等领域取得里程碑式进展。这些创新不仅显著提升了油气田开发效率与经济效益，更以绿色低碳为导向，推动行业向高效、智能、可持续方向全面升级，为全球能源安全与低碳转型注入强劲动能。

1. 提高采收率技术

在全球能源格局中，石油依旧占据着举足轻重的地位。然而，当下石油开采处境艰难，浅层优质油气资源日益枯竭，传统三次采油技术问题频出。在此紧要关头，各大石油企业与科研团队奋勇探索，积极创新。沙特阿美公司、科威特国家石油公司等行业先锋纷纷发力，一系列旨在提高采收率的新技术相继诞生，为石油行业的未来发展带来新希望与新方向。

1）低矿化度智能水协同驱替技术

在石油开采行业，随着浅层、优质油气资源的逐步开采，提高采收率成为保障能源供应的关键任务。传统三次采油方法虽能提升采收率，但面临化学品用量大、成本高、二氧化碳排放多等难题。在此背景下，沙特阿美公司积极研发，推出低矿化度智能水（SW）协同驱替技术，致力于为石油开采带来新变革。

低矿化度智能水协同驱替技术旨在提升石油采收率，同时减少各类三次采油剂的用量。从实际应用效果来看，在聚合物驱中，该技术表现卓越。试验表明，在 SW 中以较低聚合物浓度就能达到与高矿化度水（HSW）中较高聚合物浓度相同的目标黏度，聚合物消耗减少约 1/3，不仅节约成本，还能使原油采收率提高 5%~7%。在表面活性剂—聚合物（SP）复合驱中，将 SW 与 SP 协同使用，化学品消耗降低 50%，采收率提高 4%。对于注二氧化碳水驱，SW 能显著提高二氧化碳在水中的溶解度，较 HSW 增加 25%~30%。大量溶解的 CO_2 和低 pH 值促使原油膨胀、黏度降低、表面电荷改性，改变碳酸盐岩表面润湿性，提升采收率。在泡沫辅助气驱方面，SW 优势明显。与 HSW 相比，使用 SW 生成的泡沫半衰期延长 2~3 倍，在不同剪切速率下，SW 产生的泡沫表观黏度更高，能使泡沫更稳定、黏稠地深入油藏，更好地控制流动性。

低矿化度智能水协同驱替技术凭借在多种驱替方式中的出色表现，展现出巨大优势。它投资少、现场实施便捷、运营设施能源需求低，能减少水用量与生产含水率，降低二氧化碳排放。展望未来，随着技术的不断优化与推广，有望在全球石油开采项目中广泛应用，尤其是在碳酸盐岩油藏开采中，助力石油企业降本增效，推动石油行业朝着高效、环保的方向发展，为全球能源稳定供应提供有力支撑，在石油开采技术革新进程中发挥重要引领作用。

2）磺化聚合物驱技术

科威特国家石油公司（KNPC）近年来针对 Umm Niqa Lower Fars（UNLF）项目含酸高矿化度稠油油藏的开发挑战，开展了一项创新性的磺化聚合物驱技术研究。该油藏因高含硫、高矿化度（盐度超过 200 000 mg/L）及地层水硬度极高等复杂条件，传统聚合物驱技术难以有效实施。为解决这一难题，KNPC 联合国际研究团队，利用高盐度废水作为聚合物驱的注入介质，旨在突破水资源限制并提升稠油采收率。这一技术路线不仅缓解了水处理压力，还为高矿化度油田开发提供了新思路。

研究团队以 2-丙烯酰胺-2-甲基丙磺酸（AMPS）和丙烯酰氨基叔丁基磺酸（ATBS）为单体，开发了磺化聚丙烯酰胺（SPAM）体系，通过优化分子量和化学结构，显著提升了聚合物在极端盐度、高硬度及硫化氢环境下的稳定性。针对 UNLF 油藏的 F2 层（渗透率较高）和 F1 层（油黏度更高、渗透率更低），研究团队通过实验室流变性测试、岩心驱替实验及数值模拟，筛选出适用于不同层位的聚合物类型。例如，针对 F2 层采用高分子量聚合物 A，有效扩大了波及体积；而针对 F1 层，则优化出低分子量聚合物 B，通过降低注入阻力并减少聚合物滞留，解决了低渗透层的注入难题。研究团队还通过五点井网模拟验证了聚合物驱的可行性，确定了最佳聚合物浓度（1500~2000 mg/L）和注入方案，确保在提升采收率的同时保护盖层完整性。

现场试验表明，聚合物驱在 UNLF F2 层成功提高采收率 12%，含水率下降 20%，验证了高盐度废水驱替技术的有效性。对于 F1 层，聚合物 B 的应用使注入压力降低 30%，采收率提升达到 8%~10%。未来，KNPC 计划进一步优化 ATBS/AMPS 单体配比，开发耐温抗盐性能更强的聚合物体系，并探索多储层协同驱替方案，以减少地面设施占用。该技术不仅为科威特高矿化度稠油藏开发提供了高效解决方案，也为全球类似油藏的经济开采树立了标杆，预计未来 5 年内可实现规模化应用，推动难采油藏采收率提升 10%~15%。

3）新型纳米颗粒增产液

在石油开发领域，随着高温气藏开发需求不断攀升，传统乳化酸的短板愈发明显。当温度超过 300 ℉（148.9 ℃）时，其热稳定性急剧下降，致使储层渗透能力不足，酸压裂处理效果大打折扣。并且常规乳化酸的高黏度带来了高摩擦损失，限制了泵送速率，阻碍了产能提升。在此严峻形势下,科研人员全力投入新型增产液的研发,力求突破传统技术的瓶颈,提升高温气藏的开发效率。

表面修饰纳米颗粒增强酸乳液体系成功问世。该体系中纳米颗粒独特的形态及选择性有机修饰发挥了关键作用,可以让酸乳液体系在高温下维持稳定,且黏度相较于传统乳化酸更低。在多级水平井压裂时,这种新型增产液展现出优异的泵送性能,能以较低的泵送压力达成更高的泵送速率,极大地提高了施工效率。而且新系统可在盐酸浓度高达28%、温度高达325 ℉(162.8 ℃)的极端条件下正常工作,适用范围极为广泛。

从实际应用效果来看,在多段水平井高温碳酸盐岩气藏的现场试验中,新型乳化酸表现优异。实验室性能测试显示,与传统乳化酸相比,它不仅黏度更低、高温稳定性更佳,缓蚀性也符合行业标准,能有效降低对设备的腐蚀。在增产作业中,该液体返排效果良好,未出现任何地层伤害迹象,最大限度地保护了储层的原始状态,实现了增产效果的最大化。随着石油开发朝着更深、更复杂的高温气藏推进,新型纳米颗粒增产液凭借其突出的性能优势,极有希望成为未来高温气藏增产的主流技术,为全球石油资源的高效开发注入强劲动力,助力行业迈向新的发展阶段。

4)超临界CO_2与稀释微乳液协同技术

在石油开发领域,随着常规石油资源的逐渐减少,非常规富液油藏,尤其是页岩油藏的开发愈发重要。超临界二氧化碳($scCO_2$)因具有良好的流动性与溶解能力,被视为提高页岩油藏采收率的潜力流体,无论是在水力压裂前改善储层渗透率,还是压裂后促进原油运移,都有广阔应用前景。然而,$scCO_2$存在超低黏度易导致指进现象、易引发沥青质沉积堵塞孔隙,以及高混相压力限制其与原油有效混合等难题。与此同时,稀释微乳液(DME)作为压裂液添加剂,在增强自吸作用提升油井产能方面崭露头角。为攻克现有技术难题,科研人员全力投身于研究$scCO_2$与DME在孔隙尺度上的协同效应,力求开发出高效的页岩油开采新技术。

科研团队以芦草沟组页岩岩心为研究对象,精心设计了仅$scCO_2$浸泡、水—$scCO_2$—DME浸泡以及DME—$scCO_2$—DME浸泡等不同层序实验。借助低场核磁共振(NMR)技术,精准定量分析各浸泡阶段不同孔隙间的油分布情况;运用气相色谱(GC)对产出油的组分变化进行表征,并创新性引入T_1—T_2光谱验证T_2光谱与GC结果。研究发现,DME能巧妙地将小孔隙中的油置换到大孔隙,优化$scCO_2$的萃取路径;通过降低界面张力、改变岩石润湿性,DME还能有效增强重组分(C_{17+})的流动性。两者协同作用,全方位提高原油轻、重组分的动员效率。

从实际使用效果看,该协同技术在实验中显著提升了页岩油的采收率。随着全球对能源需求的持续增长以及页岩油资源的大规模勘探开发,$scCO_2$与稀释微乳液协同技术凭借其在提高采收率方面的突出优势,有望在未来页岩油开采中广泛应用,为石油行业高效开发页岩油资源注入强大动力,助力缓解能源紧张局势,推动行业迈向可持续发展的新阶段。

5)纳米流体技术

在石油开采领域,通过多级压裂完井的水平井,在生产进程中常面临棘手难题。经过一段时间开采后,产量往往会急剧下滑,同时含水率大幅攀升。在众多非常规盆地中,油井在前6个月的平均产量降幅超40%，这一现象严重制约了油田的高效开发与经济效益。就拿特拉华盆地的 Wolfcamp 油田来说，同样面临着产量衰减的严峻挑战，亟须创新技术来改善这一局面。

在此背景下，Wolfcamp 油田开展了一项成功的试点项目。该项目采用酸化手段，并创新性地引入定制金属氧化物（TMO）纳米颗粒流体。项目团队精心挑选了位于两个不同区域的 7 口井，这些井设计相似，均处于相同的地质着陆带——Wolfcamp A，且彼此间距不足 1 mile❶。对这些井运用不同的表面活性剂混合物进行再酸化操作，此前这些井平均产出 4500 bbl 水，含水率高达 96%，每口井安排了约 2000 bbl 的酸增产处理。TMO 纳米流体具有独特优势，它是一种无毒无害的水基流体，内含一种或多种金属氧化物纳米颗粒，化学性质稳定。其纳米颗粒尺寸微小，能与流体和岩石材料充分作用，实现长期润湿性改变，有效降低界面张力，并且让化学物质留存于裂缝及储层之中。

从实际应用效果来看，注入普通表面活性剂的油井在前6个月平均产量下降40%，而注入 TMO 纳米流体的油井，第一个月产量仅下降 5%，第二个月产量反而提高 10%，6 个月后整体产量下降不到 10%。这一成果与此前纳米流体的现场应用经验相符，并且随着时间推移，其生产改进效果还将持续显现。凭借在减缓产量下降、提升油井长期性能方面的卓越表现，TMO 纳米流体技术有望在 Wolfcamp 油田乃至更多油区广泛推广应用，为石油行业稳定产量、提高开采效率注入强劲动力，助力行业突破产量衰减瓶颈，迈向可持续发展的新阶段。

2. 压裂技术

在石油开采进程中，压裂技术堪称释放油气资源潜力的关键钥匙。随着全球能源需求的持续攀升、环保标准的日益严苛，以及常规油气资源的逐步减少，石油行业正面临着前所未有的挑战与变革。传统压裂技术在成本控制、开采效率、环境保护等多方面暴露出明显短板，已难以满足当下行业发展的迫切需求。在此背景下，一场压裂技术的革新风暴正呼啸而来，诸多创新技术如雨后春笋般涌现，为石油开采行业注入全新活力，推动其朝着绿色、高效、智能的方向大步迈进。

1）新一代电力压裂系统

在石油开采领域，水力压裂技术近年来经历着深刻变革。回首 21 世纪初至 10 年代，市场环境已大不相同。当下能源经济形势下，运营商一方面期望降低成本与非生产时间（NPT），另一方面力求提升开采价值。传统石油和天然气能源面临诸多投资机会的竞争，投资者要求能源公司更加注重回报、现金流及资本纪律。这种对财务绩效的关注从井口便已体现，能源生产商紧盯每桶石油的成本，探寻降低生产成本的有效途径。这一压力沿着供应链传导至服务公司、供应商及原始设备制造商（OEM）。整个行业正积极求变，以获取更大、更优的回报。

在此背景下，NOV 公司推出了 Ideal 电力压裂车队。该车队旨在简化电气化进程，降低

---

❶ 1 mile = 1609.34 m。

温室气体排放,同时削减勘探和生产的总体拥有成本。其 5000 hp❶ 的强大平台,融合智能电气架构与简化的动力传动系统,显著提升了功率密度和灵活性。在钻机物流方面,它极大地简化了流程,还能最大限度减少碳排放与噪声污染,并且在关键的压裂作业冗余性上毫不妥协,确保高效压裂作业顺利进行。

从实际应用效果看,Ideal 电力压裂车队这类技术对于非常规石油和天然气开采意义重大。它能够实现下一代的卓越性能,以负责任且具成本效益的方式开展压裂作业。向电力压裂的转型,开启了石油行业一段漫长且盈利可期的新征程,最为关键的是,充分满足了股东、客户及社区的需求。随着技术不断成熟,新一代电力压裂系统有望在更多油区广泛应用,推动石油开采行业朝着绿色、高效、可持续的方向大步迈进,助力行业突破现有瓶颈,创造更为辉煌的发展前景。

2) 无损伤/无交联压裂液技术

在石油开发领域,随着全球对能源需求的持续增长,致密油藏和非常规油藏成为重要的开采目标。然而,传统的瓜尔胶基压裂液技术在面对这些复杂油藏时,暴露出诸多弊端。其交联过程烦琐,容易引发风险,且对地层的伤害极大地影响了开采效率,难以满足当下高效、环保的开采需求。在此严峻形势下,华成公司凭借深厚的技术积累和对行业趋势的敏锐洞察,积极开展新型压裂液技术的研发,致力于打破技术瓶颈,推动石油开采技术的革新。

经过长期的实验研究与技术攻关,成功推出无损伤/无交联压裂液技术。该技术创新性地融合了滑溜水流体和活化流体的特性,在流变性上实现了重大突破。它能够让支撑裂缝在储层内获得更大的接触面积,拥有卓越的悬浮能力,即便不依赖天然聚合物,也能高效输送高浓度支撑剂。这一特性从根本上减少了聚合物对地层的伤害,使保留导电性提升约 96%,而且压裂后充填层的清洁效率大幅提高,显著降低了作业成本,提升了开采作业的便捷性。

从实际应用效果来看,在致密地层和非常规井处理的现场试验中,无损伤/无交联压裂液技术表现卓越。其关键性能指标——在裂缝内有效分布支撑剂的能力极为突出,能够形成良好的支撑剂充填,以最小的沉降维持更大的接触面积,极大地提高了裂缝导流能力。在致密气井的生产实践中,采用该技术的一口井生产增益相较于邻近井高出两倍。展望未来,随着技术的不断优化和完善,无损伤/无交联压裂液技术有望在全球范围内的致密油藏和非常规油藏开采中广泛应用,助力石油开发行业迈向高效、环保、低成本的全新发展阶段,为全球能源供应提供更加坚实的保障。

3) Octiv 自动压裂服务技术

在石油开发行业,压裂作业面临着效率提升与成本控制的双重挑战。传统压裂作业流程烦琐,依赖大量人工操作,不仅效率低下,还容易因人为因素产生误差,导致作业执行的可变性较大,增加了总体拥有成本。在此背景下,全球知名的能源服务公司哈里伯顿积极探索创新,致力于开发先进技术以优化压裂作业。

经过深入研发,哈里伯顿推出了 Octiv 自动压裂服务,它作为 Octiv 智能压裂平台的最

---

❶ 1 hp = 745.7 W。

新成员，实现了重大技术突破。Octiv 平台将公司压裂作业各环节的工作流程、信息及设备进行数字化与自动化整合。Octiv 自动压裂服务赋予客户自主控制压裂车队的能力，能够在无须人为干预的情况下精准执行压裂设计。基于客户的作业设计以及作业前输入的控制参数，该服务在泵送过程中能够自动做出数千个决策，并持续对动态刺激条件做出响应，极大提升了完井性能。并且它与 ZEUS 电动压裂平台和 Sensori 压裂监测服务相结合，形成一套完整的压裂解决方案，通过智能自动化让数字压裂现场成为现实。

从实际使用效果来看，Octiv 自动压裂服务有效消除了作业执行中的可变性，显著降低了客户的总体拥有成本。在实际项目中，凭借精准的决策与快速响应能力，极大提高了压裂作业的效率与质量。展望未来，随着技术的不断优化升级，Octiv 自动压裂服务有望在全球石油开发项目中广泛应用，推动整个行业朝着智能化、高效化、低成本的方向发展，为石油开采行业注入强大动力，助力保障全球能源供应的稳定与高效。

4) **Sensori 数字化压裂监测技术**

在石油开发领域，压裂作业作为提高油气井产量的关键手段，对精准监测的需求愈发迫切。传统的裂缝监测方法存在诸多局限，如数据采集不及时、测量成本高昂，且难以实现对整个作业过程的全面把控，导致运营商在决策时缺乏足够的信息支撑，严重影响压裂经济性与采收率。在此背景下，哈里伯顿公司凭借其深厚的技术积累与对行业痛点的精准洞察，全力投入研发工作，旨在开发出一款高效、精准的裂缝监测技术，以满足当下石油开发行业的发展需求。

哈里伯顿公司推出的 Sensori 数字化压裂监测服务，堪称行业内的一项重大技术突破。该服务是一种经济高效的裂缝监测解决方案，创新性地将非侵入式技术、自动数据采集与处理以及实时地下方案整合于一体。它能够提供近井和远场真实、实时的地下测量数据采集与处理，借助自动化、云处理和大数据分析，为整个资产的多个井场提供连续、实时的地下反馈。通过集成非嵌入式井下诊断，运营商能够更频繁、更经济高效地获取高质量的地下测量数据，进而快速、自信地获取地下解释，实现对裂缝性能的可视化与精准控制。

从实际使用效果来看，Sensori 数字化压裂监测服务显著提升了压裂作业的效率与质量。在实际项目中，它帮助运营商有效扩大了裂缝监测规模，极大地提高了压裂经济性和采收率。该服务与哈里伯顿公司专有的 ZEUS 电动压裂系统、Octiv 自动化平台相结合，形成了一套强大的解决方案，能够最大限度地提高效率、优化性能并降低总体拥有成本。展望未来，随着技术的不断迭代升级，Sensori 数字化压裂监测服务有望在全球石油开发项目中广泛应用，推动整个行业朝着智能化、高效化方向迈进，为保障全球能源供应的稳定与高效发挥重要作用。

5) **固体可降解颗粒压裂封堵技术**

在石油开发的酸压桥塞和射孔作业领域，面临着诸多棘手挑战。尤其是在致密气碳酸盐岩地层，高温、高应力、含酸且储层非均质性的环境，对有效增产构成重大阻碍。完井策略虽关键，但传统桥塞和射孔作业存在弊端，当桥塞内球未坐封需要干预时，不仅耗费额外时间，还大幅增加成本。在此困境下，行业迫切需要创新技术来突破瓶颈，优化作业流程，提升增产效果。

基于此，创新的固体可降解颗粒应用技术应运而生。该技术的核心在于利用多模态、自组装且自降解的固体颗粒，巧妙解决桥塞和射孔酸压裂作业中的层间隔离难题。通过从不同角度识别隔离故障，它能精准定位问题。在实际操作中，这些固体颗粒可暂时密封机械桥塞中未封固球产生的空隙，从传统固体可降解颗粒使用过渡到新方法，无须后续连续油管或电缆进行井眼干预，即可实现适当的层间增产。操作人员可依据全面的方法，在类似场景中复制这一解决方案，大大提高了技术的通用性和可推广性。

从实际使用效果来看，在一口水平井的实践中，针对类似地层，采用两种酸压裂处理方法并基于可比较参数分析发现，当使用该技术，固体可降解颗粒开始桥接并密封桥塞内路径时，压力显著增加，阶段间总体压力响应更高，瞬时关井压力（ISIP）也出现显著差异。这些指标充分证实了利用自降解固体颗粒实现分段隔离的有效性，成功处理了新的非增产层。展望未来，随着技术不断优化，固体可降解颗粒创新应用技术有望在全球石油开发项目中广泛推广，为复杂地层的酸压桥塞和射孔作业带来高效、经济的解决方案，推动石油开采行业迈向新的发展阶段，有力保障能源供应的稳定与高效。

6）电力同步压裂车队技术

在石油开发行业不断追求高效、环保的当下，哈里伯顿公司、Diamondback 能源公司与 VoltaGrid 公司合作，在二叠盆地展开了一场技术革新之旅。Diamondback 能源公司作为一家专注于得克萨斯州西部二叠盆地非常规陆上石油和天然气储量开发的独立公司，始终致力于可持续发展，力求降低运营对环境的影响。哈里伯顿公司在技术创新方面一直走在前列。VoltaGrid 则专长于提供智能、清洁的电力和燃料解决方案。三方合作，旨在应对传统压裂作业面临的效率与环保双重挑战，共同推动行业向更高效、更绿色的方向发展。

此次合作部署的电力同步压裂车队，技术亮点十足。车队将哈里伯顿公司的 ZEUS™ 6000 hp 全电动压裂技术与 VoltaGrid 公司的先进发电系统深度融合。ZEUS 平台本身集成了电动抽水机、Octiv 自动压裂服务及 Sensori 裂缝监测服务。电动抽水机具备高泵速性能，能够高功率稳定输出，为压裂作业提供强劲动力。Octiv 自动压裂服务可实现自动化压裂操作，精准控制各个环节，极大提升作业效率。Sensori 裂缝监测服务则能实时反馈裂缝情况，助力操作人员及时调整策略。VoltaGrid 部署的下一代大容量模拟压裂发电机，配合其先进的电力管理系统，确保了稳定、可靠的电力供应。VoltaGrid 公司还将扩大在 Diamondback 能源公司微电网设施的压缩天然气（CNG）基础设施，保障在管道天然气不可用时，仍能维持作业的正常运转。

从合作成果来看，此次合作意义非凡。VoltaGrid 将提供约 200 MW 的电力，有力支持 Diamondback 能源公司的现场运营。这不仅标志着长期合作关系的延续，更开启了压裂作业的新篇章。通过使用电力同步压裂车队，能够显著减少传统柴油动力带来的排放，提升作业效率。Diamondback 能源公司执行副总裁兼首席运营官 Danny Wesson 表示，该合作使他们在实现卓越性能的同时，大幅降低了对环境的影响。哈里伯顿公司北美陆地高级副总裁 Casey Maxwell 也指出，合作树立了效率与环境责任的新标杆。展望未来，随着技术的不断完善与推广，这种创新的电力同步压裂车队有望在二叠盆地乃至全球更多地区广泛应用，为石油开发行业的可持续发展注入强大动力，推动行业迈向高效、绿色的新时代。

3. 人工举升技术

石油开采进程中，人工举升技术是确保油井高效生产的关键环节。随着浅层优质资源渐趋枯竭，油藏开采难度不断攀升，传统人工举升技术弊端频现。在此背景下，全球各大企业纷纷投身研发，Silverwell、TAQA、哈里伯顿等公司推出一系列创新技术，为人工举升领域注入新活力，引领行业突破发展瓶颈。

1）数字智能人工举升技术

在全球石油开发领域，提升生产效率、降低成本始终是行业追求的核心目标。Silverwell公司作为技术创新的佼佼者，一直致力于研发先进的石油生产优化技术。此次通过斩获尼日利亚近海一家主要运营商的合同，Silverwell公司成功将其数字智能人工举升（DIAL）气举生产优化系统拓展至非洲，开启了技术应用的全新版图。此前，DIAL技术已在世界各地的陆上和海上项目中得到应用，积累了丰富的实践经验，为其在非洲的推广奠定了坚实基础。

DIAL技术堪称石油生产领域的创新典范。它巧妙地将气井动态的井内监测与控制和地面分析及自动化相结合。借助这一系统，无须进行井内干预，就能实现远程持续优化生产。其配备的实时地面控制系统发挥着关键作用。以往，常规气举系统在识别优化问题后，需经过数据分析、容器调动及停产等一系列烦琐流程，才能进行油井干预、更换气举阀，整个过程耗时数月，财务成本高昂。而DIAL技术颠覆了这一模式，所有数据实时传输至工程师桌面，工程师足不出户便能分析数据、确定提升机会，并对配置进行更改，短短几分钟即可提高产量。

从在尼日利亚近海浅水油井的实际应用效果来看，DIAL技术优势尽显。据估计，每口井在其使用寿命内，使用DIAL可使净现值（NPV）提高5000万美元。该技术不仅消除了油井干预，避免了延期生产，还大幅削减了物流支出，有效降低了油井生命周期成本，这对于西非地区的石油开发项目，无疑是巨大的利好。随着DIAL技术在尼日利亚近海的成功落地，预计将推动其在西非乃至整个非洲大陆的广泛采用。展望未来，Silverwell公司的DIAL技术有望凭借其卓越性能，在全球石油开发市场进一步扩张，持续助力各地运营商降低运营支出，最大化资产生产率，为全球石油行业的高效、可持续发展注入强大动力。

2）M4新一代流入控制系统

在全球石油开发领域，TAQA作为一家在沙特阿拉伯达兰和阿联酋阿布扎比均设有总部的知名油井解决方案提供商，始终专注于技术创新，致力于为石油开采难题提供卓越解决方案。面对复杂多变的油藏开采环境，为了实现油藏性能的优化及油井生产的可持续管理，TAQA公司重磅推出了新一代流入控制系统——M4流入控制系统。

M4流入控制系统具有诸多独特优势与鲜明特点。其核心优势在于对油产量实现精确控制，当水产量增加时，它能够逐步减少流入量，以此有效控制水的流入，避免油井过早关停。这一特性使得运营商能够在规避关井风险的同时，将产量最大化，通过持续、高效地管理生产过程，为企业带来显著的经济效益。该系统与完整流入系统组合具备"即插即用"的集成特性，拥有额外操作功能，不仅安装便捷，还在钻井现场为操作人员提供了极大的灵活性与可调性。值得一提的是，M4流入控制系统对水具有高度阻塞性，通过力场分析和多相流测试得以确认，能够全面评估和模拟各种条件下的流入状况。目前，该系统已在油黏度低至 0.5 mPa·s 的情况下与水共同完成测试，并且顺利完成了碎片、侵蚀和循环测试的完整资格矩阵，展现出强大的性能稳定性。

TAQA 公司于 2024 年 11 月 4—7 日在阿布扎比国际石油展览会（ADIPEC）展示 M4 流入控制系统。在众多实际应用场景中，当油黏度低于 1 mPa·s 时，市场上现有的技术在控制水方面效果欠佳，甚至可能沦为简单的二元开闭系统。而 M4 流入控制系统的诞生，恰恰是为了解决这两大难题，凭借其卓越的性能，在未来石油开采领域拥有极为广阔的应用前景，有望在全球范围内助力石油企业提升储层性能与井产量，推动石油行业朝着更高效、可持续的方向发展。

3）创新型 SandTrap® XL 防砂解决方案

哈里伯顿公司 2024 年 10 月 29 日宣布将其最新创新的 SandTrap® XL 技术添加到其固砂产品组合中。该技术通过低黏度树脂体系解决了行业过度出砂的挑战。通过从外部激活，可实现在较短时间间隔内进行防砂控制。

SandTrap® XL 技术可以为地层颗粒提供固结强度，并保持岩石的原始渗透性。新一代防砂系统超越了传统技术的局限性。哈里伯顿公司生产解决方案和管道与工艺服务副总裁 Luke Holderman 表示："过量出砂仍然是我们行业的一个问题。SandTrap® XL 技术通过提高油井性能和延长资产寿命，使我们的客户能够最大限度地提高资产价值。通过定制的化学固结，SandTrap® XL 技术为成熟油田和未固结油藏提供了可靠的解决方案，以确保长期的生产力和效率。"

SandTrap® XL 技术在处理高达 25% 的高黏土含量矿物学方面表现出色，并适用于各种地层矿物学。它在 550 °F（287 ℃）以上具有热稳定性。这使其能够在蒸汽驱等强化采油方法下控制稠油油藏中的砂粒。作为哈里伯顿公司补救解决方案组合的一部分，SandTrap® XL 技术可以减少固体产量，包括地层砂和细粒迁移。该技术有助于确保油井的长期稳定性和生产率，以满足不同地质环境中的作业需求。

4）超长寿命压裂泵技术

SPM 石油和天然气公司开发的 SPM WS 335 压裂泵在二叠盆地首次大修前已经实现了超过 13 000 h 的抽汲时间（图 1）。传统压裂泵通常在 3000 h 左右修理，在 6000 h 左右报废，这一里程碑式提高表明 SPM WS 335 压裂泵的使用寿命达到传统压裂泵设备的两倍以上。

图 1　SPM WS 335 压裂泵

油田服务提供商近乎连续的工作状态，需要能够承受极端操作条件的压裂泵设备，以最大限度地提高他们在现场的投资回报率。SPM WS 335 压裂泵单件式铸造框架结构和坚固耐用的部件旨在承受极端的工作条件。其单框架设计消除了焊接，与传统压裂泵相比，大大降低了故障风险和非生产时间。优化的车载润滑系统具有集成的安全阀以及过载压力调节和过滤功能，可在关键部件上提供一致的油压，以减少与润滑相关的故障。增强的传动系统和软轴承，以及锻造的大齿轮和曲轴，增加了泵的运行寿命和可靠性。这种设计允许零件标准化以支持现场可维护性，减少必须保持库存的零件数量。电子监控系统（PEMS）持续监控动力端和流体端，为泵的健康状况和性能提供了宝贵的资料，可以在故障模式触发气蚀和泄漏等问题之前向操作人员发送通知，以防止灾难性的设备损失。

目前，数百台 SPM WS 335 压裂泵正在运行，大部分泵的泵送时间已超过 12 000 h，单泵平均每天抽送 15 h，平均压力为 9000 psi❶。按照例行维护协议进行大修时发现，压裂泵框架没有开裂，齿轮系和曲轴的磨损最小，更换主轴承和所有软轴承后，可以返回现场继续泵送。压裂泵操作员能够优化它们的泵送性能，使其超过 5000 hp。公司可以提供专门设计的泵拖车来支持项目需求。在确保 SPM WS 335 压裂泵框架的完整性，避免传统压裂泵典型的主要维护问题后，可以对内部组件进行微调，以进一步提高性能并降低总拥有成本（TCO）。系统每天可运行 20 h，一次运行 30 天，计划停机时间仅为 4 h 维护时间，达到了前所未有的性能水平。

5）Reda PowerEdge 全新型螺杆泵技术

在油田人工举升技术领域，螺杆泵作为抽油机、电潜泵之后的重要技术手段，在原油黏度高、含砂量高及含气油井开采中发挥关键作用。国内油田螺杆泵使用量已超 11 万井次。然而，传统螺杆泵存在诸多局限，仅适用于 30°API 以下的稠油和中质油，且橡胶部件易出现老化、膨胀、脱胶等问题，严重缩短使用寿命，难以满足复杂油藏开采需求，行业亟须创新技术突破困境。

在此背景下，Reda PowerEdge 全新型螺杆泵技术应运而生。它为常规井和非常规井的低流量生产率提供了节能高效的无杆替代方案。该技术打破传统束缚，适用范围大幅拓展，可用于 45°API 的稠油、中质油和轻质油，对芳烃耐受性更强。运行速度在 100～1000 r/min 区间灵活调节，适用温度提升至 250 ℉（121 ℃）。尤为突出的是，与永磁电动机搭配的 Reda PowerEdge ESPCP 系统，最高可降低 55% 的功耗及相关二氧化碳排放量。在油井后期生产中，作为非常规油井杆式举升装置的替代，能显著减少修井次数和生产延迟。

Reda PowerEdge ESPCP 系统采用新型复合定子，运用受专利保护的专有工艺制造，极大提升了可靠性。斯伦贝谢公司人工举升业务线总监 Ernesto Cuadros 指出，相较市场现有其他人工举升系统，Reda PowerEdge ESPCP 系统凭借更广泛的适用性、高效的举升能力以及降低电力消耗带来的高可持续性，助力各类油井在更宽泛生产条件下实现连续稳定运行。展望未来，Reda PowerEdge 全新型螺杆泵技术有望在全球油田广泛应用，推动人工举升技术革新，提升油田开采效率与经济效益，为石油行业绿色、高效发展注入强劲动力，引领行业迈向新的发展阶段。

---

❶ 1 psi = 6894.76 Pa。

6) 页岩油田增强型混流压缩泵技术

在石油开发行业，随着页岩油田等非常规油藏开采规模的不断扩大，传统电潜泵（ESP）在复杂工况下的局限性日益凸显。面对页岩油井原油黏度高、含砂量高、含气量大以及产量递减快等难题，传统 ESP 故障间隔时间短，难以适应低产量和多变流型，导致运营成本居高不下，严重制约了开采效率与经济效益。斯伦贝谢公司作为行业技术创新的引领者，凭借深厚的技术积累与对市场需求的敏锐洞察，全力投入研发，致力于推出新型解决方案，由此诞生了页岩油田增强型混流压缩泵技术。

斯伦贝谢公司的页岩油田增强型混流压缩泵包含 A 型泵与 B 型泵。A 型泵工作范围为 200~1350 bbl/d（60 Hz），其径向泵叶轮呈饼状，叶片角度近 90°，在最佳效率点，扬程/级长 27.66 ft[1]，效率达 68.41%，能降低电力消耗与运行成本。它有三种径向轴承配置，可适配不同工况。B 型泵则专为拓展工作流量范围设计，流量低至 50 bbl/d，叶轮几何形状接近 45°，工作流量在 60 Hz 时为 50~1000 bbl/d，扬程/级长 26.70 ft，效率 62.04%。B 型泵有两种径向轴承配置，均通过防旋转环提升可靠性。

从实际使用效果来看，在米德兰盆地，斯伦贝谢公司为运营商安装的 52 个 A 型泵和 B 型泵，成功应对了非常规油层开采中 ESP 安装面临的段塞式生产等挑战。在产量下降过程中，两种泵始终在推荐范围内运行。通过卡普兰-迈耶曲线对比发现，新型泵运行寿命比传统泵提高 77%，故障间隔时间从 359 天延长至 634 天，运行时间从 327 天提升到 504 天。展望未来，随着技术持续优化，斯伦贝谢公司的页岩油田增强型混流压缩泵技术有望在全球页岩油田广泛应用，推动石油开发行业朝着高效、低成本方向迈进，为能源供应稳定与行业发展注入强劲动力。

7) 创新电潜泵系统

在石油开采领域，人工举升系统作为保障油井稳定生产的关键设备，其性能直接影响开采效率与成本。随着油藏开采难度的增加，传统人工举升系统在面对复杂工况时，逐渐暴露出可靠性低、效率差、能耗高等问题。在此背景下，斯伦贝谢公司凭借深厚的技术积累与创新精神，推出了先进的人工举升系统——Reda™ Agile™ 紧凑型宽范围电潜泵（ESP）系统，为行业带来了全新解决方案。

Reda™ Agile™ ESP 系统以其无与伦比的操作灵活性著称，与市场上其他 ESP 相比，它更为短小轻便，可快速安装在井中更深位置，高效提取原油。其工作范围极为广泛，无须因生产变化频繁更换 ESP，极大地提高了经济性与效率，降低了总体运营成本。

从实际应用效果来看，印度尼西亚近海一口 6000 ft 油井的案例极具说服力。此前，该油井使用的三口常规 ESP 接连故障，导致生产延期，产生了 60 万美元的修井成本。Pertamina 公司部署了 Agile ESP 系统后，成功完成复杂井下作业，到达了先前三个故障 ESP 系统无法触及的目标深度，并已连续运行 300 多天，避免了油井废弃。展望未来，随着这款创新电潜泵系统的不断优化与推广，有望在全球石油开采项目中广泛应用，助力石油企业提升开采效率、降低运营成本、减少环境污染，推动石油行业朝着高效、可持续的方向迈进。

---

[1] 1 ft = 30.48 cm。

4. 油藏描述和模拟技术

在石油开采行业，油藏描述和模拟技术对于精准把握油藏特征、高效开采油气资源至关重要。当下，随着开采深度增加、油藏条件愈发复杂，传统技术难以满足需求。沙特阿美公司、斯伦贝谢公司等行业领军者积极创新，借助前沿科技，开发出一系列先进技术，从提升模拟效率到精准评估油藏，为行业发展注入强劲动力。

1）基于 GPU 的多尺度油藏模拟求解器

测井、试井、地震成像、特殊岩心分析（SCAL）和生产历史等多种来源的数据通常用于建立和调整油藏模拟模型。由于这些数据是异构的，具有广泛的分辨率尺度，在构建地质模型时，提出一个通用的尺度来将这些数据合并到模型中是一个典型的难题，需要使用非常精细的分辨率。此外，随着油藏描述和监测工具的不断发展，输入数据的分辨率也变得越来越精细，这就增加了对更高分辨率的需求。然而，由于计算能力的再限制，这些高保真分辨率很少用于油藏建模。相反，它们通常被放大到更粗糙的分辨率，以减少模拟计算的需求。

由于油藏模拟的大部分时间通常花在线性求解器上，因此高效的线性求解器对于减少油藏模拟的周转时间至关重要。2022 年 2 月 21 日，在沙特阿拉伯利雅得举行的国际石油技术会议上，沙特阿美公司的 Abdulrahman Manea 介绍了一种通用的多尺度线性求解器，即约束平滑基多尺度方法（MsRSB）在新兴的大规模并行 GPU 体系结构上的可扩展性，并与其在多核 CPU 体系结构上的性能进行比较。与传统的多尺度方法不同，MsRSB 使用迭代平滑自适应地计算多尺度基函数，使其能够处理现实世界工业应用中看到的各种复杂的网格。

在这项工作中，提出了 MsRSB 解算器的并行设计和实现，并在多核 CPU 和 GPU 架构上进行了基准测试。数值测试表明，并行 MsRSB 在多核 CPU 和 GPU 架构上都表现出了良好的可扩展性。此外，在 GPU 大规模并行架构上，并行 MsRSB 的性能非常显著，在 2700 万个单元的测试用例上，速度比 CPU 快 4 倍。

2）智能数字油藏评价技术

在石油行业，储量替代始终是一项关键且极具挑战性的任务。为保障长期可持续运营，满足未来能源需求，石油和天然气公司急需探寻新的石油储量，用以替补不断消耗的存量。在可预见未来，经济、高效且环保地获取替换储量成为行业发展的重要趋势。其中，运营商通过近场源勘探［即基础设施引导勘探（ILX）］来发现储量，便是补充储量的有效途径之一。

在此背景下，斯伦贝谢（SLB）公司携手主要运营商，成功开发出一种创新的数字工作流程——智能 ILX 工作流程。该流程巧妙地将近井口对岩石和岩性属性的认知，与流体和深度渗透性测量相结合。它极大地降低了油藏评价和地下认知过程中的风险，具备快速解释的优势，几小时内便能完成相关分析。以 Ora 平台上的有线测井深度瞬态测试（DTT）技术为例，其显著缩短了动态油藏评价时间，还能开展区域测试，助力确定商业可行性和项目经济性。智能 ILX 工作流程与运营商的地下工作流程紧密配合，将 DTT 技术与先进的地质和岩石物理测量深度融合，进一步降低资产风险。通过运用自动化数据处理、解释以及先进建模技术，关键的油藏认知能够在几周内提取出来，大幅缩短项目周期，加速生产进程。

智能 ILX 工作流程充分利用可实现自动化的技术，能够快速处理并解释实时近井口数据，以及实时油藏和流体动力学数据。这一特性有效降低了风险与不确定性，为评估油藏商业可行性提供了宝贵见解。展望未来，随着智能 ILX 工作流程的不断优化与推广，有望在全球石油勘探开发项目中广泛应用，助力石油企业更高效地评价油藏，精准降低项目风险，推动石油行业朝着高效、可持续的方向稳健发展，在复杂的能源市场环境中抢占先机。

3) 计算流体力学侵蚀模拟技术

在页岩井中，压裂液中的固体含量较高，加上高流速，增加了因侵蚀而损坏管壁的风险。数字技术的快速发展可以让运营商更好地了解侵蚀速度，预测侵蚀结果。野生井控公司（Wild Well Control）研究了计算流体力学（CFD）侵蚀模拟技术，可以准确、可靠和高效地预测含砂水流造成的侵蚀，确定侵蚀破坏的位置和程度，从而减轻损害，可用于生产管道和设备，还可用于井控设备，进行侵蚀分析预测。

野生井控公司委托一家美国多级压裂设备制造商进行腐蚀评估，模拟压裂条件，以便更好地了解流体动力学，并在压裂作业之前预测设备可能受到的侵蚀损害。该项目的主要目标是进行压裂歧管的流动分析，使用 CFD 软件 Simcenter Star CCM＋进行冲蚀研究。在 CFD 模拟中建立了侵蚀方程模型，并用于计算侵蚀速率。CFD 软件预测了粒子速度和撞击角，作为建立侵蚀模型的输入参数，开发了一个定制的程序，与 CFD 模拟协同工作，以考虑在所有压裂阶段由于侵蚀而导致的瞬时壁面移动。在压裂歧管的壁上发现了累积侵蚀，并在所有压裂阶段后测量了侵蚀距离。除了侵蚀分析，野生井控公司还提供一系列融入 CFD 的模拟解决方案，包括数字孪生分析、辐射热分析、火灾和爆炸分析以及大气扩散分析，以支持应急计划和紧急避让。

数字工程正在越来越多地改变能源行业的运营方式，提供在巨额财务投资或事件发生之前更好地了解和预测结果的能力。CFD 在油田数字化进程中发挥着重要作用。通过对项目结果提供更高的清晰度和可预测性，它可以大幅减少二叠盆地、其他页岩区块以及常规陆上和海上资产的资本支出和运营支出。

4) 成熟富凝析气田数据驱动模型

阿曼石油开发公司（PDO）研究团队通过对数据分析和可视化、开发规划（DP）、油井油藏管理（WRM）和勘探进行研究，表明阿曼一个成熟的富凝析气田的碳氢化合物组成发生了明显的变化。根据现场数据，如油井测试、流体样本和生产测井测试，与地质概念相结合，提供了可以帮助油田后期决策的储层模型。

现场数据显示，整个油田的碳氢化合物组成发生了垂直变化。通过对勘探埋藏图和岩心数据的薄片分析认识到，该气田不仅拥有丰富的凝析油，而且从最初的石油充注开始经历了各种碳氢化合物充注阶段。现场数据与电缆测井评估相结合，定义出油田范围的两个流体区，即游离气区（FG）和富凝析气区（CRG）。这两个流体区的分离将对油田开发和水资源管理战略产生重大影响。

通过数据分析结果生成管道图，该图描述了油藏结构、构造要素、流体充注和油藏连通性分析，还采集了钻井、射孔井段、油藏增产和生产测井（MPLT）数据。利用储层管道图极大地改变了人们对储层的认识，调整了油田开发计划，影响未来的开发决策。最初的天然气开发侧重于顶部开发井，而现在提出的侧向井是为了最大限度地提高天然气和凝析油采收率。凝析气开发和水资源管理战略变化的成功将为阿曼北部具有类似埋藏和充注史的富凝析气田提供蓝图。

5. 人工智能和数字化技术

在全球能源格局深刻变革的当下，石油行业正站在数字化转型的关键节点。传统运营模式在效率、成本、环保等方面弊端渐显，而人工智能与数字化技术成为破局关键。斯伦贝谢公司、ADNOC 公司等行业巨头积极布局，推出系列创新技术，从数据整合到智能决策，为石油行业开辟全新发展路径，助力其应对挑战、抢占未来先机。

1) Lumi 数据和人工智能平台

在石油行业，随着技术的飞速发展与能源市场竞争的加剧，数字化转型已成为企业提升竞争力、实现可持续发展的关键路径。然而，行业内数据生态系统的复杂性，如数据分散、格式多样、难以整合利用等问题，严重阻碍了人工智能等先进技术的广泛应用与深度发展，限制了企业从海量数据中挖掘价值、提升决策效率与质量的能力。在此严峻形势下，斯伦贝谢公司积极布局，重磅推出 Lumi 数据和人工智能平台，致力于为行业数字化转型破局。

Lumi 数据和 AI 平台集众多先进特性于一身。它将先进的人工智能功能，尤其是生成式 AI，与能源价值链各个环节的工作流程深度融合。作为一个开放、安全且模块化的平台，它打破了数据壁垒，使企业能够便捷访问地下、地表、规划和运营等多方面的高质量数据。通过整合斯伦贝谢公司最新的大型语言模型（LLM）以及行业优化的领域基础模型，客户得以加速人工智能在大规模场景中的应用。该平台基于最新行业标准搭建，可在所有主要云服务提供商以及本地部署，保障了全球客户的使用。在数据处理方面，其开放式架构借助标准和开放协议，从结构化与非结构化数据源中解放数据，如运用开放集团的 OSDU 技术标准，这一能源行业开放数据标准，极大提升了数据的流通性与可用性。同时，平台利用 Cognite 数据融合技术连接并分析生产数据，助力优化运营。并且严格遵循美国国家标准与技术研究院（NIST）的网络安全标准以及新兴的人工智能标准和立法，确保数据安全与合规。

从应用前景来看，Lumi 平台将从根本上重塑能源行业的数据驱动决策模式。斯伦贝谢公司的客户能够在平台上培训并部署特定行业的传统与生成式人工智能模型，涵盖勘探和生产（E&P）基础模型，实现运营自动化与实时优化。以斯伦贝谢公司的 Delfi 数字平台为例，通过借助 Lumi 平台的数据基础和机器学习能力，储层建模、地震和井筒解释、定向钻井和地质导向等工作流程将变得更强大、更灵活，催生出自动化和运营效率提升的新功能，助力能源客户开展高价值、低碳运营。随着 Lumi 平台在全球范围内的推广应用，有望推动整个石油行业跨越数据与技术障碍，加速数字化转型进程，在复杂多变的能源市场中抢占先机，实现高效、绿色、可持续发展。

2) ENERGYai 能源转型人工智能方案

在全球能源转型的大浪潮下，能源行业面临着前所未有的挑战与机遇。传统能源企业亟须借助先进技术，提升运营效率、优化资源利用、推动可持续发展，以适应能源格局的深刻变革。在此背景下，阿联酋阿布扎比国家石油公司（ADNOC）携手 AIQ 公司，在 ADIPEC 上重磅推出 ENERGYai，这一全球首个为能源转型量身定制的代理人工智能解决方案，开启了能源行业智能化发展的新篇章。

ENERGYai融合了大型语言模型技术与尖端的"代理"人工智能。这些经过特定任务培训的人工智能"代理",能够为ADNOC价值链上从地震分析、能源效率优化到实时过程监控等关键任务,带来前所未有的自主性与精确性。它们巧妙地集成到现有工作流程中,运用先进的机器学习和预测分析技术,极大地提升了决策与运营效率。ENERGYai由AIQ公司联合G42公司和微软共同开发,整合了一流技术,如OSDU框架和OpenAI模型,确保其技术的先进性与兼容性。

从应用前景来看,ENERGYai潜力巨大。它经过ADNOC 80年数据的深度培训,利用庞大且多样的数据集,可将详细地质模型的构建速度加快75%,有力支持大规模二氧化碳封存解决方案的规划与开发。在发展规划方面,ENERGYai能将原本1~2年的计划周期大幅缩短至几周,显著降低成本与排放。其并行分析多个场景的能力,能够在所有变量上运行高度先进的模拟,助力决策者做出更快速、精准的决策。在下游业务价值链中,ENERGYai面向未来的可扩展设计可与ADNOC现有技术和平台无缝对接。正如阿联酋工业和先进技术部长、ADNOC董事总经理兼集团首席执行官Sultan Ahmed Al Jaber所言,ENERGYai将成为价值创造和可持续能源生产的引擎,巩固ADNOC在人工智能部署前沿的地位,为全球能源安全与可持续发展贡献力量。随着ENERGYai的不断完善与推广,有望在全球能源行业树立新标杆,引领行业朝着高效、绿色、智能的方向加速转型。

3)SkidIQ数字化管理平台

在石油开发行业,随着全球能源格局的深刻变革,上游企业面临着前所未有的挑战。一方面需要提升运营效率以增强竞争力,另一方面迫切需要降低排放,顺应脱碳发展趋势,同时还要严格控制成本。然而,传统运营模式下,压缩机和发动机的运行数据分散,难以整合利用,成为行业发展的阻碍。在此困境中,INNIO集团旗下的Waukesha团队与Detechtion技术公司合作,共同致力于开发创新技术,SkidIQ平台应运而生。

SkidIQ平台是一款基于云的数字化解决方案,实现了技术的深度融合。它将INNIO Group的Waukesha发动机分析技术与Detechtion的实时压缩机监控技术完美整合,为压缩机和发动机搭建起统一管理平台。其核心优势在于数字孪生功能,通过实时采集压力和温度数据,能够精准识别压缩机泄漏,有效减少逸散性排放。每次模拟时,数字孪生还能精确计算发动机排放成分,如CO_2和NO_x,帮助操作员掌握现场操作对排放的影响,主动降低排放。此外,平台对燃料消耗的计算,助力客户优化资产,提升天然气运输效率。

从实际使用效果来看,SkidIQ平台已展现出巨大价值。借助该平台,企业能够有效整合设备数据,减少运营费用与排放,延长设备正常运行时间。INNIO集团的Waukesha品牌构建的远程运营中心(ROC),利用SkidIQ平台主动识别设备异常,为客户提供战略建议,保障运营流程高效顺畅。展望未来,随着SkidIQ平台技术不断优化升级,有望在全球石油开发行业广泛应用,助力企业突破发展瓶颈,推动行业朝着高效、低碳、数字化方向迈进,在能源变革的浪潮中抢占先机,实现可持续发展。

4)自动化生产机器学习模型

在石油开发行业,电潜泵的稳定运行对保障生产连续性至关重要。然而,意外的电潜泵关闭和故障频发,常导致生产延迟,给运营商带来巨额收益损失。传统上,多数运营商依赖工程师借助传统监控技术管理数百个电潜泵，但这些技术存在固有局限，识别关键状况并采取补救措施耗时费力，难以满足高效生产需求。在此困境下，为助力企业提升生产效率、降低损失，相关技术团队积极探索，研发出自动化现场生产解决方案（AFPS）。

AFPS 是融合机器学习（ML）与基于物理模型的创新技术。用于预测临界状态的 ML 模型，通过对历史时间序列传感器数据进行训练，这些数据由专家针对各类临床条件手工标记，从而精准识别潜在风险。基于物理的模型则利用完井、流体性质、流入动态、功率等相关数据校准，用于检测临界工况。建议模型更是借助北美 500 多个电潜泵安装的 5 年事件操作日志数据训练而成，能给出极具针对性的补救建议。其核心在于，利用 ML 模型从历史电潜泵操作数据中学习模式，进而可靠地预测关键条件、最佳补救措施以及剩余使用寿命，实现对电潜泵运行状态的全面把控。

北美的一家主要运营商在其两个油田中应用 AFPS。ESP1 在运行初期出现电动机电流波动、进气压力和电动机温度升高等问题，AFPS 精准识别关键条件并估计剩余寿命。2023 年 5—9 月，ESP1 遭遇严重气体干扰/气锁，启用 AFPS 自动推荐后，专家在 8 月执行三项建议，显著改善了状况，减少了过度循环。展望未来，AFPS 有望在全球石油开发领域广泛应用，凭借其自动化、精准化优势，减少人为干预，避免意外停机故障，提升电潜泵运行寿命，助力石油企业降本增效，推动行业向智能化、高效化方向发展。

5）人工智能驱动数字平台技术

在石油勘探与生产行业，随着技术的飞速发展和市场竞争的日益激烈，企业迫切需要创新技术来提升效率、降低成本，并实现可持续发展。传统的工作流程和技术手段在面对海量数据和复杂地质条件时，逐渐显露出局限性，难以满足行业快速发展的需求。在此背景下，斯伦贝谢公司与挪威石油公司 Aker BP 敏锐捕捉到行业痛点，达成长期合作伙伴关系，携手致力于开发一款人工智能驱动的数字平台，旨在为石油勘探与生产业务带来革命性变革。

该数字平台以斯伦贝谢公司的 Delfi 数字平台为基础，借助云端强大的运算能力，为 Aker BP 公司构建全新的数字解决方案。一方面，合作双方将 Aker BP 现有的应用程序组合迁移至云端，并打造一个地下工作流程的集成平台。云的高性能计算速度，使平台能够充分发挥斯伦贝谢公司和 Aker BP 公司的先进人工智能技术与领域专业知识，深度挖掘以往未被开发的数据，从中获取全新见解。另一方面，新平台基于斯伦贝谢公司对 Open Group 的 OSDU® 技术标准的坚定承诺搭建，并与微软的 Azure 能源数据管理紧密集成，构建起统一的数据环境，这为实现人工智能驱动的工作流程奠定了坚实基础。通过整合多源数据，平台能够更精准地分析地下地质结构、预测油藏分布，助力企业优化勘探与生产决策。

从应用效果来看，该平台有望显著改变 Aker BP 公司的地下工作流程。正如斯伦贝谢公司数字与集成总裁 Rakesh Jaggi 所言，它将加快规划周期，提高产量，降低勘探与生产全生命周期的成本。Aker BP 公司勘探与油藏开发高级副总裁 Per Øyvind Seljebotn 也指出，该平台是实现其打造未来勘探与生产公司战略的关键一步，有助于巩固其数字领导者地位。展望未来，随着技术的不断完善与推广，斯伦贝谢公司与 Aker BP 公司合作开发的人工智能驱动数字平台，有望在全球石油勘探与生产领域广泛应用，引领行业朝着智能化、高效化、绿色化方向迈进，为全球能源行业的可持续发展注入强大动力。

6）AI 数字孪生软件

在全球油气行业，随着数字化浪潮的推进，企业对提升运营效率、优化生产决策的需求愈发迫切。bp 作为行业领军企业，一直在探寻前沿技术以推动自身业务的持续发展。Palantir 公司作为软件和数据分析领域的佼佼者，拥有先进的技术储备。在此背景下，bp 与 Palantir 公司达成企业协议，将深化双方战略关系，借助 Palantir 公司的 AIP 软件为 bp 的油气业务引入全新人工智能功能，开启油气行业数字化转型的新篇章。

自 2014 年起，bp 便广泛部署 Palantir 公司软件用于石油和天然气生产业务，覆盖北海和墨西哥湾的海上石油平台以及阿曼的 Khazzan 气田。历经十年深度合作，Palantir 公司软件有力支撑了 bp 的数字化转型计划。其中，核心成果是开发基于模型的 bp 石油和天然气生产活动数字孪生模型。借助 Palantir 公司软件，将动态数字实物资产模型与来自 200 多万个传感器的实时数据集成于单个集成操作图中，实现了对生产系统的精准模拟与监控。如今，Palantir 公司的 AIP 软件将进一步发挥关键作用。它能助力 bp 安全、可靠地运用大型语言模型（LLM），通过对底层数据的自动分析，优化并加速人类决策过程，同时提出切实可行的行动方案。软件中的底层数据基础设施和数字孪生的稳健性与工具相辅相成，确保人工智能建议的透明度，有效防止幻觉。其安全功能严格控制 LLM 的操作权限，并对任何决策或行动生成完全可审计的数字记录。

bp 数字交付高级副总裁 Sunjay Pandey 表示，与 Palantir 公司的战略关系在 bp 运营持续数字化转型中意义重大，先进数字孪生模拟有助于安全监控和优化生产各环节，提升运营绩效。Palantir 公司能源和自然资源主管 Matthew Babin 也指出，双方将继续提高数据集成度，提升 bp 运营效率。展望未来，随着 AI 数字孪生软件的深入应用与技术迭代，有望助力 bp 在全球油气业务中进一步提升竞争力，推动行业朝着智能化、高效化方向迈进，为全球能源供应的稳定与高效贡献力量。

6. 海上生产技术

在全球能源版图中，海上油气资源凭借巨大储量，成为保障能源供应的关键力量。但海上环境复杂，给开采带来诸多挑战。为突破困境，能源企业和科研团队全力投入技术研发，一系列创新技术应运而生。从智能井控到高压开采，从综合海底生产到绿色电气化，这些技术正重塑海上生产格局，推动行业迈向高效、安全、环保的新征程。

1）RoboWell 海上井控解决方案

在全球能源需求持续攀升的大背景下，科技创新已成为能源领域发展的关键驱动力。2024 年 7 月 11 日，能源巨头阿联酋阿布扎比国家石油公司（ADNOC）宣布在其海上 NASR 油田部署开创性的 AI 自主井控解决方案 RoboWell（图2），这是全球首次在海上部署，在能源行业引发了新的浪潮。

RoboWell 技术运用基于云的人工智能算法，能够自主操控油井，并依据不断变化的状况进行自我调节。这一强大功能不但增强了油井的安全运行，还大幅提高了效率。例如，它能够减少人员出行和物理干预，最大限度降低了排放。RoboWell 由 AIQ 公司和 ADNOC 的 Thamama 数据中心携手开发，借助大数据、数字化和智能分析，助力获取石油和天然气资源并释放更大价值。2023 年 10 月 26 日，RoboWell 首次部署于 ADNOC 陆上 NEB 油田，展

图 2 RoboWell AI 自主井控解决方案

现出卓越性能。该项目是首个由人工智能支持的气举井高级过程控制（APC）解决方案，利用实时数据对油田动态持续响应，优化生产流程，确保在安全参数范围内运行，降低油井不稳定性和事故风险。同时，AIQ 公司还为操作员和生产工程师开发了交互式可视化仪表板，包含实时指导，支持知识转移。

展望未来，ADNOC 的这一创新举措前景广阔。RoboWell 已在 NASR 油田的 10 口井中完成部署，并计划在 ADNOC 的海上和陆上 300 多口井中进一步推广。初步成果显示，它使气举气体消耗量降低 30%，油井移动量减少 50%，提高了采油效率。随着其在更多油井中的应用，ADNOC 将能够从资源中获取更大价值，进一步优化运营。这不仅有助于 ADNOC 达成成为世界上最具 AI 能力的能源公司的目标，也为全球能源行业的发展树立了新的典范，引领行业朝着更高效、更安全、更可持续的方向迈进。相信在不久的将来，RoboWell 解决方案将在全球能源领域发挥更大作用，推动能源行业的数字化转型和智能化发展。

2）高压油藏深水生产技术

在全球石油开发领域，随着浅海及陆地油气资源的逐步开采，深海高压油藏成为重要的战略接替区。然而，深海环境复杂，尤其是超深高压油藏，海底压力巨大，给钻井及开采作业带来了前所未有的挑战，长期以来阻碍着行业对这些资源的有效开发。在此严峻形势下，众多能源企业投入大量资源进行技术研发，力求突破瓶颈，美国雪佛龙公司便是其中的佼佼者。

雪佛龙公司成功研发并应用于墨西哥湾 Anchor 项目的高压油藏深水技术，堪称行业的重大突破。该技术创新性地实现了在 20 000 psi 的超高压力下运行，开采深度可达海平面以下 34 000 ft，一举攻克了超深高压油藏开采的关键难题。值得一提的是，Anchor 项目采用全电动操作，还将废物转化为热能，在高效开采的同时，最大限度地减少了碳排放，践行了绿色环保理念。项目中的 AnchorFPU（半潜式浮式生产装置）位于美国路易斯安那州近海，连接着 7 口海底油井，具备强大的生产能力，每日可生产 75 000 bbl 石油和 2800 × 10^4 ft^{3}❶天然

---

❶ 1 ft^3 = 28.317 dm^3。

气，预计可产量高达 4.4×10^8 bbl 油当量。

从实际应用效果来看，Anchor 项目的成功投产意义非凡。这是行业首次在美国墨西哥湾超深高压油藏实现成功生产，正如雪佛龙公司执行副总裁 Nigel Hearne 所言，该技术解锁了以前难以获取的资源，为全球石油行业开展类似的深水高压开发树立了典范。展望未来，随着高压油藏深水技术的不断优化与推广，有望在全球深海油气资源开发中广泛应用，助力各国突破资源开采限制，提升能源供应保障能力，推动石油行业朝着高效、绿色、可持续的方向大步迈进，在全球能源格局中发挥更为重要的作用。

3）综合海底生产系统

在石油开发行业，随着优质油气资源的不断开采，那些处于边缘位置或因储量较小而搁置的油气田，逐渐成为行业关注的焦点。如何高效开发这些油气田，实现盈利并兼顾可持续发展，成为众多企业亟待解决的难题。在此背景下，石油和天然气技术公司 Pivotree 积极投身研发，致力于推出创新技术，打破传统海上能源开发的局限。

Pivotree 公司研发的综合海底生产系统，是一项极具创新性的技术成果。其核心是将传统的海底采油树技术与全新设计元素相结合，打造出可旋转的系统，为承购船提供 360° 系泊能力。该系统的 44 t 全尺寸原型在西澳大利亚州珀斯设计并建造完成，其与浮式生产储卸油装置（FPSO）相结合，构建了一个功能完备、自我维持的油田开发概念，摒弃了扩展系泊、平台、出油管线、管道和歧管等额外基础设施，大幅降低了前期资本支出，缩短了首次采油时间。而且，其对海底的物理影响极小，无须退役海底基础设施，可重复使用且占地面积小，安装、操作和退役过程简单，对海底干扰小。该系统最初针对水深 50～500 m、储量小于 2500×10^4 bbl 的较小油田设计，适配通常质量小于 50 000 载重吨的油轮。

从实际应用效果与前景来看，Pivotree 公司的综合海底生产系统优势尽显。Pivotree 公司已在全球确定了数十个可受益的油田，并签署多项销售协议。马来西亚石油和天然气服务公司 Olio Group 的战略投资，更是彰显了该技术的价值。预计其将获得挪威船级社（DNV）的技术资格认证。凭借诸多优势，Pivotree 公司的综合海底生产系统有望在全球海上石油开发领域广泛应用，助力企业解锁更多搁置资产，推动行业朝着高效、低成本、环保的方向发展，为全球能源供应增添新动力。

4）Mero 浮式生产储油和卸载系统

在全球石油开发行业，深海油气资源的开采愈发受到关注。巴西桑托斯盆地附近的 Mero 油田，作为巴西第三大油田，虽储量丰富，但面临着水深达 6234～6890 ft（1900～2100 m）的复杂开采环境。由巴西国家石油公司（Petrobras）、壳牌公司和道达尔能源公司牵头成立的 Libra 联合公司，为有效开发 Mero 油田，全力投入相关生产系统的建设中，Mero 浮式生产储卸油装置便是关键成果之一。该油田为单元化油田，分为 Mero1、Mero2、Mero3 和 Mero4 四个生产单元，Mero2 生产单元的投产，开启了油田开发的重要进程。

Mero 浮式生产储油和卸载系统技术亮点突出。Libra 联合公司在该系统中引入了创新的天然气和二氧化碳分离及回注设施。其采用先进的高压海底分离技术（HISEP），能够在海底直接从富含二氧化碳的天然气中分离石油，并将天然气回注储层。这一技术大幅减少了输送至上部浮式生产储油船的天然气量，在提升现场生产能力的同时，有效降低了温室气体

（GHG）排放强度。此外，Libra 联合公司还与哈里伯顿的 Landmark 公司合作，为 Mero 油田开发数字孪生技术。通过集成油藏、油井和海底网络，构建动态数字孪生系统，将四维地震和智能完井的资产传感器、数据以及模型集合，实现对油藏、油井和设施的实时监控。借助这一技术，能够精准进行资产表征、主动监测储层状况，并优化资产运营规划。

从应用效果与前景来看，Mero 浮式生产储卸油装置已初见成效。Mero2 生产单元的顺利投产，标志着该油田开发迈出坚实一步。随着 HISEP 海底分离先导装置连接到正在建设的 Mero3 生产单元，有望进一步提升开采效率、降低环境影响。数字孪生技术的应用，将助力减少资本支出、缩短生产时间并提高原油采收率。凭借这些优势，Mero 浮式生产储油和卸载系统有望成为深海油田开发的典范，推动全球海上石油开发朝着高效、环保、智能化方向发展，为保障全球能源供应贡献重要力量，尤其在深海复杂环境油气资源开发领域树立新标杆，引领行业技术革新潮流。

5）海上平台电气化技术

将海上平台上的大规模用电系统转变为使用电力而不是柴油发电机，可以实现以低碳能源为动力的基础设施运行。全电力生产系统是运营商战略的关键部分，能够使用集成的海底和地面技术实现可持续发展目标。在资本、运营和碳成本方面，海底电气化解决了运营商的关键问题。

对于海上作业，基础设施的电气化和全电力系统的部署使该行业能够提供低成本、低碳的能源生产。电气化可在多个层面实现可持续性效益，包括利用低碳能源、减少运营足迹、与更广泛的平台电气化目标保持一致。斯伦贝谢公司开发了一个有助于最大限度减少排放和降低能源消耗的投资组合，包括解决逸散排放问题、最大限度地减少钻井碳足迹、减少或消除燃烧、全面开发解决方案及基础设施电气化五部分。

海上平台电气化具有四项优势：（1）节省硬件资本支出。广泛的分析表明，从系统层面看，海底硬件成本节省9%。这些节省来自：脐带系统的成本与电气系统相比降低30%，控制系统成本降低24%。（2）提高运营效益。拆除液压动力装置的高压流体系统和旋转机器部件，可以降低维修需求，减少系统停机可能，降低运营成本，提高生产可用性。（3）充分利用陆上电气化基础设施。陆上油田电气化建造、拥有和运营大部分基础设施。海上电气化若建设私有电网基础设施需要分析负载需求、地理负载分布、供应链和设备交货时间，还需要本地公用事业和电网等互联系统提供负载能力。（4）节约电力成本。在二叠盆地，一项经济分析和可行性研究表明，与电力相关的节约潜力可达到40%。项目可以在3年内显示出投资回报，并通过长期运营获得额外收益。从现场发电转换为电网供电，还可以减少温室气体排放，加速净零排放步伐。

（三）油气田开发技术展望

在全球能源需求持续增长、环保要求日益严苛以及油气资源开采难度不断加大的大背景下，油气田开发技术正处于关键的变革与突破期。当下，行业发展面临着诸多挑战，如常规资源的逐步减少、复杂油藏开采难题以及低碳转型压力等，但也迎来了技术创新带来的广阔机遇。从提高采收率到压裂、人工举升，再到油藏描述、人工智能应用以及海上生产技术等各个领域，一系列新技术的涌现与发展，正重塑着油气田开发的格局。对这些技术的展望，不仅关乎油气行业的当下效率与效益，更决定着其未来在全球能源舞台上的地位与可持续发展能力。

1. 提高采收率技术

未来，提高采收率技术将朝着多元化、精细化与智能化方向发展。在化学驱方面，会涌现更多针对不同油藏特性的高效驱油剂，如进一步优化低矿化度智能水协同驱替技术，提升其在各类复杂油藏中的适用性，实现更精准的驱油效果，大幅提高原油采收率。纳米技术在石油开采中的应用将更为广泛，新型纳米颗粒增产液、纳米流体技术等将不断优化升级，有效解决油井产量衰减、地层伤害等问题，并且在提高采收率的同时，降低对环境的影响。此外，通过与人工智能技术融合，能够实时监测油藏动态，智能调整驱替策略，以适应油藏不断变化的特性，最大限度挖掘油气资源潜力。

2. 压裂技术

压裂技术将持续向高效、环保、智能迈进。电力压裂系统会不断提升功率密度与灵活性，降低能耗与排放，成为主流压裂方式，进一步简化了作业流程，提高了作业效率。无损伤/无交联压裂液技术等创新型压裂液将得到更广泛应用，减少对地层的伤害，提升裂缝导流能力，从而提高油气产量。智能压裂技术，如 Octiv 自动压裂服务与 Sensori 数字化裂缝监测技术的结合，将实现对压裂作业的全流程自动化、精准化控制，根据不同地层条件智能调整压裂参数，最大限度提高压裂效果，降低总体拥有成本。同时，为适应复杂地层和大规模开发需求，压裂设备将向大型化、集成化发展，提高单次作业的覆盖范围和产能提升幅度。

3. 人工举升技术

人工举升技术未来将聚焦于提升效率、降低成本与增强适应性。数字智能人工举升技术等智能化系统将在更多油井部署，实现对油井生产的远程、实时、精准控制，大幅提升生产效率，减少人工干预，降低运营成本。新型螺杆泵、电潜泵等设备将不断优化，拓展适用范围，如 Reda PowerEdge 全新型螺杆泵技术和斯伦贝谢公司的页岩油田增强型混流压缩泵技术，能够更好地应对高黏度、高含砂、高含气等复杂工况，提高泵的运行寿命和可靠性。人工举升系统将更加注重与油藏整体开发方案的协同，根据油藏不同开发阶段的需求，智能调整举升策略，实现油藏的高效、可持续开采。

4. 油藏描述技术

油藏描述技术将借助多学科融合与先进信息技术，实现更精准、全面的油藏刻画。基于 GPU 的可伸缩多尺度油藏模拟求解器等先进模拟技术将不断完善，能够处理更复杂的地质模型和海量数据，提高模拟精度和效率，为油藏开发方案制定提供更可靠依据。通过整合测井、试井、地震成像等多源数据，结合人工智能和机器学习算法，实现对油藏地质结构、流体分布等特征的自动识别与分析，快速准确地构建油藏模型。此外，成熟富凝析气田数据驱动模型等针对特定油藏类型的建模方法将得到推广和优化，更好地服务于不同类型油藏的开发决策，助力提高油气采收率和开发效益。

5. 人工智能技术

人工智能将深度融入油气田开发各个环节，成为推动行业变革的核心力量。Lumi 数据和人工智能平台等将不断拓展功能，实现能源价值链全流程的智能化管理，从勘探、开发到生产运营，通过人工智能模型优化决策，提高作业效率，降低成本与风险。自动化生产机器学习模型将进一步优化，能够更精准地预测设备故障、油藏动态变化等，实现提前预警和智能调控，保障生产的连续性和稳定性。人工智能驱动的数字平台将为企业提供更强大的数据分析和决策支持能力，深度挖掘数据价值，创新业务模式，推动油气田开发向智能化、数字化、高效化方向加速发展，提升行业整体竞争力。

6. 海上油气技术

海上油气技术将围绕高效开发、安全保障与环境保护展开创新。RoboWell 海上井控解决方案等人工智能井控技术将在更多海上油田推广应用，提高油井的安全运行水平，降低人为操作风险，同时优化生产流程，提高采油效率。高压油藏深水生产技术将不断突破，实现更深海域、更高压力油藏的高效开采，降低开采成本，为深海油气资源开发提供更有力的技术支撑。综合海底生产系统、Mero 浮式生产储油和卸载系统等将进一步完善，提高海上油气生产设施的集成化、智能化水平，减少对环境的影响。海上平台电气化技术将得到更广泛应用，实现海上作业的低碳化，降低运营成本，推动海上油气开发向绿色、可持续方向发展。

7. 小结

展望未来，油气田开发行业将在复杂多变的环境中持续演进。技术创新仍将是核心驱动力，高效环保的开采技术将不断涌现，如新型压裂技术、智能油藏管理系统等，进一步提升资源开采效率与效益。在全球能源结构加速调整的大背景下，油气行业虽面临新能源的激烈竞争，但凭借其在能源体系中的基础地位，仍将在相当长时期内发挥关键作用。随着海上油气开发技术的成熟，深海油气资源有望成为新的产量增长点，推动全球油气供应格局重塑。

与此同时，数字化、智能化将全方位融入油气田开发流程，实现生产运营的精准控制与高效管理，降低成本、提高安全性。资源国政策的调整也促使油气企业加强与当地合作，提升社会责任意识，以应对政策风险。在绿色发展的时代要求下，碳捕集与封存等低碳技术将广泛应用，助力油气行业向低碳转型，实现可持续发展。总之，油气田开发行业将在挑战与机遇并存中，不断探索新的发展路径，为全球能源安全稳定供应贡献力量。

(本报告撰写人：张华珍　张珈铭　审核人：刘玉章)

参 考 文 献

[1] World Oil. TAQA launches new tech to enhance reservoir performance [EB/OL]. (2024-10-21) [2024-10-25]. https://www.worldoil.com/news/2024/10/21/taqa-launches-new-tech-to-enhance-reservoir-performance-maximize-well-output/.

[2] 搜狐新闻. 哈里伯顿推出新型防砂技术 SandTrap® XL [EB/OL]. (2024-11-05) [2024-11-10]. https://www.sohu.com/a/823734130_121175516.

[3] SLB. Reda PowerEdge™ energy - efficient wide - range ESPCP system [EB/OL]. [2024 - 11 - 01]. https://www.slb.com/videos/reda - poweredge - energy - efficient - wide - range - espcp - system.

[4] Ayirala S C, AlSofi A M, AlYousef Z A, et al. Smartwater based synergistic technologies: A next recovery frontier for enhanced oil recovery [C]// SPE Improved Oil Recovery Conference, 2022.

[5] NOV. Next - generation electric fracturing system improves efficiency and ESG performance [C]. Houston: Offshore Technology Conference, 2024.

[6] Pivotree. Integrated subsea production system technology [EB/OL]. [2024 - 07 - 15]. https://pivotree.com.au/technology/.

[7] World Oil. SLB and Aker BP partner to develop AI - driven digital platform [EB/OL]. (2024 - 07 - 23) [2024 - 07 - 25]. https://www.worldoil.com/news/2024/7/23/slb - aker - bp - partner - to - develop - deploy - ai - driven - digital - platform - for - e - p - operations/.

[8] Marine Technology News. Azule energy adopts FutureOn's digital twin software [EB/OL]. (2024 - 06 - 18) [2024 - 06 - 20]. https://www.marinetechnologynews.com/news/azule - energy - futureon - digital - 633769.

[9] AOG Digital. Natural gas - powered turbine fracturing technology [EB/OL]. (2024 - 05 - 10) [2024 - 05 - 15]. https://www.aogr.com/magazine/frac - facts/nanofluid - technology - slows - production - declines - in - wolfcamp - restimulations.

[10] NOV. Next - generation electric fracturing system [C]. Houston: SPE Hydraulic Fracturing Technology Conference, 2024.

[11] SPE. Data - driven reservoir development in Oman's condensate - rich gas field [C]. Dubai: SPE Annual Technical Conference, 2023.

[12] Libra. Innovations in high - pressure subsea separation technology [C]. Kuala Lumpur: IPTC Asia Conference, 2024.

[13] ExxonMobil. Electromagnetic induction heating for heavy oil recovery [C]. Calgary: SPE Heavy Oil Conference, 2023.

[14] Marine Technology News. Libra consortium advances Mero field development [EB/OL]. (2024 - 01 - 05) [2024 - 01 - 10]. https://www.marinetechnologynews.com/news/libra - consortium - reaches - field - 633668.

[15] World Oil. Libra consortium begins production in Brazil's Mero field [EB/OL]. (2024 - 01 - 02) [2024 - 01 - 05]. https://www.worldoil.com/news/2024/1/2/libra - consortium - begins - oil - gas - production - from - fpso - offshore - brazil/.

[16] Halliburton. Libra consortium and Halliburton collaborate on digital twin [EB/OL]. (2024 - 03 - 20) [2024 - 03 - 25]. https://www.halliburton.com/en/about - us/press - release/libra - consortium - halliburton - landmark - collaborate - develop - field - digital - twin.

[17] Halliburton. AI - enabled technology in ADNOC operations [EB/OL]. (2023 - 11 - 15) [2023 - 11 - 20]. https://www.halliburton.com/en/about - us/press - release/world - first - ai - enabled - technology - successfully - implemented - by - aiq - and - halliburton - in - adnoc - upstream - operations.

[18] Chevron. Chevron's anchor deepwater HPHT project [EB/OL]. (2024 - 08 - 12) [2024 - 08 - 15]. https://www.worldoil.com/news/2024/8/12/chevron - totalenergies - begin - oil - and - gas - production - from - anchor - deepwater - hpht - project - offshore - u - s - gulf - of - mexico/.

[19] World Oil. SPM Frac pump achieves 13,000 hours in Permian Basin [EB/OL]. (2024 - 12 - 10) [2024 - 12 - 15]. https://www.worldoil.com/news/2024/12/10/spm - frac - pump - achieves - 13 - 000 - hours - in - permian - before - first - overhaul/.

[20] SPM Oil & Gas. WS 335 Frac Pump Specifications [EB/OL]. [2024 - 12 - 12]. https://www.spmoilandgas.com/en_US/products/new/spm - oil - and - gas/well - service - frac/well - service - pumps/114400.html.

[21] SPM Oil & Gas. Frac pump performance case study [EB/OL]. (2024 – 12 – 14) [2024 – 12 – 16]. https://www.spmoilandgas.com/en_ US/resources/news/Frac_ Pumps_ Provide_ Leading_ Pressure_ Pumper_ Near_ Zero_ NPT_ and_ Max_ Horsepower.html.

[22] World Oil. Halliburton deploys electric simul – frac fleets in Permian [EB/OL]. (2024 – 12 – 16) [2024 – 12 – 18]. https://www.worldoil.com/news/2024/12/16/halliburton – joins – with – diamondback – voltagrid – to – deploy – electric – simul – frac – fleets – across – permian/.

[23] SPE. AI – Driven Optimization of ESP Operations in Unconventional Wells [C]. Houston: SPE Artificial Lift Conference, 2024.

三、地球物理技术发展报告

2024年,全球物探行业在业务整合、数字化转型和可持续发展方面持续推进。企业通过并购重组、技术创新和跨界合作,提升竞争力,适应能源转型和地缘政治变化带来的挑战与机遇。为满足行业对降低成本、获取高保真地震数据的需求,压缩感知地震采集、节点地震采集等技术持续进步,人工智能的快速发展推动数据处理与解释技术快速进步,基于大语言模型的地球科学平台在物探行业应用起步并将快速发展。

(一) 地球物理行业新动向

2024年,在全球油气勘探开发投资小幅下降的背景下,地球物理市场规模与上年基本持平;国际领先物探技术服务公司仍在通过业务并购与重组、联合协作等举措应对市场的挑战;地球物理行业积极践行低碳绿色发展理念,发挥地球科学优势助力能源转型。

1. 地球物理技术服务与装备市场规模

国际地球物理装备及技术服务市场连续4年稳步回升,但物探市场规模的恢复速度不及油气工程技术的平均水平。根据Spears & Asscoation公司2025年1月发布的全球油服市场报告统计(数据不包括未上市公司),2024年全球地球物理装备与技术服务市场规模约75.8亿美元,涨幅从2023年的9.90%下降到0.70%(图1)。预计2025年市场规模将达到79亿美元,涨幅约4%。

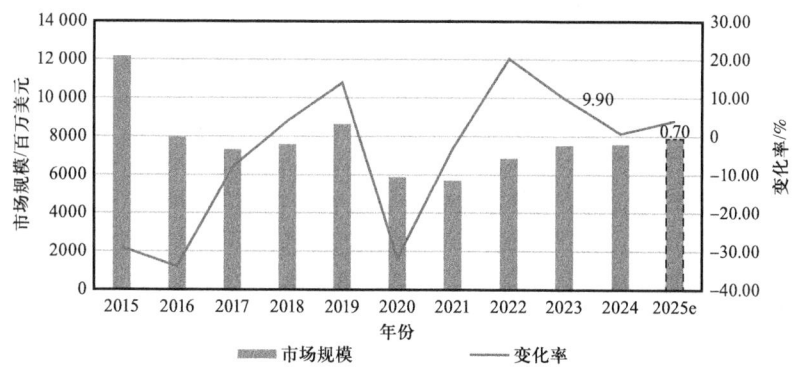

图1 全球地球物理装备与技术服市场规模及变化

2. 主要地球物理公司的业务动态

尽管全球物探技术服务市场保持稳步复苏的态势,但行业发展仍旧面临挑战,国际主要物探公司积极调整业务与市场结构,优化业务布局,以适应新形势发展。2024年5月,全球领先的法国地球物理公司(CGG)更名为Viridien,并在欧洲地质学家与工程师学会(EAGE)年度会议上正式推出新标识。此次更名是公司围绕当前形势和未来公司的业务发展目标，将自身定位于一家先进的技术、数字和地球数据公司，致力于推动科学前沿技术和实现可持续发展目标，进一步增强其在核心业务（如地球物理、地球数据和传感监测）以及新兴业务领域的市场竞争力。挪威能源数据和地球物理数据分析公司 TGS 公司与挪威海洋地球物理公司 PGS 公司完成业务合并，合并后的公司（TGS）通过整合运营和优化资源配置，覆盖多用户数据、数据采集、成像和新能源等多个领域，显著提升行业集中度，改变现有的市场竞争格局，促使其他竞争对手进一步加强技术与服务能力。物探承包商 SAExploration 收购海底节点装备公司 inApril，拓展其在海底地震技术领域的市场份额和竞争力，并凭借 inApril 公司的技术服务为其在碳捕集与封存（CCS）等能源转型市场中提供业务增长点。PXGEO 公司收购了 Modus 海底服务公司，加强了自动化海底节点技术研发能力。

3. 地球物理行业数智化、绿色化转型

国际主要公司适应行业数字化转型和能源转型的需求，在传统地震勘探作业减排、发展新能源服务业务、壮大地球科学数据库、推动人工智能（AI）在地球物理行业的应用方面加速发展。Viridien 公司强调在发展传感与监测、地球科学、地球数据等核心业务的同时，将持续推动在采矿、CCS 以及高性能计算（HPC）和基础设施监测等市场的新增服务。TGS 公司在 CCS 领域订单量大幅增长，项目规模逐步扩大，其 2024 年第一季度在 CCS 领域的相关业务同比增长 28%。Viridien 公司与贝克休斯公司签署了联合 CCS 解决方案协议，同时将海底节点（OBN）等地震勘探技术用于 CCS 领域。AI 驱动的精准勘探已成为行业发展共识，聚焦地震数据处理与解释等领域，全球领先物探公司均不同程度提升 AI 方面的投资占比。Viridien 公司推出了 Outcome as a Service 新商业模式，与常见的基于云消费模式不同；同时还宣布了由 NVIDIA 支持的 AI 云服务，旨在提高 AI 和 HPC 工作负载，以满足计算密集型 AI 的需求。斯伦贝谢、哈里伯顿等公司持续推动在地震数据处理与解释方面的 AI 应用和一体化发展，探索大语言模型在物探领域的应用。

（二）地球物理技术新进展

地震采集技术围绕降低作业成本、提高数据质量的宗旨，压缩感知地震采集、节点采集等技术稳步发展，地震采集装备向着自动化不断完善；地震数据处理技术在 AI 的赋能下快速进步，自动化速度建模、全波形反演、AI 地震解释取得新进展；油藏地球物理技术稳步发展，地震油藏监测、光纤 DAS 监测数据处理解释取得进步。国内油气物探技术装备取得新进展，东方物探、中海油服地震装备技术研发走向高端，推出深水海底节点装备，"两宽两高"（宽方位、宽频带、高密度、高保真）地震勘探应用走向国际。

1. 地震采集技术新进展

在采集装备方面，大道数采集系统、宽频可控震源的不断进步为高密度采集提供了保障。为同时满足行业对低成本作业和获取高品质数据的需求，压缩感知地震采集、节点采集、海洋宽频采集、拖缆—节点联合采集等技术取得一系列新进展。

1）陆上采集装备与技术

在震源方面，Sercel 公司推出 VE564 可控震源电控系统（图 2），可以嵌入 528™ 采集系统平台，并且可以通过 WiNG 无线系统轻松重新配置，实现高效作业。VE564 系统与 528™ 采集系统联合应用技术方案最大限度地减少停机时间，提高生产效率，优化可控震源地震队管理。东方物探成功研发大吨位宽频可控震源 EV80，并完成野外生产试验。EV80 具备高精度、宽频带和强适应性，其峰值出力高达 8×10^4 lbf❶，频宽范围覆盖 1.5～120 Hz，能够满足复杂地质条件下的勘探需求，其高精尖的技术集成和机电液一体化设计，成为国际高端市场竞争的焦点（图3）。

图2 Sercel 公司的 VE564 可控震源电控系统

图3 东方物探研发的 EV80 可控震源

在采集系统方面，Sercel 公司推出了新一代陆上采集系统 528™，提高地震数据记录的稳定性、生产效率以及数据保真度，以满足当前大规模地震勘探需求和挑战。528™ 采集系统仍旧是基于电缆的系统，但系统进行了改进并新增了功能，如最轻的重量和最低的功耗，可以利用太阳能供电等。采用可扩展的架构提供了极强的灵活性，能够适应不同规模的项目，从大型地震勘探项目到小型项目，具有相同的作业效率。

在采集技术及软件方面，Sercel 公司推出了 MetaBlue Land 陆上地震勘探管理系统，集成了 Sercel 公司尖端的陆上采集技术、软件和服务，用于优化陆地和过渡带地震勘探作业的管理，以提高生产效率，提高安全性，并确保各类陆上地震项目获取高质量数据。

2) 压缩感知地震采集技术

高密度地震数据对提高地震成像质量和提供高精度反演结果至关重要，但是采集成本也随着道密度增加而成比例上升。为降低采集成本并获得高品质地震成像，采用压缩感知技术较好地处理和解决了这个问题，在陆上地震勘探数据重构方面取得一系列新进展。

沙特阿美公司与代尔夫特理工大学合作，采用一种与模型无关的、基于降秩的近地表静校正方法，对陆上数据进行重构，准确地重建地表风化层影响的随机采样数据。斯伦贝谢公司开发了多阶匹配追踪傅里叶插值（MS－MPFI）工作流程进行压缩感知数据重建，并成功压制混叠震源产生的复杂噪声，从而提高了建模能力。采用该方法对阿曼北部 500 km² 的同步震源稀疏采样数据进行了数据重构，获得了高密度数据。Fairfield 公司联合 In－depth 公司使用压缩地震重建技术将新墨西哥州三维地震数据填充恢复至原始采集观测系统的状态，

---

❶ 1 lbf = 4.448 N。

并评估了压缩感知地震采集在数据上的有效性。此外,利用压缩感知进行数据重构,也是解决城市勘探不规则采样的重要方法,虽然节点系统的发展解决了电缆勘探一些局限性,但在城市开展地震勘探时震源和检波器不规则布置的问题仍存在。Tim Dean 等研究了一种数据重建评估方法,开发了一个6步工作流程,重构城市复杂环境的地震数据,并评估该方法的可行性。

3)海底节点采集装备与技术

深水海底节点(OBN)地震勘探持续进步,为了满足客户的需求,并获得相对于竞争对手的技术优势,服务供应商继续解决节点布设和回收系统的效率、节点本身性能的改进、数据传输等问题。

OBN 服务供应商 InApril 公司提出一套新方法,引入了一种新型的少人作业船,联合 Saab 公司研发了 eWROV 系统,利用 ROV 和机器人技术在远程 OBN 操作方面取得了进展,提高了作业效率、安全性和数据质量,并减少对环境的影响。电气化是 eWROV 系统提高性能的关键,水下航行器的能力提升到了一个新的水平。除了效率更高,电动系统使用的油也更少,这使得 eWROV 比同级液压系统更环保。PXGEO 公司持续推进自动化海底节点系统研发,其开发的基于 AUV 布设的 MantaRay 节点系统,采用全电气化设计,比传统缆绳或 ROV 方法布设更快捷、更精确,在作业效率和可靠性方面更具潜力。OBN 勘测的主要缺点是成本高,尤其是在深水区,因为必须有一个(或多个)ROV 来布设和回收节点。今后,OBN 地震采集将重点关注海洋作业的新概念船和 ROV 设置,实现远程作业和机器人技术的阶段性进步。

我国自主研发的海底节点采集装备已具备国际竞争力,未来有望推向海外市场。国内首套 3000 m oSeis 海底节点地震仪研发成功,性能达到国际先进水平,通过国际地震行业最有影响力的 VeRIF-i 产品认证,在阿联酋、卡塔尔国际 OBN 项目完成测试。"海脉"系统实现了超低频信号捕获,能够捕捉到相当于蚊子飞行声 1/150 强度的地震波信号,低频分辨率达到国际领先水平(图4)。

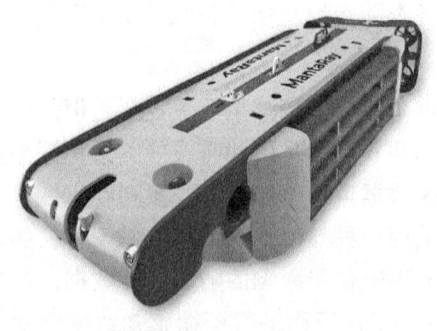

图4 海底节点采集系统

此外,为降低 OBN 勘探的成本,近年来海洋拖缆与 OBN 联合采集应用成为一个重要方法。埃克森美孚公司和中国海油在圭亚那海上,利用拖缆与 OBN 联合采集进行四维地震勘探,最大限度地挖掘四维地震数据的价值。TGS、Shearwater 等公司在海洋拖缆采集方面处于领先地位,这些服务商发挥技术优势,引进拖缆与 OBN 联合采集,进行多项海洋多用户勘探。

4）海洋宽频采集装备与技术

由于海上可控震源在增强数据采集、有效处理和优化空间波场采样方面具有优势，因此研究不断深入。在过去几年里，已经成功完成了多项二维现场测试。Shearwater 公司在北海首次开展了海洋可控震源宽频三维数据采集测试。测试地点位于挪威斯塔万格以西约 140 km 处，水深约为 110 m，部署了两台可控震源，一台低频段震源设备和一台高频段震源设备，测试数据覆盖 3~150 Hz 整个地震频段。此次勘探涵盖拖曳与操控、定位、控制软件评估、震源子波测量以及质量控制（QC）等措施，形成了完整的采集系统（图 5）。与基于气枪的震源相比，海洋可控震源的峰值压力和带外（高频）噪声污染显著降低。测试结果证实，使用海上可控震源进行大规模宽带地震数据采集具有巨大潜力。

图 5　海洋可控震源进行 Alpha 测试现场

在宽频采集方面，除了海洋可控震源实现宽频采集，针对业内对低频海洋震源的需求，绿色环保型宽频气枪震源研究应用也不断取得新进展，Sercel 公司在墨西哥湾部署低频海洋震源装备调谐脉冲震源（TPS），进行大偏移距海底节点地震数据采集，并获取低频端 3 Hz 频率的最大振幅。这些信息对获取高精度速度模型至关重要，从而进行全波形反演，获取深部复杂目标地质体的高进度速度模型。TGS 公司的 Gemini 宽频大容量气枪震源在埃克森美孚公司的推动下稳步发展，在数据采集过程中获得高品质低频信息，并提高作业效率，为改进地下成像结果提供了更高的可靠性。

2. 地震数据处理与成像技术新进展

2024 年，全球地震数据处理技术在 AI 实时处理、AI 自动建模、高分辨率成像、弹性全波形反演等方面取得了显著进展，提高了数据处理和解释的效率和精度，为复杂地质条件下的勘探提供了强大技术支撑。

1）AI 实时处理与自动化建模

AI 算法（如深度学习）显著提升了地震事件的自动检测与定位精度，尤其在微弱信号识别和复杂地质条件下的表现突出。AI 技术驱动基于地震数据的建模技术更加自动化、精细化，能够结合地质统计学和机器学习方法，生成高精度的储层模型。利用 AI 的自动地震反演快速进步，利用 U－Net 架构的斯伦贝谢公司提出了两阶深度学习工作流程进行自动化反演，该工作流程主要利用两个卷积神经网络（CNN）进行训练，在角度叠加地震数据和稀疏井数据的基础上反演地球物理属性。

利用深度学习算法实现初至自动化拾取，提高了初至拾取结果的准确性，显著减少了处理时间。Albert Farkhutdinov 等采用 U－Net 架构的神经网络方法建立了一套工作流程进行自动化初至拾取；Yanwen Wei 等利用实际数据证实，深度神经网络（DNNs）训练进行纵横波与多次波的波场分离，在进行初至拾取方面具有巨大应用潜力；Chao Ning 等提出了一种高精度自动初至拾取方法，用几何结构约束的多属性马尔可夫决策过程（GCMDP）实现高精度的自动初至拾取。

在噪声压制方面，利用机器学习方法对新老数据进行处理，取得显著成效。TGS 公司提出机器学习的去噪工作流程，包括在共炮点域应用的监督式机器学习模型，以及在共检波点域的自监督式机器学习信号回填模型。基于盲道网络的自监督式信号回填技术应用于不同时期的海上拖缆数据，在低频（低于 3 Hz）信号恢复与去噪方面有了显著改善。沙特阿拉伯的阿卜杜拉国王科技大学提出一种无监督训练网络的多阶深度学习方法进行地震数据去噪，重建地震信号并有效抑制地震噪声。

2）弹性全波形反演

近年来，在计算技术和计算能力快速进步的推动下，全波形反演方法取得显著进步，已成为业内构建速度模型的主要方法，全波形反演技术的进步主要包括开发可替代的代价函数，为地下模型增添更多的复杂性因素以及寻求高频的模型更新等。弹性全波形反演的最新发展向构建高度精细且准确的速度模型又迈进一步，在北海和地中海东部的实际应用表明，弹性全波形反演不仅能校正传统声学成像的畸变，还能显著提升深部目标的分辨率和模型可靠性，为复杂海域油气勘探提供了更高效、精准的解决方案。

Viridien 公司利用弹性全波形反演对北海浅水 OBN 数据进行处理，与声学全波形反演相比，在浅层地质复杂区域以及深部白垩系岩层中，弹性全波形反演进一步改善了同相轴的连续性、分辨率及信噪比。未来的研究工作可以探究其他模型参数（横波速度），并对北海南部的浅层白垩系岩层区域的短偏移距、双窄方位角拖缆数据进行弹性全波形反演，同样实现了更好的速度更新。尽管短偏移距和窄方位角的拖缆输入数据存在局限性，但弹性全波形反演仍得到了改进后的模型。该模型与测井数据高度吻合，并且在目标层位的成像效果优于旧模型和声学全波形反演模型。

斯伦贝谢公司介绍了一个针对倾斜横向各向同性（TTI）介质的弹性全波形反演新工作流程，采用弹性波传播以及增强模板匹配（ETM－FWI）目标函数方法，联合多尺度共成像点（CIP）层析成像技术，对桑托斯盆地的深水 OBN 数据进行处理，准确地捕捉到盐体地层非均质性，对深入了解油藏属性、提升油藏解释和储层描述具有重要作用。在地中海东部近海、以色列近海盐下目标成像中应用该方法，选择合适的目标函数，构建高分辨率的详细速度模型，在中新世盐体周围以及盐下区域能产生更好的纵波速度更新结果，提高在盐层或碳酸盐岩区域的模型质量，提高了深部复杂盐下目标的可解释性。

3）高分辨率地震成像

近年来，在全波形反演、机器学习自动建模等技术的助力下，最小二乘逆时偏移、各向异性偏移成像技术稳步发展，高分辨率地震成像效果得到更好的改善，这些技术的集成应用推动了老资料重新处理业务的发展。

Viridien 公司采用了新的数据处理流程，利用层间多次波去除、全波形反演、最小二乘逆时偏移等技术，对巴西桑托斯盆地 Tupi 油田盐下数据资料进行再处理，提高了成像质量。该流程中，改进去鬼波步骤增强低频信号，用合成数据补充方位照明，从而改进层间多次波衰减；在速度建模过程中，采用延时全波形反演（TLFWI）方法提高模型精度，在成像环节针对三维逆时偏移角道集，采用球面分级方法获得更自然的能量分布。这套新流程进一步提高了成像的分辨率与断层识别精度，减少了目的层不确定性。

斯伦贝谢公司介绍了最小二乘全波形反演反射率（LS-FDR）成像方法，用非线性最小二乘全波形反演取代了传统成像中的偏移方法，获取高保真、高分辨率地下地震成像结果。并通过两个模式数据和一个墨西哥湾野外实际数据，验证了 LS-FDR 在成像方面的能力和优势。与传统的逆时偏移（RTM）或最小二乘逆时偏移方法相比，它将模拟数据与观测数据之间的差异降至最低，并借助多次波场中包含的额外信息，使得生成的地震图像具有照明均衡、带宽更宽等特点，有助于进行精细储层解释。

3. 地震数据解释技术新进展

2024 年，全球地震数据解释技术与软件领域取得了显著进展，主要体现在 AI 驱动、高分辨率成像、三维/四维解释、云计算、储层表征和跨学科融合等方面取得了显著进展。这些创新不仅提高了地震数据解释的效率和精度，还为油气勘探、地质灾害评估和工程应用提供了更强大的技术支持。未来，随着技术的进一步发展，地震数据解释将更加智能化、自动化和集成化。

1）人工智能解释技术

自动化解释：AI 和机器学习算法在地震数据解释中的应用更加成熟，能够自动识别断层、裂缝、盐体等复杂地质特征，显著提高了解释效率和准确性。深度学习技术（如卷积神经网络、生成对抗网络）被广泛应用于地震数据解释，特别是在地震相分析、储层预测和断层检测中表现出色。

雪佛龙公司与 Eliis 公司联合开发用于地震解释、地下特征描述和建模的 AI 算法并将其商业化。Eliis 公司在过去十年中开创了先进的地震自动解释方法和地球科学解释 PaleoScan™ 平台，可实现更快的端到端地球物理和地质解释工作流程，其内置的先进算法可实现地下数据的无缝管理、可视化和分析。将雪佛龙公司自动断层探测的 AI 模型与 Eliis 公司的地震解释技术相结合，缩短构造解释时间，并建立具有更高精度和细节的大型地质模型，在所有地质环境中进行构造解释所需的时间都可以减少几个数量级，使建立大规模地质模型的细节和精确度达到了前所未有的水平。

2）全自动油藏描述技术

地球物探技术的进步从传统的人工工作流程发展到半自动或全自动油藏描述，提高了地震储层特征描述的精度，支持地球科学家快速评价地球物理数据。

斯伦贝谢公司介绍了一种包含整个地震储层描述工作流程的全自动化解决方案，推动全自动地震储层描述达到一个新的里程碑，将地震储层描述过程从人工密集、耗时的地震解释过程转化为支持地球物理专业化的自动化过程。该自动化地震储层描述工作流程重点包括反演先验的制定、反演实验的执行和质量控制评估方面的新进展。在各种反演方法中，概率方法非常适合于自动化方案。采用经反演迭代优化的岩石弹性深度趋势先验作为先验约束，在贝叶斯框架内联合估计地震弹性属性、岩石相和相关概率。先验信息的自动确定需要一组最小的弹性特性，即声阻抗、纵横波速比和密度，以及不同岩性的相特征。反演参数的优化包括初始阶段和后续开发阶段，分别使用随机采样和改进的基于树的回归模型来解决。

与定量地震解释的早期阶段相比，地震成像的不断进步和井孔测井精度的提高使得地震储层描述更加精确，对解释的依赖更少。斯伦贝谢公司在地震储层描述工作流程自动化方面取得进步，解决了这方面的问题，并大幅减少工作周期，提高工作效率。

3）人工智能数据解释平台与大语言模型

地震解释软件在跨平台兼容性方面取得进展，提供了强大的计算和存储能力，支持全球范围内的地震解释团队实时共享数据和解释成果。综合性平台主要包括斯伦贝谢公司的勘探开发一体化平台、哈里伯顿公司的 DecisionSpace 360 平台。还有些专业解释软件公司的解释软件也在不断升级完善，如 Petrel、Kingdom、HampsonRussell 等软件，进一步集成 AI 功能，提供自动化解释、智能属性分析和实时协作能力。

大语言模型在地球科学领域的应用起步。Viridien 公司在 2024 年 EAGE 年会上介绍了基于大语言模型的平台框架 Geo－RAG，这是一个定制的检索增强生成（RAG）框架，利用大型语言模型对非结构化地质文件进行数字化转换，提供了一种更有效、更准确的提取信息的方法。在 Geo－RAG 框架中集成先进的 AI 技术，标志着地质文件处理和信息检索方面的重大进步，展示了 AI 在地球科学领域大幅提高效率和提高准确性的潜力。但是当前仍存在一系列挑战，如光学字符识别（OCR）的质量对文本嵌入过程的影响，大语言模型的输出也包含不准确信息等，这些都是今后需开展的重要研究领域。斯伦贝谢公司开发了 SeisBERT 地震成像与数据解释大语言模型，采用视觉 Transformer 架构，在庞大的偏移地震图像数据库上训练表征模型，来提取属性特征，提高了基于机器学习的地震解释工作的效率。

（三）地球物理技术展望

市场需求增长和技术创新是油气地球物理行业和技术发展的强大驱动力。随着现代石油勘探的节奏越来越快，用于解释的地震数据越来越大，对常规人工识别计算机辅助的地震资料解释工作提出了极大挑战。将人工智能与石油勘探方法相融合成为现代石油勘探技术发展的必然选择。

1. 地震采集技术与装备向智能化、绿色化、低成本化发展

油气地震采集技术与装备的发展将围绕智能化、高效低成本以及实现复杂地质条件下高精度成像展开。未来地震数据采集系统将朝着全数字化、多通道、高性能方向发展，同时注重系统的开放性和兼容性，自动布设与回收的海底节点装备将逐渐走向实际应用。降低成本提高效率的压缩感知采集、混合震源同步采集等技术将持续进步，推动"两宽两高"地震采集的升级迭代。智能化地震采集管理系统持续完善，推动地震采集向高精度、高效率、智能化方向发展。无人机、机器人的快速发展将进一步助力复杂环境高精度地震勘探的实现。

2. 地震数据处理与解释与 AI 技术深度融合向一体化发展

智能化技术在地震数据处理与解释中的应用已成为主流趋势，特别是在深度学习、人工智能和机器学习的推动下，地震数据处理与解释技术正经历深刻的变革。用于地震数据处理与解释的 AI 模型将更加注重通用性和可解释性，以提高模型的透明度和用户信任度；发展多源数据实时处理技术，实现地震数据的快速分析和信息产品的快速发布。在 AI 技术的驱动下，高精度高保真地震成像、弹性全波形反演等技术应用将加速发展。并且地震数据处理与解释将进一步集成化发展，构建集成化、自动化的数据处理流程，将地震数据采集、处理、解释等环节无缝连接，提高整体效率。

3. 大语言模型在地球物理领域的应用将成为重点方向

大语言模型在地球物理领域的应用已经起步，通过智能化分析和多模态数据处理推动了地球物理研究的创新，其发展方向和技术路线体现了技术进步对科学研究的深远影响。大语言模型正以前所未有的深度和广度全方位融入传统油气勘探领域，通过大模型可以高效准确地解析地震数据，提取关键信息，加快地震解释大模型在复杂地质条件下储层识别和断层解释，助力地球物理勘探高质量发展。未来随着 AI 技术的不断成熟和应用场景的拓展，将在地球物理领域发挥更加重要的作用，将重塑传统地球物理工作流程，推动地球物理勘探效率革命。

4. 地震解释平台向协同化和云生态发展

地球物理数据解释平台加速向协同化和云生态方向演进，云平台与服务将为地球物理提供强大的数据与协作基础。全球约 75% 的油气公司均在计划并部署混合云架构，以应对地震数据量激增（单项目数据量达 PB 级）带来的挑战；地震解释云服务保持稳步增长的态势，将在云端集成多源数据（地震、测井、地质力学），生成自动化工具和脚本，建立统一知识图谱，提供集中化的数据存储和管理解决方案，避免了传统模式下数据分散存储带来的管理复杂性和安全隐患，进一步发挥弹性扩展、资源共享等优势，形成共建共享的云生态。

（本报告撰写人：李晓光　吴　潇　审核人：王悦军）

参 考 文 献

[1] 杨午阳，魏新建，李海山. 智能物探技术的过去、现在与未来［J］. 岩性油气藏，2024，36（2）：170-188.

[2] Abdullah A, Yassein R, Bilsby P, et al. Simultaneous acquisition with compressive sensing: A new challenge for land processing, case study from Norhern Oman [C]. 85th EAGE Annual Conference & Exhibition, 2024.

[3] Alfaraj A, Verschuur D J. Reconstruction of compressively-sampled land data [C]. 85th EAGE Annual Conference & Exhibition, 2024.

[4] Gholami A, Gazzola S. Simultaneous estimation of geological tilt information and anisotropic regularization for ge-

ophysical inverse problems [C]. 85th EAGE Annual Conference & Exhibition, 2024.

[5] Andrew Lewis, Taylor Mackay, Joel Latchman, et al. An assessment of compressive seismic reconstruction in the Delaware Basin, Lea County, New Mexico [C]. 4th International Meeting for Applied Geoscience & Energy, SEG/AAPG, Expanded Abstracts, 2024.

[6] Elboth T, Evensen A, Jafargandomi A, et al. The first broadband marine 3D vibrator survey [C]. 85th EAGE Annual Conference and Exhibition, 2024.

[7] Arash JafarGandomi, Kara Howard, Sebastian Holland, et al. Acquisition and processing of the first broadband 3D marine vibrator data in the North Sea [C]. 4th International Meeting for Applied Geoscience & Energy, SEG/AAPG, Expanded Abstracts, 2023.

[8] Tim Dean, Dave Monk. Designing and evaluating irregular and opportunistic onshore seismic surveys [C]. 4th International Meeting for Applied Geoscience & Energy, SEG/AAPG, Expanded Abstracts, 2024.

[9] Chen X, Masmoudi N, Ratcliffe A, et al. Elastic Time – lag full – waveform inversion using OBN data in shallow water environments [C]. 85th EAGE Annual Conference and Exhibition, 2024.

[10] Johal J, Oleszuk M, Masmoudi N, et al. The benefits of elastic FWI in resolving sub – chalk imaging in the Southern North Sea [C]. 85th EAGE Annual Conference and Exhibition, 2024.

[11] Parekh C, Carneiro M, Casado N J, et al. Earth model building with elastic full – waveform inversion for deep water OBN survey in Santos Basin [C]. 85th EAGE Annual Conference and Exhibition, 2024.

四、测井技术发展报告

自 2021 年测井技术服务市场回温以来，2024 年其增长幅度明显放缓，2024 年测井技术服务市场增长率仅接近 3%。

（一）测井行业发展新动向

Spears & Associates 公司发布的油气报告显示，2024 年电缆测井和随钻测井技术服务市场均呈现温和增长态势，年度增长率均未超过 3%。从市场结构来看，电缆测井仍占据测井市场主导地位，占比达 85.1%，其竞争格局呈现显著的三极分化——斯伦贝谢公司以近 30% 的市场占有率位居榜首，其后分别为哈里伯顿公司（13.8%）和贝克休斯公司（8.6%），中海油服所占市场份额连续六年持续上升，居世界第四。随钻测井领域市场集中度更为显著，四大技术服务商合计掌控 94% 的市场份额，其中斯伦贝谢公司独揽过半市场份额（51%）。

1. 国外测井技术服务市场规模

Spears & Associates 公司发布的油田开放市场报告显示，2024 年全球测井服务市场规模逐渐扩大到 162.6 亿美元，比 2023 年增长 2.8%（表 1、图 1）。其中，电缆测井技术服务市场规模达 138.4 亿美元，比 2023 年增长 2.7%（表 1、图 2）；随钻测井技术服务市场规模达 24.2 亿美元，较 2023 年提高 2.9%（表 1、图 3）。电缆测井技术服务仍然占据市场主导地位。

表 1 2014—2024 年电缆测井市场规模及变化

年份		2014	2015	2016	2017	2018	2019	2020	2021	2022	2023	2024
市场规模/亿美元	电缆测井	151.2	110.4	76.1	90.7	104.1	119.4	84.1	91.3	114	134.7	138.4
	随钻测井	34.5	28.8	17.0	16.2	17.8	19.6	15.4	16.3	20.2	23.5	24.2
	总额	185.7	139.2	93.1	106.9	121.9	139.0	99.5	107.6	134.2	158.2	162.6
增幅/%		7.7	−25.1	−33.1	14.8	14.0	14.1	−28.5	8.0	24.7	17.9	2.8

注：2014—2018 年数据来自 2020 年 1 月的油田开放市场报告，2019 年数据来自 2024 年 1 月报告，2020—2024 年数据来自 2025 年 1 月报告。

在智能化技术加速迭代的产业变革期，国际油服三巨头斯伦贝谢公司、哈里伯顿公司与贝克休斯公司持续领跑电缆测井服务领域（图 4）。值得关注的是，斯伦贝谢公司与哈里伯顿公司的市场占有率呈现修复性增长态势，这一增长趋势与其在人工智能技术研发投入的转化效应密切相关。与此同时，中海油服通过技术创新驱动实现市场份额连续突破，稳居全球行业第四席位。2019—2024 年测井技术服务公司随钻测井市场份额如图 5 所示。

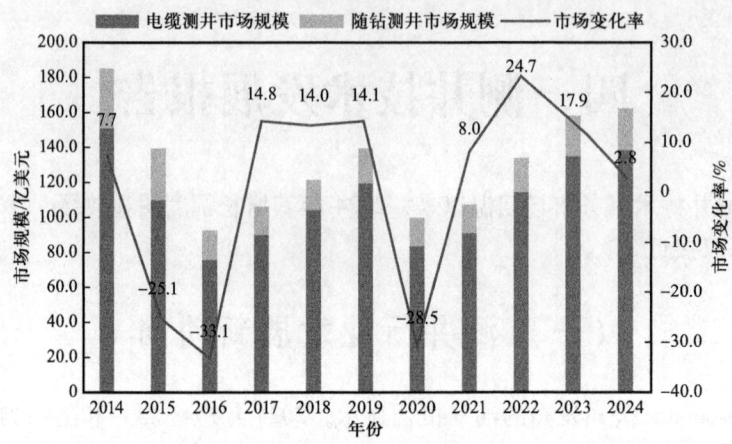

图 1　2014—2024 年测井技术服务市场规模及变化率

数据来源：2014—2018 年数据来自 2020 年 1 月的油田开放市场报告，2019 年数据来自 2024 年 1 月报告，2020—2024 年数据来自 2025 年 1 月报告

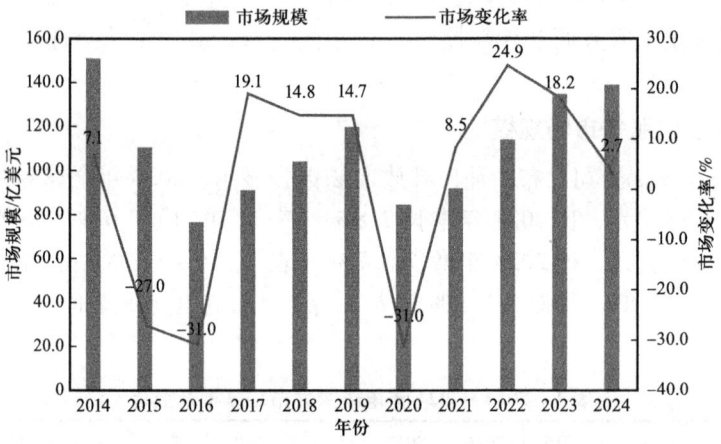

图 2　2014—2024 年电缆测井市场规模及变化率

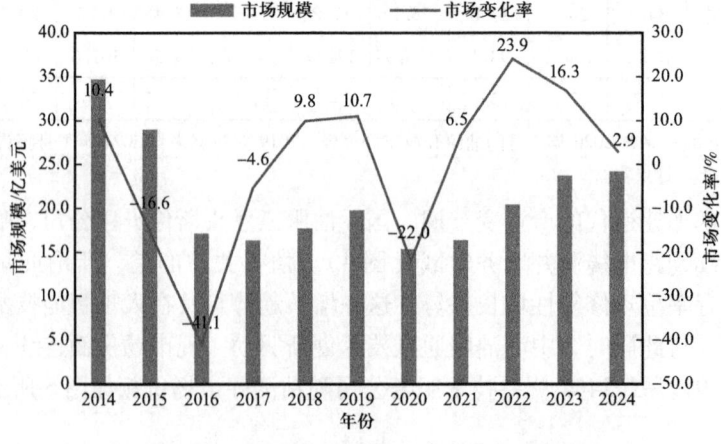

图 3　2014—2024 年随钻测井市场规模及变化率

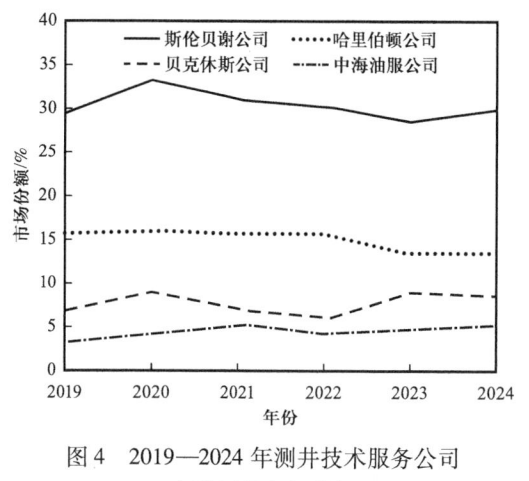

图4 2019—2024年测井技术服务公司电缆测井市场份额

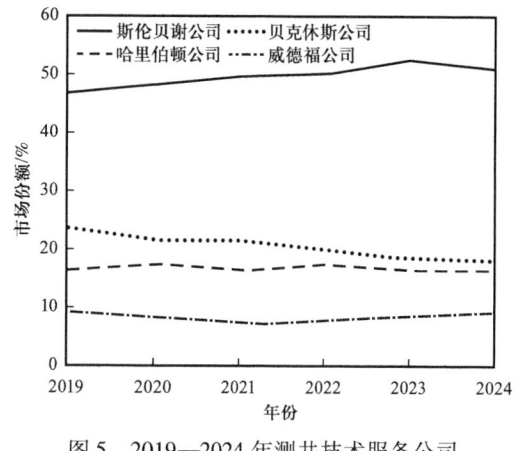

图5 2019—2024年测井技术服务公司随钻测井市场份额

2. 国外测井技术论文成果

第65届国际岩石物理学家与测井分析师学会（SPWLA）年会于2024年5月18—22日在巴西里约热内卢举行，此次会议吸引了来自全球31个国家的489名专家学者和科研人员参会。为确保论文质量，最终145篇论文从417篇论文中脱颖而出，其中评选出110篇进行口头宣讲，35篇进行海报展示，同时有斯伦贝谢、哈里伯顿、贝克休斯、中油测井等多家国内外企业在会场进行展览。评选出的论文涉及16个技术专题：（1）声波测井技术及其应用（11篇）；（2）核技术及其应用——矿物学、流体和真孔隙度（10篇）；（3）三维超深方位电阻率新技术（8篇）；（4）成像技术和应用（9篇）；（5）核磁共振技术及其应用——孔隙和流体分布（5篇）；（6）地质导向/UDAR井位优化完井（14篇）；（7）新技术/应用（16篇）；（8）裸眼井综合地层评价（19篇）；（9）套管井地层评价与油藏监测（15篇）；（10）测井地质评价中的数据分析与自动化（9篇）；（11）多物理/多学科岩心到储层模型（5篇）；（12）数字岩石物理在地层评价中的应用（5篇）；（13）岩心和PVT——测井验证和储层表征（4篇）；（14）地层测试—油藏动态和流体表征（6篇）；（15）录井——岩石和流体分析（4篇）；（16）能源转型——建模和监测中的潜在风险减控（5篇）。从作者发文机构来看，斯伦贝谢公司、巴西国家石油公司、休斯敦大学发文较多，展现出了油服公司、石油公司、高校这三股科研力量的关键作用。

（二）测井技术新进展

1. 测井数据采集技术

1）高级油藏测绘技术

贝克休斯公司的TRU-ARMS™高级油藏测绘技术是油藏测绘技术的飞跃，使距离井眼300 ft（91.44 m）的油藏清晰可见，以最大限度地提高油藏接触并优化未来的油田开发。TRU-ARMS™技术具备以下三个关键要素：井底钻具组合（BHA）设计的阶跃式变化；介质电阻率和电导率动态深度检测；应用超深方位电阻率（Ultra Deep Azimuthal Resistivity，UDAR）测量和反演技术，通过嵌入式置信度分析对岩性和流体类型进行多维映射，以更清晰地了解储层分布和质量。这使得 TRU-ARMS™ 技术同时增强了地质导向控制和地质目标描绘的实时决策，可实现最佳的储层接触和油井交付能力，提高油藏性能和整体资产回收率，降低钻井风险，降低油田开发成本，以最大限度地提高投资回报。该技术可应用于油藏导航和流体及岩性边界的测绘、最大限度地提高生产井的净毛比、改进含油饱和度计算等。

TRU-ARMS™ 在挪威大陆架一口井中"一趟钻"钻进了 691 m，在平均钻速为 17 m/h 的情况下实现了准确将井眼轨迹控制在储层顶部以下 0~1.6 m（操作工程师目标是 0~2 m）。解决了基底和描绘的油藏厚度 22~32 m 的垂深，改进了石油储量评价，为油田提供了最佳的生产井位置。

2）大位移井随钻核磁测井

为了获得碳酸盐岩大位移井的孔隙结构及渗透率数据，沙特阿美公司和斯伦贝谢公司联合采用了随钻（LWD）核磁共振（NMR）测井，该测井作业面临的主要挑战是尽量减少可能影响 NMR 数据质量的横向位移。通过作业前建模，评估井底钻具组合稳定性，优化钻井参数，建立了一种利用井下钻井力学测量的新型系统，以评估钻井力学对钻井时 NMR 传感器的影响。通过对多个井段重复测井，比较钻井数据和扩孔数据，以确认横向移动是否影响测井数据。

在测试地区首次在 8.5 in 井眼大位移井中获得 4000 ft（约 1219.2 m）深度随钻核磁数据。目的储层孔隙较大，随钻核磁采集序列等待时间较长（为 17.9 s），钻遇率最高（为 80%），水基钻井液等效 NaCl 矿化度为 85 000 mg/L，井下电阻率为 0.033 Ω·m。该井进行了一次优化储层的钻遇造斜。井下钻井力学标志显示横向运动处中等风险，同时没有黏滞和打滑现象。随钻核磁钻井通道和扩孔通道数据进行了很好的比较，证实了钻井时对 NMR 传感器没有明显的横向运动影响。由于在钻井采集过程中使用的转速较低，因此与随钻测井相比，重复测井经历了更多的黏滞和打滑。核磁共振结果表明，两个储层剖面的孔隙度和孔径分布之间存在良好关系。

3）高速智能遥测技术

斯伦贝谢公司推出了 Stream 高速智能遥测技术，该技术旨在克服传统钻井液脉冲遥测的瓶颈和限制，结合斯伦贝谢公司专有 AI 算法和 TruLink 明确的动态钻井服务。无论深度如何，即使在最具挑战性的条件下，也能提供不间断、高速、高保真的实时井下测量数据（图6）。该技术具有以下特点：(1) 全自动规划；(2) 与 AI 和机器学习相结合的尖端算法；(3) 无须额外工具或地面设备——TruLink 服务专有；(4) 自动化遥测和故障排除的持续信号改进；(5) 新的遥测模式可用；(6) 减少人为干预。

Stream 高速智能遥测技术的优势在于：在超长井或恶劣地质条件的情况下不受信号限制，可以在高钻速下提供详细的储层情况，可以根据实时数据提供最佳决策，并消除复杂底部钻具组合中的遥测限制。Stream 技术已在 14 个国家部署，运行超过 370 次，钻探超过 150×10^4 ft。在中东地区，Stream 技术帮助一家公司克服了由于恶劣钻井条件和信号质量差

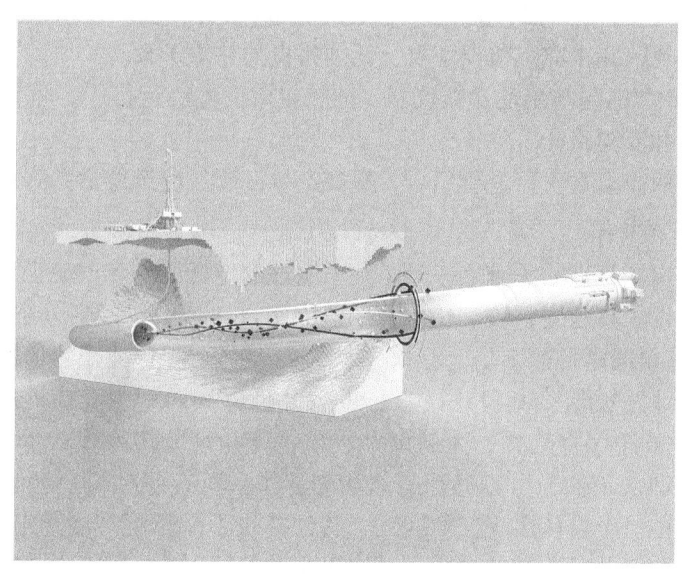

图 6　Stream 高速智能遥测技术概念图

导致的地质导向操作困难。使用 Stream 技术能够在超过 50 000 ft（15 240 m）的深度接收到高质量数据——这创造了有史以来海上钻探最长井段之一。

4）井下干预测井技术

哈里伯顿公司推出 Intelli 诊断式井下干预测井组合技术（图7），这是一套既可以单独使用，也能作为集成解决方案的产品。其内容包括：

（1）IntelliSat^{TM} 脉冲中子测井仪器：提供裸眼井或完井后的储层洞察力。该仪器通过检测未开采的储层区，提供能谱分析和铀钍钾测量，从而提高采收率。相比传统传感器，IntelliSat^{TM} 服务在储层饱和度测量、流体监测和井眼诊断方面更为高效和可靠。

（2）IntelliFlow^{TM} 阵列生产测井仪器：通过整合同位素流体识别和流速传感器，增强储层洞察力。IntelliFlow^{TM} 提供更精确的生产剖面、精准的相分析及动态流动信息。其紧凑设计简化操作，提高效率。

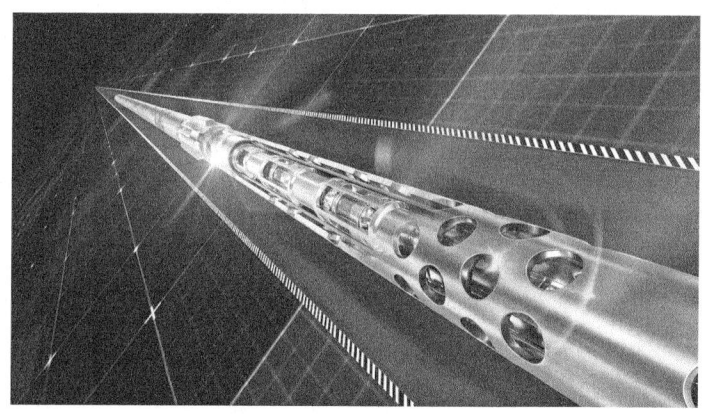

图 7　Intelli 诊断式井下干预测井组合

(3) IntelliGuard™腐蚀评估仪器：采用最新一代高清套管检测技术，能够量化多达七层同心套管的金属损耗，并精准定位损坏点，无须昂贵的井下干预。

(4) IntelliScope™泄漏与流动诊断仪器：能够在单次连续运行中，垂直和径向识别管道后方的确切泄漏源和流动路径。

可以根据不同的需求对仪器进行组合，提高产量，延长资产寿命并降低整体运营成本。

5）套管腐蚀监测测井

油气井有效的腐蚀管理的关键之一是对井下腐蚀的定期监测和准确识别诊断。斯伦贝谢公司近几年重点研发了高精度、数字化的井下监测平台，其中包括高分辨率模块化80臂井径仪器（图8）。该仪器是目前市场上首款可为小油管提供80臂覆盖的仪器，由几个独立的模块组成——电子线路短节、40臂井径1#、40臂井径2#和两个主动扶正器。多模块结构允许根据不同的井下条件（垂直井、大斜度井、水平井和高分辨率模式等）调整仪器组合。通过组合强力的电动扶正器，可以确保有效均匀居中。所有井径模块和扶正器均可独立打开，因此，如果其中一个模块出现任何问题，其他模块不受影响，测井工作可以继续进行。目前市场上常用的多臂井径测井仪通常是适用于小油管（$2\frac{5}{8} \sim 3\frac{1}{2}$ in）的24臂井径和适用于$4\frac{1}{2}$ in以上管径的40臂井径。24臂井径对小油管的覆盖率为14%~16%，40臂井径的覆盖率为8%~18%。使用高分辨率模块化仪器Morpho，用80臂覆盖相同的内径，大大增加了检测到小缺陷的机会。对于$2\frac{7}{8}$ in和$3\frac{1}{2}$ in油管，测井覆盖率可提高至46%~53%；对于$4\frac{1}{2} \sim 10$ in，覆盖率可提高至36%。

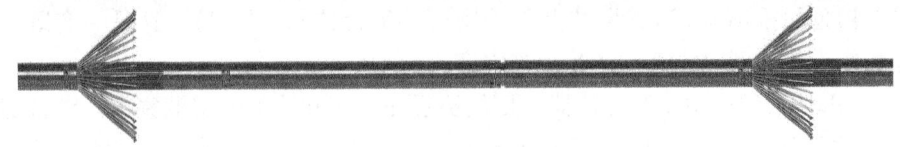

图8 80臂井径测井仪器

6）用于CO_2储存监测的光纤技术

要减少全球碳足迹，就必须持续进行长期的储层监测，以确保捕获的二氧化碳能够稳定地储存在地下。根据威德福公司的研究，光纤系统可在碳捕集与封存（CCS）应用中提供CO_2羽流的监测洞察。测量、监测和验证（MMV）计划是CO_2储存生命周期中的关键环节，包括早期场址特征评估、许可证申请、油藏开发、注入监测合规性以及注入后储存监测。MMV计划的交付成果已被纳入CCS运营流程，以证明被注入和封存的CO_2能够永久留存在储层中。威德福公司拥有30多年开发和安装光纤传感系统的经验，深知这一技术在满足MMV计划所规定的监测需求方面的潜力。

为了全面监测CO_2羽流的饱和度和迁移路径，必须在注入区直接穿过套管后方封固光纤电缆。虽然在安装过程中将光纤电缆嵌入水泥中可提供最精确的监测数据和更优质的成像效果，但如果光纤电缆通过油管部署，仍可获得可接受的测量结果。当储层段需要套管和射孔作业时，必须降低在射孔过程中损坏光纤电缆的风险。在这种情况下，威德福公司利用其在油气井和非常规应用中的光纤系统部署经验，在水泥环中部署光纤系统，并通过定向射孔

（oriented perforation）方法在同一区域进行射孔作业（图9）。在下套管时，光纤电缆通过专用夹持系统被放置到目标深度，然后进行水泥封固。该夹持系统可预先安装，并用于指示电缆在套管内部的方位角位置。在射孔阶段，通过电缆投放的射孔枪串与定向工具结合使用，以识别套管后的夹持系统。这确保了射孔方向远离光纤电缆，从而安全地进行射孔，避免损坏光纤或测量仪器。通过部署固定传感器并结合分布式测量数据，运营商可以获得额外的数据流，从而实现更精确的监测。

图9　准确避开光纤电缆进行射孔

2. 测井处理解释技术

1）人工智能平台

2024年9月17日，斯伦贝谢公司推出 Lumi™ 数据和人工智能平台，该平台整合了包括生成式人工智能在内的高级人工智能能力，贯穿能源价值链的各个工作流程。这个开放、安全、模块化的平台可以访问地下、地表、规划和运营等各个领域的高质量数据，增强跨领域的协作，并释放新的智能和洞察力，以提高企业级决策的质量和速度。斯伦贝谢公司的最新大型语言模型（LLMs）以及针对行业的优化领域基础模型将嵌入该平台，使客户能够加速大规模采用人工智能。

Lumi 平台基于最新的行业标准构建，并可在所有主要云服务提供商以及本地部署，确保其对斯伦贝谢公司全球客户群的可用性。斯伦贝谢公司的客户可以训练和部署行业特定的传统和生成式 AI 模型，包括斯伦贝谢公司为勘探和生产（E&P）提供的基础模型。这将从根本上改变整个能源价值链中的数据驱动决策、操作自动化和实时优化。斯伦贝谢公司的 Delfi™ 数字平台将通过利用 Lumi 平台的数据基础和机器学习能力得到增强。这将实现更强大、更灵活的储层建模、地震和井筒解释、定向钻井和地质导向工作流程。它还将实现自动化和运营效率的新能力，使能源客户能够推动高价值、低碳运营。Lumi 平台整合了领先技术合作伙伴的技术与斯伦贝谢公司的数字和领域专业知识，以促进整个能源生产周期中的数据和 AI 能力的获取。平台的开放架构使用标准和开放协议从结构化和非结构化来源解放数据，包括能源行业的开放数据标准 Open Group 的 OSDU® 技术标准。它利用 Cognite Data

Fusion®连接和分析生产数据以优化操作。该平台还符合美国国家标准与技术研究院的网络安全标准和新兴的 AI 标准及法规。

2) 神经网络预测技术

由于岩石特性和孔隙系统的复杂性难以准确表征，因此在非均质碳酸盐岩地层中进行渗透率预测或计算是一项具有挑战性的任务。阿布扎比石油公司开发并使用了一种创新且有效的方法，通过结合岩石类型和机器学习神经网络（MLNN）技术来克服这一挑战，以准确预测非均质碳酸盐岩地层的渗透率。

基于神经网络算法的监督机器学习方法利用在偏移井大数据集训练。该算法的输入包括来自岩心和测井分析数据的各种岩石属性。该算法的输出是基于孔隙度和渗透率方程的岩石类型及其相应渗透率值的预测。MLNN 模型使用反向传播算法进行训练，并使用独立数据集进行验证，以确保结果的准确性和可靠性。然后，使用训练好的模型来预测新井的岩石类型和渗透率值。

研究结果表明，利用岩石类型和机器学习神经网络的方法在预测非均质碳酸盐岩地层渗透率方面优于其他传统方法。通过岩心数据和地层测试的实际测量值进行验证，证实了预测渗透率值和测量值之间的相关性，证明了模型的可靠性。岩石类型的使用可以更准确地描述储层的特征，并有助于提高渗透率的预测。该研究还揭示了整个碳酸盐岩地层的岩石类型和渗透率值存在显著差异，神经网络模型能够通过学习岩石类型和岩石物理性质之间的复杂关系来准确捕捉这种异质性，从而改进渗透率预测。预测的渗透率值用于生成渗透率图谱，帮助识别渗透率值较高的区域，这些区域可以有针对性地进行井位布置以提高油气采收率。该方法在于将岩石类型和机器学习神经网络相结合，以预测非均质碳酸盐岩地层的渗透率。这种方法为与传统方法相关的挑战提供了一种创新的解决方案，由于碳酸盐岩储层的复杂性，传统方法经常失败。该方法适用于广泛的碳酸盐岩地层，并有可能显著改善储层表征和生产优化。

3. 其他测井技术

1) 电缆测井爬行器技术

哈里伯顿公司推出的 Clear 系列电控机械井下干预技术和服务包括市场上最先进的电缆测井输送技术——ClearTrac®电缆测井爬行器。该技术适用于需要进行套管井测井诊断、射孔和动力机械干预服务的大斜度井或水平井。它采用创新的电控机械驱动和实时遥测进行通信和精确控制。

与传统方案相比，其优势有：（1）不需要根据不同的井下温度更换油液；（2）可快速更换轮子；（3）通过多驱动和串联能力，能够导航复杂的井眼几何形状或超长水平井；（4）支持所有套管井干预服务；（5）便携式安装操作。

某公司需要确认 9⅝ in 套管后的特定页岩层是否能提供有效的封堵与废弃（P&A）屏障，哈里伯顿公司在 1981～2560 m 的深度部署 ClearTrac 爬行器系统（图 10）。哈里伯顿公司的地层与储层解决方案团队通过即时分析测井数据，整合套管检查和水泥胶结评价，在 4 h 内诊断了页岩与套管接触区域，节省了 34 h 的钻机时间。

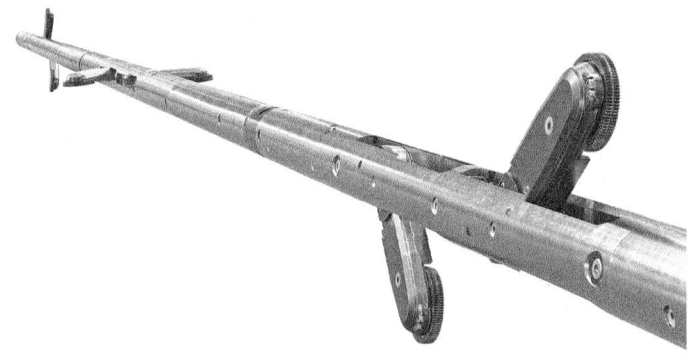

图 10 ClearTrac 爬行器

2）地层测试技术

随着非常规油气勘探越来越受重视，对仪器的可靠性和耐温压要求也在不断提高。哈里伯顿公司推出新一代地层测试和取样技术 Reservoir Xaminer™（图 11），旨在更短的时间内提供精确的地层压力测量和具有代表性的储层流体样品。其技术进步体现在带有双石英压力传感器的增强型探头部分，还提供实时监测、大尺寸双探头和高强度跨式封隔器，使得能够更快、更准确地测试地层。独特的探头设计为高流动和低流动测试提供了灵活的预测试。同时，提供多种探头选择，包括聚焦探头、双探头和椭圆形极板，以适应各种储层挑战，包括高流速、高温和大体积测试。大型椭圆形极板针对集中采样进行了优化，并具有独立的泵系统，可改善控制。该技术经过精心设计，可随着时间的推移继续增加附加功能。

3）分层测试技术

斯伦贝谢公司的 Ora – DTT 新型钻具式裸眼分层测试技术提供了一种简洁又极其高效、灵活的测试工艺选项（图 12）。在裸眼井环境中，灵活封隔 1.8～15 m 的裸眼段进行流体性质及储层产能测试，它无须额外的地面设备，采用极其简单的部署方式，并且可以承受 200 ℃ 的高温和 172 MPa 的高压。

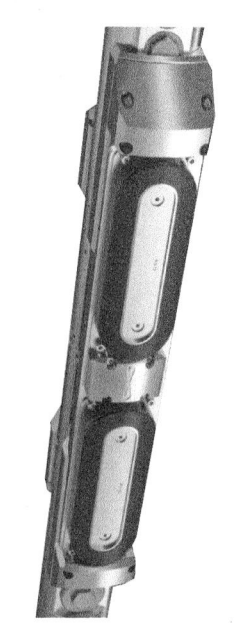

图 11 Reservoir Xaminer™ 地层测试器

完整的 Ora – DTT 井下测试管柱包括如下模块，各模块可依据测试目的灵活组队：

（1）钻井液循环模块：该模块连接钻具和 Ora – DTT 仪器串，同时作为钻井液循环和地层流体排至环空出口。它支持的钻井液循环排量最高为 1000 L/m，正是它的存在支持 Ora – DTT 技术在进行长时间测试工作的同时还能维持井筒压力的稳定。

（2）流体取样器：可携带六支或更多的高压物性样瓶，每支样瓶可采集 675 mL 井下流体样品。

（3）井下流体分析：各模块中，其技术含量最高，自带"博士"光环的高精尖，不仅能提供高精度流体光谱及衍生测量内容，还有密度、黏度及高精度流体感应电阻率。地层流体是什么油气类型就由它第一时间来告诉我们。

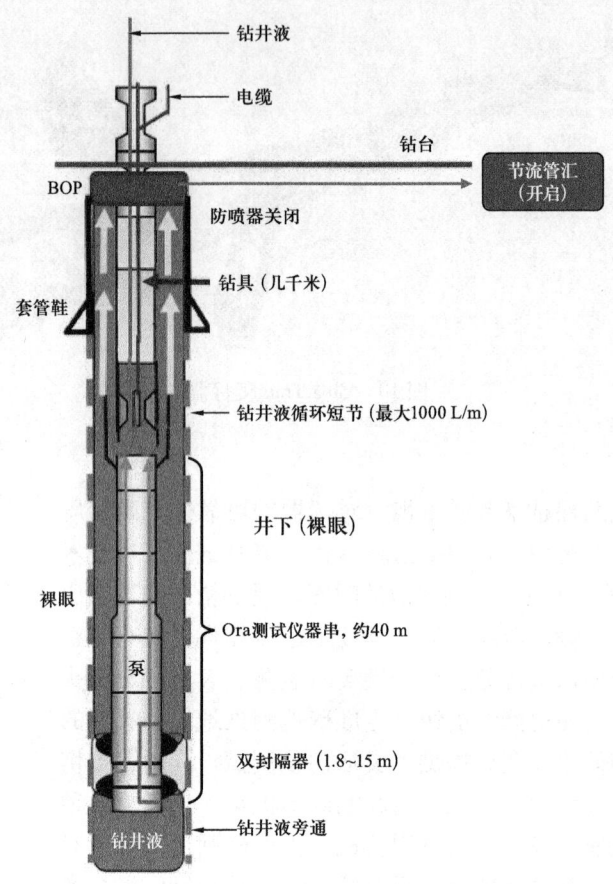

图 12 Ora-DTT 裸眼分层测试井下部署示意图

（4）大排量井下泵抽模块：双泵组合，最高可提供 200 mL/s 的井下排量，产量的计量也由它来完成。

（5）井下封隔器：封隔器组件主打的就是一个"灵活"，不仅封隔间距灵活，可以从 1.8 m 延展到 15 m，而且提供多种尺寸封隔器选项，外径尺寸有 5 in、7 in 及 9 in 以适应不同井径的测试环境需要。

Ora-DTT 分层测试技术并不会取代传统的 DST 中途测试或完井测试，而是提供一种新型的裸眼测试工艺方案——一种安全、高效、部署灵活的测试工艺。从油田勘探开发者的角度来看，下面三个应用场景很适合采用 Ora-DTT 技术进行测试，提高作业效率，同时降低工程风险：（1）勘探过程发现多套储层且压力系统流体性质复杂，传统分层测试部署时间长、费用高，较难实现充分测试；（2）钻探中途发现计划外过路显示层，部署 DST 中途测试条件不充分或风险较高；（3）目的层油气藏储层可能含水，直接部署完井测试风险较高。

4）射孔技术

GEODynamics 公司推出其 EPIC™ Flex Orbit 射孔系统。EPIC™ Flex 射孔系统（图 13）提供完全可定制的选项，以集成来自几乎任何原始设备制造商（OEM）的可寻址开关、射孔弹和引爆索,使电缆测井工程师和完井工程师在现场拥有最大的灵活性。将 Flex Orbit 添加到 EPIC 产品组合中,结合了 EPIC Flex 系统的开放式架构优势和先进的自定位能力,以实现在任何所需角度或方向上的精确射孔定位。EPIC™ Flex Orbit 射孔系统基于重力定位自然地将射孔弹朝向期望的方向,确保根据井计划实现最佳的射孔对齐。射孔枪可以在井筒内自由旋转,减少了摩擦,也不需要额外的定向接头进行方向控制。EPIC™ Flex Orbit 系统提供了更大的射孔弹定位精度,以确保最大限度地接触储层和提高生产效率,可用于各种井筒条件,包括水平井和大位移井,使它们成为各种完井场景的多功能工具。

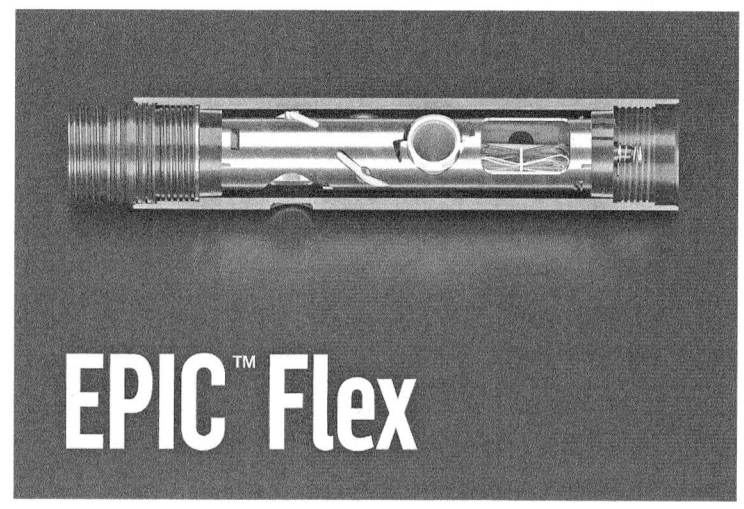

图 13　EPIC™ Flex 射孔系统

(三) 测井技术展望

1. 数字化与智能化技术应用深度推进

未来测井技术将加速人工智能(AI)、机器学习与大数据技术的深度整合。斯伦贝谢公司推出的 Lumi 数据和 AI 平台已展示这一趋势——通过集成生成式 AI 和大语言模型(LLM),平台能够实现实时数据处理、自动故障诊断和智能决策支持。例如,斯伦贝谢公司与 NVIDIA 公司合作开发的生成式 AI 解决方案,可优化地下勘探、生产运营中的复杂流程,显著提升效率。此外,哈里伯顿公司的 Intelli 诊断式组合技术通过 AI 算法实现流体识别、腐蚀评估和泄漏检测的精准分析。未来,AI 不仅将用于数据处理,还将嵌入仪器设计中,如通过机器学习优化测井参数配置,实现自适应测量。神经网络在产能预测中的应用也表明,AI 将进一步推动测井结果与地质勘探的深度结合,形成闭环优化。

2. 高精度测井工具不断创新

面对复杂井况(如高温高压、大位移水平井)和多样化套管尺寸需求,测井仪器将向高精度、模块化和全尺寸兼容方向发展。斯伦贝谢公司的高分辨率 80 臂井径技术通过多模块结构(40 臂×2)实现了 2⅝~10 in 管径的全覆盖,较传统 24 臂或 40 臂仪器覆盖率提升

30%以上。其创新设计的电动扶正器和云平台实时可视化功能，确保了仪器在恶劣井斜条件下的稳定运行。哈里伯顿公司 IntelliGuard 技术可量化 7 层套管腐蚀。未来技术将融合电磁、声波、光学等多模态传感，构建四维井筒数字孪生体。未来，模块化设计将成为主流，允许作业者灵活组合功能模块（如井径测量、超声波成像、电磁波检测），适应不同作业需求。同时，微型化与轻量化技术将进一步缩小仪器外径，提升对小油管的适应性。例如，GEODynamics 公司的 EPIC™ Flex Orbit 射孔系统通过自定位重力系统和低摩擦滚珠轴承设计，实现了高精度射孔定位，为复杂井况提供了新的解决方案。

3. 模块化集成技术开启高效作业新范式

测井工具正向高度模块化、多功能集成方向演进。哈里伯顿公司的 Clear 系列电控机械井下干预技术与其他测井设备协同作业，提高井下作业的效率和准确性，满足能源行业日益增长的多样化需求。斯伦贝谢公司的高分辨率 80 臂井径仪器也采用多模块结构，各模块可独立工作，根据不同井下条件灵活调整组合，这种设计不仅增强了仪器适应性，还提升了作业可靠性，降低维修成本与时间。集成模式便于数据的集中处理与分析，通过标准化接口和数据格式，实现数据的无缝传输与共享，为精准决策提供有力支撑，全面提升测井作业的智能化、高效化水平，引领能源行业的发展变革。

4. 高效节能技术助推测井行业绿色转型

随着全球能源行业对碳减排的重视，测井技术将聚焦绿色低碳与高效能开发。例如，哈里伯顿公司的 IntelliGuard 腐蚀评估仪器通过非侵入式检测技术，减少了因多次井下干预产生的碳排放。测井技术对新能源业务的技术兼容性也为绿色转型提供了方向，哈里伯顿公司正在研发地热井原位氢能供电系统，目标是在 2035 年实现测井作业零排放。碳封存井监测成为新焦点，斯伦贝谢公司电磁波多层管检测技术已用于 CCUS 项目。未来，测井技术将进一步整合清洁能源、低能耗传感器和低碳材料，推动作业过程的绿色化。

（本报告撰写人：刘炜辰　尹成芳　审核人：金　鼎）

参 考 文 献

[1] SPWLA. SPWLA NewsLetter［J］. SPWLA Today, 2014, 7（4）：1-84.

[2] Halliburton. ClearTrac® tractor service［EB/OL］.（2024-09-17）[2024-09-17］. https://www.halliburton.com/en/products/cleartrac-tractor-service.

[3] Baker Huges. TRU-ARMS advanced reservoir mapping services［EB/OL］.（2024-03-25）[2024-03-28］. https://www.bakerhughes.com/drilling/reservoir-technical-services/reservoir-navigation-and-mapping-services/truarms-advanced-reservoir-mapping-services.

[4] Soma A M, Manuaba I B G H, Hursan G G, et al. First LWD NMR acquisition in 8.5-inch extended reach well［C］. International Petroleum Technology Conference, 2024.

[5] SLB. Stream［EB/OL］.（2024-11-12）[2024-11-13］. https://www.slb.com/products-and-services/innovating-in-oil-and-gas/well-construction/measurements/measurements-while-drilling-services/stream-telemetry.

[6] Halliburton. Halliburton launches Intelli portfolio of wireline conveyed diagnostic well intervention services［EB/OL］.（2024-12-03）[2024-12-04］. https://www.halliburton.com/en/about-us/press-release/in-

telli – portfolio – wireline – conveyed – diagnostic – well – intervention – services.
[7] SLB. High – resolution dual caliper [EB/OL]. (2024 – 03 – 15) [2024 – 03 – 16]. https://www.slb.com/products – and – services/innovating – in – oil – and – gas/reservoir – characterization/surface – and – downhole – logging/wireline – cased – hole – logging/high – resolution – dual – caliper.
[8] Gandi Skandar, Mathias Steve. Seeing is believing: Fiber optics for CO_2 storage monitoring [EB/OL]. (2024 – 07 – 02) [2024 – 07 – 02]. https://www.hartenergy.com/exclusives/seeing – believing – fiber – optics – co2 – storage – monitoring – 209691.
[9] SLB. SLB launches AI – powered Lumi platform [EB/OL]. (2024 – 09 – 17) [2024 – 09 – 08]. https://www.slb.com/news – and – insights/newsroom/press – release/2024/slb – launches – ai – powered – lumi – platform.
[10] Elabsy E, Soliman A, Deng L, et al. Integration of rock typing and neural network techniques for accurate permeability prediction in heterogeneous carbonate reservoirs: A case study from Abu Dhabi offshore field [C]. International Petroleum Technology Conference, 2024.
[11] Halliburton. Reservoir Xaminer™ formation testing service [EB/OL]. (2024 – 01 – 10) [2024 – 01 – 12]. https://www.halliburton.com/en/products/reservoirxaminer.
[12] SLB. Intelligent wireline formation testing platform [EB/OL]. (2024 – 11 – 08) [2024 – 11 – 10]. https://www.slb.com/products – and – services/innovating – in – oil – and – gas/reservoir – characterization/surface – and – downhole – logging/wireline – openhole – logging/wireline – formation – testing/ora – intelligent – wireline – formation – testing – platform.
[13] Geodynamics. EPIC™ Flex Orbit 2 – 3/4 [EB/OL]. (2024 – 09 – 20) [2024 – 09 – 20]. https://www.perf.com/hubfs/EPIC%20Flex/2.750_EPIC_Flex_Orbit – V02.pdf?hsLang=en.

五、钻井技术发展报告

2024 年，全球陆上钻井工程承包市场规模略有下降，海上钻井工程承包市场规模增长强劲。与此同时，钻井技术取得新进展，继续推出一些新技术、新工具、新装备、新仪器、新材料和新软件，钻井自动化、数字化、智能化水平持续提升，不断推进钻井提速降本和安全环保。

（一）全球钻井行业新动向

2023—2024 年，国际油价中高位波动，布伦特原油期货价格在 63~95 美元/bbl 之间波动，美国中质原油期货价格在 68~95 美元/bbl 之间波动。2024 年全球油气勘探开发投资 5540 亿美元，较上年有所下降。尽管 2024 年全球油气勘探开发投资持续增长，但全球钻井市场增长乏力。

1. 全球钻井工作量增幅远不及全球油气勘探开发投资增幅

在美国大幅缩减钻井工作量的影响下，2024 年全球钻井数 69 710 口，较 2023 年微增 390 口，增幅仅 0.56%，远不及全球油气勘探开发投资 4.5% 的增幅，2015 年以来钻井数量的收缩态势并未出现明显好转（图1）。

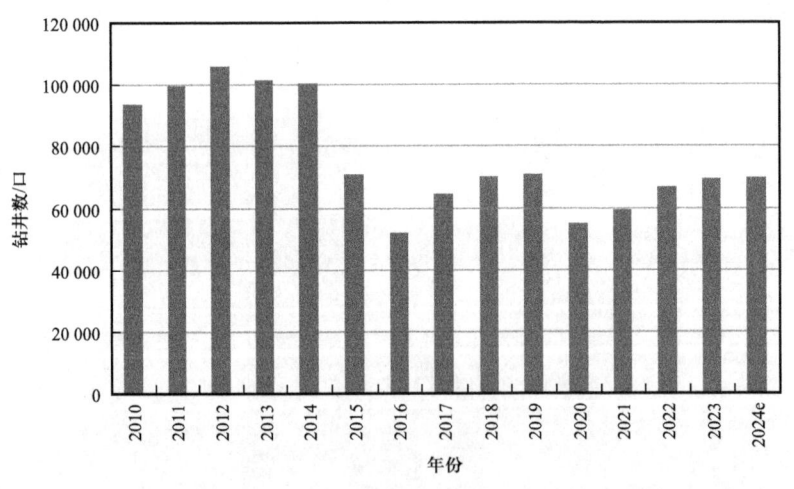

图 1 2010—2024 年全球钻井数

数据来源：Spears and Associates 公司 *Drilling and Production Outlook*，2024 年 12 月

2015 年以来，全球钻井进尺数持续下降，从 2014 年以前的大约 2.5×10^8 m 降至 2×10^8 m 左右。2024 年全球钻井进尺 2.14×10^8 m，较 2023 年微增 121.9×10^4 m，增幅仅 0.57%，远不及全球油气勘探开发投资 4.5% 的增幅（图2）。

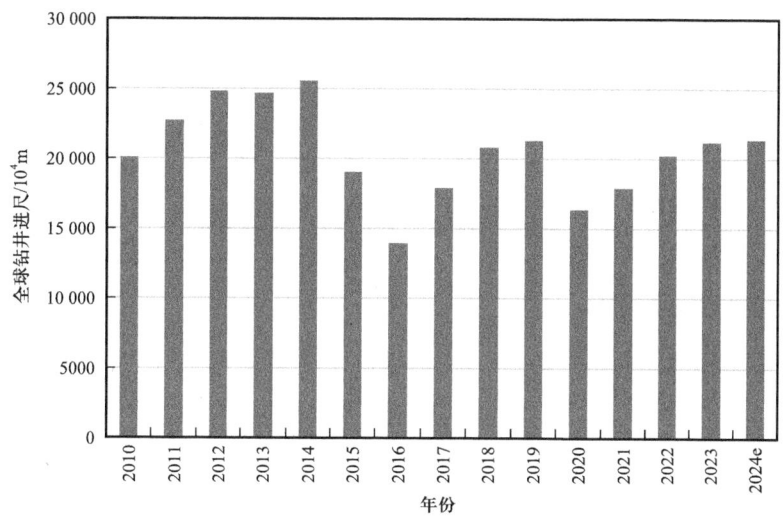

图 2　2010—2024 年全球钻井进尺

数据来源：Spears and Associates 公司 Drilling and Production Outlook，2024 年 12 月

2. 全球陆上钻井工程承包市场规模下降，海上钻井工程承包市场规模增长强劲

2024 年，全球钻井工程承包市场规模从 478.4 亿美元增至 518.64 亿美元，增长 8.4%。其中，全球陆上钻井工程承包市场规模不增反降，从 2023 年的 207.12 亿美元降至 204.51 亿美元，反映全球陆上钻机供应严重过剩，陆上钻井工程承包市场竞争日趋激烈，陆上钻机日费上涨乏力；而全球海上钻井工程承包市场规模增长强劲，从 271.28 亿美元增至 314.13 亿美元，增长 16%，反映油公司日益重视海上油气勘探开发，促使海上钻井市场明显复苏，海上钻机利用率上升，海上钻机日费有所上涨。2024 年，全球可动用的移动式海洋钻机数从 2023 年的 622 台增加到 639 台，在用移动式海洋钻机数从 2023 年的 490 台增加到 527 台，利用率从 2023 年的 79% 提升到 82%。

3. 国际钻井工程承包商再现大型收并购

尽管国际油价处于中高位，国际钻井工程承包商经营依然艰难。为摆脱困境，2024 年国际钻井工程承包商再现大型收并购，钻井承包市场集中度进一步增强。

2024 年 7 月，H&P 公司宣布收购苏格兰 KCA Deutag 公司，该收购使 H&P 公司在中东的钻机数量从 12 台增加到 88 台，其中 71 台位于沙特阿拉伯、阿曼和科威特。2024 年 6 月 10 日，美国的 Noble 公司宣布与 Diamond 海洋钻井公司达成最终合并协议。新的 Noble 公司将拥有并运营一支由 41 台钻机组成的船队，其中浮式钻井平台 28 座和自升式钻井平台 13 座。新的 Noble 公司将成为海洋钻井巨头之一。

4. 中国深井超深井钻探深度再次刷新亚洲纪录，钻井效率持续提升

2024 年 3 月 4 日，中国石油深地塔科 1 井钻探深度突破 10 000 m 大关，再次刷新亚洲直井钻井井深纪录，开启了我国向深地进军的新篇章。深地川科 1 井正在顺利钻探中。

随着技术的不断突破，深井超深井的钻井效率持续提升，钻井周期不断缩短。例如，

2024年3月8日，地处塔克拉玛干沙漠腹地的满深805井井深突破9000 m，从开钻到钻至井深9000 m用时仅112.5天，刷新了国内陆上9000 m超深井最快钻井纪录；2024年8月，塔里木油田哈13-H9井完成钻探任务，其最快一天钻井进尺达到2006 m，创造了我国陆上超深井钻井日进尺最高纪录。

（二）钻井技术新进展

1. 钻机及配套设备新进展

1）NOV公司将司钻控制房搬离钻台，以实现无人化钻台

为了实现钻台无人化和进一步提高钻井现场的安全性，2024年4月NOV公司从其位于得克萨斯州Navasota的测试钻机的钻台上拆除了司钻控制房，并将其安装在钻机旁边的地面上。NOV公司表示，此举是朝着实现其无人化钻台愿景迈出的一步。在其无人化钻台上，利用自动化系统和机器人系统使司钻和钻工远离钻台上的潜在危险。NOV公司正在测试将司钻控制房搬离钻台对钻工及其日常操作的潜在影响。

2）Velesto公司、马来西亚国家石油公司和NOV公司在钻机自动化、钻井机器人领域开展合作

Velesto公司与马来西亚国家石油公司和NOV公司签署了一份谅解备忘录，以推进钻机自动化，并将机器人技术整合到钻井作业中。该谅解备忘录旨在建立一个协作框架，在Velesto公司操作的钻机上，利用NOV公司的钻井自动化系统（NOVOS）、能源碳减排优化方案（ECOS）和钻井机器人技术提高作业效率和安全性。此次合作还侧重于提升和优化马来西亚的钻井作业效率，通过先进的钻机自动化和数字化技术减少碳排放，提升成本效益。

3）Fugro公司的蓝龙®全自动海底钻机

Fugro公司的蓝龙®全自动海底钻机（图3）彻底改变了海上岩土工程地质勘探。这种模块化、全自动海底钻机可在一次下潜中进行原地测试、土壤取样和岩石取心。蓝龙®全自动海底钻机适用于各种水深和海底地形，最大限度地降低作业风险，提高作业安全性，并确保一致的数据质量。

图3 Fugro公司的蓝龙®全自动海底钻机

4）HMH公司开发无液压全电动海底防喷器系统，显著提升防喷器系统的可靠性、操作效率和防喷效果

通过收购电动海底钻井公司，HMH公司开发了一种称为E–BOP的全电动海底防喷器系统，原先所有的液压系统都被电动执行器取代，从而显著提升了防喷器系统的可靠性、操作效率和防喷效果。E–BOP采用了HMH公司经过现场验证的防喷器部件，同时将电动机/驱动技术集成到最新版本的OEM地面和海底控制系统中。HMH公司正在设计电动海底防喷器组和电动地面防喷器组，以服务于海上浮式和固定式钻井平台以及陆地钻机。

2. 破岩及提速技术新进展

1）Aegis 3D打印铠装钻头

针对钻进过程中钻头侵蚀与磨损的问题，斯伦贝谢公司推出了Aegis 3D打印铠装钻头（图4），相比传统硬质金属加工材料，铠装钻头的抗侵蚀性提升了400%，且强度高出钻头基体材料40%，有效延长了钻头使用寿命，降低了钻井作业成本。Aegis 3D打印铠装钻头采用钨碳合金材料，通过高精度3D打印工艺，将高耐磨、高强度的材料以条带状形式直接应用于钻头刀刃及切削齿上，在增强钻齿周围区域抗侵蚀性的同时，避免了钻井液喷射对钻头的直接侵蚀，从而显著提升了钻头的整体性能。此外，该钻头的喷嘴能够向刃面和切削齿倾斜，使得钻井液能够更有效地冲刷、清除岩屑，从而进一步提升机械钻速与钻头耐用性。

2）微型涡轮钻井已完成概念验证

瑞士研究机构开发了一种称为微型涡轮钻井的新技术，它使用微型涡轮驱动钻头以机械破岩方式钻孔。微型涡轮主要由浸渍钻头、涡轮机叶轮、壳体、推力喷嘴和钻井液入口5个部件组成（图5）。

图4　Aegis 3D打印铠装钻头　　　　　　图5　微型涡轮钻头

瑞士研究机构已对微型涡轮钻井开展了概念验证。首先，利用钻杆下入斜向器，并在井下完成斜向器的定向，然后利用连续管通过钻杆下入微型涡轮和柔性高压软管，将它们下至斜向器。连续管作为从地表到地下的高压流道，柔性高压软管使微型涡轮得以顺利通过斜向器内导向槽。通过连续管向微型涡轮输送高压工作液，开始侧钻套管和地层。在此过程中，微型涡轮向前推进依靠的不是通过连续管施加的钻压，而是高压工作液的液压，因此侧钻过程不存在因换钻头而中断的情况。

3) 沙特能源公司 TAQA 推出新型钻井提速工具——机械推进器

机械推进器（图6）是安装在钻头或动力钻具上方的一种活塞装置，通过精准调整钻压与压差，实现钻头与地层的稳定啮合，有效减轻轴向冲击与黏滑运动，可提高机械钻速35%以上。根据每口井的钻井液密度和井斜角，配置随液压压力变化而调整偏转状态的弹簧结构，驱动弹簧壳下的活塞运动，直接传递钻柱动力，确保钻头在恒定的钻进参数下与地层稳定接触，减少钻柱的不均匀运动，实现稳定钻进。机械推进器顶部采用公/母花键组合，底部接头根据需要配置不同螺纹连接。在钻井过程中，机械推进器受到钻压、泵压及工具下方钻柱重量的共同作用，各种力相互平衡，确保机械推进器在液压系统和钻压之间保持稳定，有效消除井下振动，提高钻井速度。

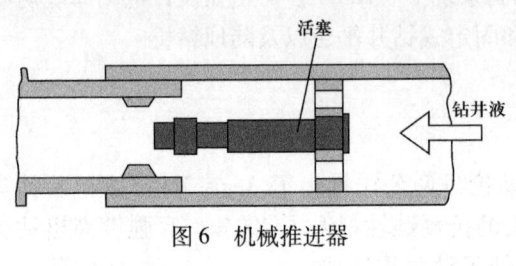

图6 机械推进器

该工具在加拿大和美国的油气田广泛应用，平均机械钻速提高37%，平均作业时间节约15%。其中，在得克萨斯州米德兰盆地平均长度超3048 m井段的应用效果表明，应用机械推进器后，钻柱轴向振动减少80.38%，横向振动减少29.86%，轴向冲击降低62.18%，横向冲击降低41.59%，每口井平均节省4.1万美元。

3. 钻井液完井液技术新进展

1) OSSO 公司为地热开发项目提供钻井液冷却系统

OSSO 公司是流体温度控制和分离解决方案的供应商，其大容量钻井液冷却系统（图7）赢得了欧洲三个地热开发项目的合同，这对OSSO 公司来说是里程碑事件。其中一个项目是闭环地热能开采系统的全球首次商业应用，每年发电8.2 MW，减少约44 000 t 二氧化碳当量的温室气体排放，为约 20 000 户家庭提供清洁能源。其钻井液冷却系统可有效控制钻井液温度，在地热开发项目中延长井下钻井工具和设备的使用寿命，为钻井人员创造一个更安全的作业环境。OSSO 公司可以根据客户的具体

图7 钻井液冷却系统

需求定制钻井液冷却方案，为当地项目团队提供现场培训，为客户提供持续的技术和服务支持，在每个项目的整个生命周期中为客户提供帮助和指导。

2) 哈里伯顿公司推出升级版堵漏水泥——SentinelCem™ Pro

SentinelCem™ Pro 水泥浆体系与一代相比，在性能上进行了全新升级，简化了混合操作程序，实现了主动钻机现场部署。由于其触变性，该水泥浆体系非常适合颗粒堵漏材料无法成功解决漏失问题的区域。一旦将该水泥浆体系放置在漏失区并停止泵送，SentinelCem™ Pro 会随着剪切速率的降低而迅速凝固，从而获得早期抗压强度。当钻井液进入裂缝和孔洞

区时，这一特性有助于减少钻井液漏失，并降低钻井液流入地层的处理成本。

4. 钻井数字化、智能化技术新进展

1）斯伦贝谢公司在 Equinor 公司巴西近海 Peregrino 油田 C 平台上创钻井自主化水平新纪录

2024 年 1 月，在 Equinor 公司巴西近海 Peregrino 油田 C 平台上，斯伦贝谢公司集成应用其地面自动化、井下自主钻进和定向钻井相关的数字技术，在 2600 m 的井段上实现了 99% 进尺的自主钻进，机械钻速提高了 60%，同时缩短了钻井周期，降低了钻井成本，减少了碳排放。该井段创造了钻井自主化水平新纪录，全自主钻井向前迈进了一大步。

2）斯伦贝谢公司的 AutoProler 钻井液自动在线检测系统

该系统是一种全自动的橇装设备，能够按照 API RP 13B-2 规程对温度在 4~65 ℃之间的钻井液的流变性进行自动在线检测，钻井液可以是水基钻井液，也可以是非水基钻井液（图 8）。该设备安装在钻机的开放式工作场所，能够在有爆炸性或危险性气体的环境中运行。它有两个主流体入口阀，可以连续分析多个来源的钻井液，而无须操作员干预。钻井液的来源包括检测池、配制罐、井口流出管或其他合适的取样点。它还有一个单独的入口阀，用于清洁钻井液样品。该设备旨在全天候自主运行和远程操作，其人机界面用于现场检测，测得的数据自动传输到钻机的电子数据记录仪和基于云的系统。

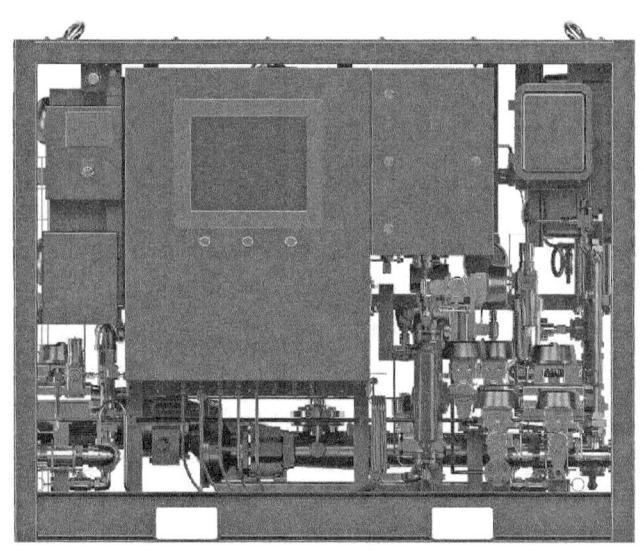

图 8　AutoProler 钻井液自动在线检测系统

AutoProler 系统能够将钻井液性能数据传输到数字接口，使相关人员随时随地了解钻井现场情况。数字化和自动化工作流程的实施与 Performance Live™ 数字连接服务相结合，通过实时建议最大限度地提高效率，以提高钻井液性能，预防事故，并通过减少现场人员来最大限度地降低 HSE 风险。

3）挪威 eDrilling 公司发布 AI 钻井系统

挪威 eDrilling 公司发布了一款完全自适应、自学习和不断改进的系统——AI 钻井系统，以应对钻井的诸多挑战和要求。它能找到最有效、最安全的井总深（TD）方法，预判事故和危险,并优化作业参数。eDrilling 公司将其 AI 钻井系统称为司钻、钻井工程师和钻井人员的副驾驶、助手、伙伴,无论是油气钻井项目、地热井钻井项目,还是碳捕集封存和利用钻井项目。该技术建立在先前的研究和工程突破之上,如动态建模、数字孪生、基于模型的推理、自动校准和动态模拟。

该 AI 钻井系统在检测操作状态时具有状态感知功能,包括钻机活动检测和钻机状态跟踪。eDrilling 公司强调它是学习机器型 AI 钻井系统,而不是数据库。eDrilling 公司表示,它就像老师一样,通过广泛的学习,能够提供建议和解释,而无须记住所有的数据。它适用于任何钻机。

4) 斯伦贝谢公司推出适合钻复杂井的 Stream 高速智能遥传技术

斯伦贝谢公司推出适合钻复杂井的 Stream 高速智能遥传技术,旨在突破传统钻井液脉冲遥传技术的瓶颈和局限性。该技术将 AI 算法与斯伦贝谢公司的 TruLink 随钻监测服务集成在一起,提供不间断、高速、高保真的实时地下测量。即使在最具挑战性的井下条件下,无论井深如何,数据传输不再有限制。将 AI 算法用于数据遥传,不仅能消除数据传输方面的限制,还能更好地支持钻井决策。

在中东,Stream 高速智能遥传技术帮助作业者克服了由于钻井条件恶劣和信号质量差而导致的地质导向作业困难。使用该技术,作业者能够接收到来自 15 000 m 以深的高质量数据。

5) 利用机器学习和人工智能技术定量分析岩屑和识别岩性

油公司通常派两到三名录井人员驻井,他们把大约 70% 的时间用于描述岩屑,而且不同的录井人员得出的结果缺乏一致性。为了提高岩屑描述效率和质量,日本研究机构开发了一种岩性描述及识别模型,旨在利用机器学习和人工智能技术定量分析岩屑和识别岩性。利用干燥的碳酸盐岩、砂岩、泥岩和火山岩岩屑对该模型进行了训练,这些岩屑来自 Browse 盆地的 6 口井,共 160 份岩屑,其中碳酸盐岩 21 份、砂岩 58 份、泥岩 52 份和火山岩 29 份。该模型经过训练,能够在干燥条件下精准地识别砂岩、泥岩、碳酸盐岩和火山岩,并有潜力对这 4 种干燥岩屑进行定量、高速的描述。然而,钻井现场岩性多种多样,并且岩屑是湿的,岩屑描述不仅涉及岩性识别,还涉及岩屑的颜色、圆度、硬度等因素。为了在钻井现场自动实现岩屑描述和岩性识别,将继续利用机器学习和人工智能技术对经过训练的模型进行升级。

6) 人工智能和生成式人工智能开启钻井新领域

AI Driller 公司的 AI Spaces 软件可以通过使用基于物理的模型来帮助优化特定盆地内新井的井眼轨迹,这些模型使用用户自己的历史井数据进行校准,提供新井的三维投影图和井眼轨迹。用户还可以设计计划井筒以及在同一井场钻探的现有井的井眼轨迹。这样的自动化功能可以帮助工程师节省时间,因为他们不需要进行手工计算,可以专注于其他任务。

7) Patterson – UTI 公司使用 Hidden Markov 模型来检测钻柱裂纹

Hidden Markov 模型(HMM)是一个统计模型,是涉及序列数据分析和模式识别的许多领域的基础。通过部署这项技术,Patterson – UTI 公司创建一个能以大约 98% 的准确率检测到钻柱断裂的模型,并且可以在 1~3 s 内完成检测。这不仅有助于优化钻柱连接时间,而且还有可能改善扭矩和阻力监测,自动测定钻压。

5. 井下工具、仪器新进展

1)美国 Parker 井筒公司和 TDE 公司合作推进有缆供电钻杆技术商业化

2024 年 3 月,美国 Parker 井筒公司和 TDE 公司达成合作协议,将 TDE 公司的有缆供电钻杆技术商业化,并在全球范围内推广应用有缆供电钻杆。通过 TDE 公司的专用电缆,不仅可向井下供电(输电功率 300 W),还能实现数据的高速双向大容量传输(数据传输速率高达 20×10^4 bit/s),从而大大简化底部钻具组合的结构,井下不再需要锂电池、涡轮发电机、钻井液脉冲发生器、信号中继器等。通过该供电电缆不仅可实现随钻测量或随钻测井,还能实现全井筒实时监测,有利于提升作业安全,减少非生产时间。该有缆供电钻杆商业化之后,将进一步推进钻井井下电动化、自动化、数字化、智能化。其操作与传统钻杆一样,不需要对现有钻机做任何改造。

2)地热钻井中用隔热钻杆保护井下电子仪器

地热井和深井超深井钻井面临诸多挑战,如井下高温,必须合理管控底部钻具组合的温度,以保护井下电子仪器。为此,加拿大 Eavor 技术公司推出了一种隔热钻杆,旨在最大限度地减少环空的热传递。Eavor 技术公司已对其隔热钻杆进行了三次现场试验,表明其内部温度比非隔热钻杆内部温度低 23.9 ℃。

3)贝克休斯 Sonus™ 声控坐放型尾管悬挂器系统

Sonus™ 声控坐放型衬管悬挂器系统提供了一种新的尾管悬挂器安装方式,可节省时间,优化操作,降低风险。通过贝克休斯公司的 XACT™ 井下双向声波信号传输平台,该系统能在尾管安装全过程提供实时井下数据,包括信号下传功能,用于在注水泥之前、期间、之后选择性地激活井下设备。

Sonus™ 声控坐放型尾管悬挂器系统能够从地面向井下发送指令,快速坐放尾管悬挂器,快速释放工具。在正确的时间了解准确的信息,以优化作业,消除不确定性。在注水泥之前、期间、之后的任何时间坐放尾管悬挂器,并收集数据以确定水泥返高。注水泥过程中连续旋转管柱,以提高固井质量,确保井筒完整性。

4)沙特阿美公司推出解除压差卡钻新型井下系统

沙特阿美公司提出一种解除压差卡钻的新型井下工具和解卡方法。与震击器和其他靠近卡点的井下加速器相比,这种新的井下系统能提供更大的冲击力,可以连续产生超过 40 倍重力加速度的横向振动,作用在卡钻管柱上。该系统可以集成到底部钻具组合中,并在钻柱卡钻时或作为修复总成的一部分在入井时被激活。

这种解卡系统采用了新的操作方法,可产生比常规震击器和其他井下加速器更大的井下冲击力。以前超过 100×10^4 lbf 的卡钻力就无法解卡,而现在通过这一新方法,在卡钻位置附近产生井下冲击力则可解决问题。该新型井下工具是在卡钻管柱上方的钻杆部分诱导产生底部钻具组合回旋,在卡点区域提供较高的横向振动,破碎滤饼解卡。与当前的减振工具类似,该系统可以放置在底部钻具组合打捞式组件中,也可以泵入被卡钻柱内部。这种新方法可用于解决钻井中最具挑战性的卡钻难题(尤其是压差卡钻),最大限度减少与卡钻、补救作业和侧钻相关的非生产时间和成本。

5）贝克休斯公司推出一种新型套管周向腐蚀检测传感器设计

套管完整性检测工具通常用于识别油井结构缺陷，但常规检测工具无法精确定位和描述缺陷特征。为此，贝克休斯公司推出一种新型套管周向腐蚀检测传感器设计，利用瞬态或脉冲涡流测量法对腐蚀、厚度或金属损耗进行单独的周向定量评估，以提供套管缺陷的方位角范围，提高多层套管完整性检测精度。该新型传感器设计方案由12个区段相互配合的发射和接收线圈组成，尺寸为 79.375 mm（3.125 in）。该设计方案在多个同心套管中产生涡流，并测量向外扩散的涡流时变响应，其内部多个线圈的完整瞬态响应可用于数据解释分析，从而获取油管和套管的方位信息以及较高的径向检测深度。这种配置对多层屏障的方位敏感度要求更高，缺点是每个分段发射器或其组合必须按顺序驱动，以实现全周覆盖，不利于测井速度。每个分段开关引起的涡流在径向扩散的同时，也会周向扩散，因此在限制了第二道屏障的测量方位角分辨率的时候，也确保了第二道屏障圆周的全面覆盖，不会出现盲区。

6. 固井技术新进展

1）贝克休斯公司推出一种再生水泥 InvictaSet™

这是业界首创的再生水泥技术，可为油井提供耐用的胶结保护层，从而提高整个生命周期的完整性和使用寿命。贝克休斯公司的 InvictaSet™ 再生水泥系统代表了固井领域的一场革命，有助于在最具挑战性的井下条件下保持油井完整性和长期的分区隔离。在传统的水泥系统中，井下温度和压力的变化会导致水泥环出现裂缝或失效，从而威胁井的完整性并降低产量。InvictaSet™ 固井系统是一种独一无二的行业首创固井解决方案，可以在裂缝产生时自行再生和修复。

2）沙特阿美公司开发出新型自愈合水泥浆体系

为提高油气井井筒密封完整性，沙特阿美公司开发了新型自愈合水泥浆体系——树脂—水泥混合体系，能增强水泥石力学性能，确保长期的层间封隔效果。该自愈合水泥浆体系添加的聚合物树脂（如环氧树脂），是一种线型环氧树脂双酚-F的二缩水甘油醚，通过将大约占水泥浆体积8%的聚合物树脂与传统水泥浆混合，能够调节水泥浆的微观结构，减少结晶相，增加非晶相含量，从而降低杨氏模量，增强水泥浆的柔韧性和适应性。同时，采用胺类化合物作为固化剂，与环氧树脂一起加入水泥浆中，确保环氧树脂与水泥的有效固化反应，形成增强的水泥结构。这不仅提高了水泥浆抵抗由压力和温度波动引起的多种应力的能力，还能使水泥浆吸收施加的应力，从而防止裂缝形成。

3）沙特阿拉伯TAQA油服公司研发一种树脂基水泥体系

沙特阿拉伯TAQA油服公司研发了一种树脂基水泥体系，并在密度分别为 135 lb/ft^3、85 lb/ft^3 和 75 lb/ft^3 的条件下进行了性能测试。所用的树脂是双酚-F的二缩水甘油醚，这是一种线型环氧树脂，由双酚-F与适量的环氧氯丙烷和氢氧化物反应形成。用胺作为环氧树脂的固化剂，固化机理是逐步聚合。最初观察到的固化现象是黏度增加，然后是硬化。最终产品的抗压强度和黏度也受到胺的类型和浓度的影响。与芳香胺固化剂相比，脂肪族胺可生产类型更灵活的环氧树脂。芳香胺会产生更强、更硬的环氧树脂。

7. 绿色低碳技术新进展

1）在 Marcellus 页岩气产区用掺氢 20% 的燃料作为钻机发动机燃料

2023 年，Patterson UTI 公司、EQT 公司和 Cat 油气公司在 Marcellus 页岩气产区的钻机上测试了双燃料发动机能否使用掺氢燃料。测试结果证明，现有的双燃料发动机支持高达 20% 的氢气和 50% 的天然气与柴油的混合燃料，而不需要对硬件做任何改造，也不需要调整钻机的控制系统。虽然运输和储存氢气面临挑战，但氢气确实能满足钻机的动力要求。用氢气作为钻机燃料，正在成为减少钻井过程中温室气体排放的一个解决方案。

2）斯伦贝谢公司推出 CCUS 井筒完整性评估方案

斯伦贝谢公司推出了一种 CCUS 井筒完整性评估方案，帮助碳封存运营商量化潜在封存场地的井筒完整性风险。建立安全的封存场地对于促进 CCUS 的发展和创建低碳能源生态系统至关重要。斯伦贝谢公司量化碳泄漏概率及其潜在影响的方法有助于客户了解每口井相关的风险，告知客户需要采取哪些补救措施，并最终估算项目的长期可行性。斯伦贝谢公司推出的 CCUS 井筒完整性评估方案结合了先进的故障模式、影响及危害性分析，以评估潜在的泄漏途径、井筒屏障、失败机理和由此产生的后果。使用先进的多物理场三维建模，斯伦贝谢公司能够评估盐水和碳泄漏的体积和流速，以更好地估计风险。

（三）钻井技术展望

在全球能源转型与"双碳"目标驱动下，钻井技术正迎来颠覆性变革。钻井工程作为油气资源开发的核心环节，正加速向高效化、智能化、无人化方向演进；电动化技术打破传统能源依赖，推动地面（海上）—水下和井下全链条绿色革命；人工智能重构钻井决策范式，自主系统实现从辅助操作到智能决策作业的跨越；机器人技术重塑作业模式，专业化机器人和人形机器人开启人机协作新纪元。这些技术的创新发展，不仅可以破解油气勘探开发的技术难点和瓶颈，更将重塑全球能源开采的新格局。

1. 钻井电动化、智能化将持续推进

美国在用钻机几乎全部是电驱动钻机。我国也在积极推进钻机电动化，陆上可动用钻机的电动化率已超过 65%。在推进钻机电动化和推广应用电驱动钻机的同时，国内外都在大力推进钻井地面（海上）、水下和井下电动化，如发展和推广应用全电动固井装备、陆上电动防喷器、海底电动防喷器；发展和推广应用有缆供电钻杆、有缆复合材料连接管，在此基础上发展井下电动导向钻井系统，助力钻井井下智能化。

2. AI 开启智能钻井、自主钻井新时代

随着 AI 的快速发展，斯伦贝谢、哈里伯顿、贝克休斯等油服公司相继推出了一些智能化钻井工具和设备、软件，并开始提供自主钻井服务。三大国际油服公司均推出了智能旋转导向钻井系统和自主定向钻井服务。例如，斯伦贝谢公司和 Equinor 公司宣布在巴西 Peregrino C 钻井平台上实现迄今自主化程度最高的 2600 m 井钻井，其中 99% 的进尺是在自主控制模式下完成的。哈里伯顿公司依托其 LOGIX 自主钻井平台，在厄瓜多尔完成了一口水平井的自主钻井作业，其87.4%的进尺是自主完成的。

3. 机器人助力智能钻井，提升作业效率和安全，推进钻井作业少人化

专业化工业机器人、机械臂越来越多地部署在自动化钻机、智能钻机上，显著提升了钻机的自动化水平。在AI的加持下，人形机器人正飞速发展且量产在即，预计未来专业化人形机器人将部署在智能钻机上，与智能化的工业机器人、机械臂协同工作，将进一步取代钻井人员，实现钻井少人化甚至无人化。

（本报告撰写人：郭晓霞　审核人：李万平）

参考文献

［1］Ellington L, Kjevik H, Taanevig A. Sustainability: Meeting new drilling demands with smarter power management［EB/OL］．（2024-12-16）．https://www.worldoil.com/magazine/2024/november-2024/features/sustainability-meeting-new-drilling-demands-with-smarter-power-management/.

［2］Drilling Contractor. Velesto, Petronas and NOV to collaborate on automation, robotics［EB/OL］．（2024-11-21）．https://drillingcontractor.org/velesto-petronas-and-nov-to-collaborate-on-automation-robotics-71022.

［3］Drilling Contractor. Full-scale BOP electrification test rig shows benefits of electrified BOP, enables design optimization［EB/OL］．（2024-08-21）．https://drillingcontractor.org/full-scale-bop-electrification-test-rig-shows-benefits-of-electrified-bop-enables-design-optimization-69953.

［4］《石油钻探》编辑部. 斯伦贝谢公司的钻井提速利器——Aegis 3D打印铠装钻头［EB/OL］．（2024-09-03）．https://mp.weixin.qq.com/s?__biz=MzkyOTM5NTIxOQ==&mid=2247491246&idx=1&sn=e8b61d0a1bdb07bb5efc765b09839d8d.

［5］Geissler N, Garsche F, Samus V, et al. Proof of concept in a full-scale field test for the novel Micro-Turbine drilling technology from a cased borehole in granite rock［J/OL］．（2024-03-21）．SPE Journal, 2024. https://jpt.spe.org/proof-of-concept-in-a-full-scale-field-test-for-the-novel-micro-turbine-drilling-technology-from-a-cased-borehole-in-granite-rock.

［6］《石油钻探》编辑部. 沙特能源公司TAQA推出新型钻井提速工具——机械推进器［EB/OL］．（2024-08-02）．https://mp.weixin.qq.com/s?__biz=MzkyOTM5NTIxOQ==&mid=2247490768&idx=1&sn=639299064715f0da9b87a59329abec96.

［7］Drilling Contractor. OSSO marks geothermal milestone with trio of mud-cooling project wins［EB/OL］．（2024-01-24）．https://drillingcontractor.org/osso-marks-geothermal-milestone-with-trio-of-mud-cooling-project-wins-67639.

［8］Drilling Contractor. Halliburton launches lost circulation cementing solution［EB/OL］．（2024-05-09）．https://drillingcontractor.org/halliburton-launches-lost-circulation-cementing-solution-68959.

［9］SLB. SLB and Equinor drill most autonomous well section to-date［EB/OL］．（2024-01-30）．https://www.slb.com/news-and-insights/newsroom/press-release/2024/slb-and-equinor-drill-most-autonomous-well-section-to-date.

［10］Drilling Contractor. eDrilling kicks off ambitious R&D project leveraging agentic AI to develop a "drilling agent"［EB/OL］．（2024-07-11）．https://drillingcontractor.org/edrilling-kicks-off-ambitious-rd-project-leveraging-agentic-ai-to-develop-a-drilling-agent-69476.

［11］Drilling Contractor. SLB launches stream high-speed intelligent telemetry for drilling complex wells［EB/OL］．（2024-11-13）．https://drillingcontractor.org/slb-launches-stream-high-speed-intelligenttelemetry-for-drilling-complex-wells-70918.

[12] Drilling Contractor. AI and emerging gen AI technologies set to unlock new frontiers in drilling [EB/OL]. (2024-07-11). https://drillingcontractor.org/ai-and-emerging-gen-ai-technologies-set-to-unlock-new-frontiers-in-drilling-69611.

[13] Drilling Contractor. Marcellus project demonstrates potential to power land rig using fuel with up to 20% hydrogen [EB/OL]. (2024-04-24). https://drillingcontractor.org/marcellus-project-demonstrates-potential-to-power-land-rig-using-fuel-with-up-to-20-hydrogen-68740.

[14] World Oil. Parker wellbore, TDE partner to pilot downhole power and data highway for drilling industry [EB/OL]. (2024-03-13). https://worldoil.com/news/2024/3/13/parker-wellbore-tde-partner-to-pilot-downhole-power-and-data-highway-for-drilling-industry/.

[15] 中国石油新闻中心编辑部. 沙特阿美推出解除压差卡钻新型井下系统 [EB/OL]. (2024-04-02). http://news.cnpc.com.cn/system/2024/04/02/030128791.shtml.

[16] 《石油钻探》编辑部. 贝克休斯推出一种新型套管周向腐蚀检测传感器设计 [EB/OL]. (2024-08-09). https://mp.weixin.qq.com/s?__biz=MzkyOTM5NTIxOQ==&mid=2247490835&idx=1&sn=6b9fc60a3e9a78c8b490bef05dc9bea1.

[17] Baker Hughes. Baker Hughes launches InvictaSet, an industry-first regenerative cement system technology [EB/OL]. (2024-08-14). https://www.bakerhughes.com/company/news/baker-hughes-launches-invictaset-industryfirst-regenerative-cement-system-technology.

[18] 《石油钻探》编辑部. 沙特阿美公司开发出新型自愈合水泥浆体系 [EB/OL]. (2024-10-09). https://mp.weixin.qq.com/s?__biz=MzkyOTM5NTIxOQ==&mid=2247491632&idx=1&sn=a47b65aaa20e52042f544989d4eb0a43.

[19] Carpenter C. Resin-cement blend enhances wellbore integrity [EB/OL]. (2024-05-01). https://jpt.spe.org/resin-cement-blend-enhances-wellbore-integrity.

六、油气储运技术发展报告

2024年,在全球经济动荡的背景下,油气储运领域迎来了新的机遇和挑战。新形势下,油气储运行业应加强科技规划和顶层设计,整合优势资源,优化完善科技创新机制,加大科技投入力度,解决制约油气储运基础设施安全保障和高效运行的技术难题,切实发挥科技创新在油气储运行业发展中的支撑引领作用。展望未来,油气储运行业有望在高效、安全和智慧的基础上迈向平台化发展,为绿色能源和可持续发展树立基础。

(一)油气储运行业新动向

在全球能源体系正经历深度重构的背景下,油气行业面临着前所未有的转型机遇。随着现代科技的迭代升级和"双碳"目标的战略指引,行业已步入结构转型与创新驱动并重的新发展阶段。能源供给侧正逐步向清洁化、低碳化方向演进,以氢能、风能、太阳能为代表的可再生能源正在加速重构全球能源版图,这既带来传统能源基础设施的升级需求,也催生出新型能源储运体系的建设窗口。

1. 世界氢能管道发展迅速

根据世界氢能委员会最新报告显示,全球氢能产业正经历爆发式增长,截至2023年12月已累计布局超1400个氢能项目,总投资规模达5700亿美元,预计到2030年绿氢与低碳氢年产能将突破4500×10^4 t。从区域布局来看,欧洲以540个项目领跑全球,其规划的1390×10^4 t/a产能占全球总量近1/3。在氢能输送体系建设方面,管道运输凭借其经济高效特性已成为国际主流选择,德国1939年建成的208 km输氢管道开创先河,该管道采用254 mm管径和2 MPa压力设计,至今仍保持着9000 kg/h的输氢能力。经过数十年发展,当前全球纯氢管道总里程已突破5000 km,其中美国以2600 km位居榜首,其墨西哥湾沿岸构建的965 km区域管网尤为突出,该系统设计输量达150×10^4 m³/h,最大运行压力6 MPa,是全球规模最大的氢能供应网络;欧洲则以1770 km紧随其后,由法国Air Liquide公司主导建设的法国—比利时跨境输氢管道长达402 km,创下欧洲纯氢管道长度之最。相较而言,中国氢能管道建设尚处于初级阶段,现有运营里程约400 km,但规划中的3000 km管道网络已进入设计阶段,标志着我国正加速突破传统能源输送体系的技术壁垒。面对全球氢能基础设施建设的井喷态势,亟须建立与新型能源体系相适应的管道规划新范式,推动氢能输送技术从量变到质变的跨越式发展。

2. 地下空间高效多元化发展

在全球能源体系向地下空间综合利用转型的进程中,高效利用地下空间,加大"气、氢、氦、碳、能、油"储存是世界能源发展的必由之路。针对氢、氦等极小分子气体储存的特殊挑战,亟须突破三大技术瓶颈:其一,建立基于氢、氦分子动力学特性的地质体密封性评价体系,破解其高渗透性(氢气扩散系数为甲烷的3.74倍)导致的动态密封难题;其二,揭示氢/氦混合气体浓度梯度场演化规律,探明氢气与储层矿物、微生物群落的多尺度相互作用机制;其三,开发适应不同地质条件的储氢库容设计模型,实现从孔隙尺度(纳米级)到构造尺度(千米级)的容量精准预测。在储能系统优化方面,需融合风光资源分布与产业需求,构建盐穴储氢/储氦的选址评价体系,揭示超高频次注采下的多场耦合机制,攻克水层压缩空气小时级高速运移的相态控制难题。在碳封存领域,针对复杂多组分气态/超临界CO_2组分运移机理、储气空间替换规律、岩石物理/力学演变机制等难题,需攻关咸水层CO_2规模埋存选址评价技术、超大时空CO_2运移扩散规律,以及CO_2矿物—流体协同作用机制。此外,还需结合实际情况,开展多学科协同研究,探索新技术新思路,并优化相关国际规则。

3. LNG 接收站发展前景广阔

作为全球能源转型的核心载体,LNG 作为高效、清洁、低碳、绿色能源,将在实现"双碳"目标及能源结构转型进程中发挥重要作用。在天然气消费量年均增速超 6% 的驱动下,全球 LNG 产业链迎来黄金发展期,据显示,国内在建 LNG 接收站突破 30 座,规划总接收能力逾 2.1×10^8 t/a,预计 2030 年投运及在建项目总规模将达 2.8×10^8 t/a,形成覆盖环渤海(天津、唐山等)、长三角(洋山港、宁波等)、东南沿海(深圳、珠海等)的三大超级接收站集群。当前环渤海区域在建项目已进入施工关键期,未来将通过智能化管网实现多站联动、多气源调配,构建起海上进口通道与陆上管网系统的能源"双循环"枢纽。值得注意的是,新一代 LNG 接收站正从传统接卸终端向智慧能源综合体升级,集成蒸发气(BOG)再冷凝(回收率超 95%)、冷能发电(每吨 LNG 可发电 40 kW·h)等低碳技术,其能源转化效率较传统模式提升 12~15 个百分点。至 2035 年,LNG 基础设施将通过数字化管理平台实现全网动态平衡,单日调峰能力预计突破 1.5×10^8 m^3。LNG 基础设施正从单一接卸节点升级为智慧能源枢纽,为新型能源系统建设提供战略支撑。

4. 储罐检测技术向智能化升级

当前储罐检测技术已形成多维度、智能化的技术体系。主流检测手段以高精度超声成像、红外热成像为核心,结合腐蚀监测、无损探伤等常规方法,显著提升了缺陷识别精度和检测效率。然而,行业仍面临法规标准不完善、老旧储罐腐蚀变形风险突出、部分技术[如挥发性化合物(VOCs)泄漏监测]成熟度不足等挑战。未来发展方向聚焦于智能化升级(检测数据图谱化与 AI 分析)、多技术融合(机器人搭载超声/红外设备)和全生命周期管理,同时需强化港口储罐抗环境侵蚀、石化储罐低温保冷等场景化标准建设。总体而言,技术正从被动检修向预测性维护转型,但标准化体系完善与数据闭环管理仍是突破行业瓶颈的关键。

(二) 油气储运技术新进展

2024 年,油气储运行业在油气管道施工技术、LNG 储运及储氢技术、储罐及储气库技术、储运设施监测检测技术、非金属管道技术等各个领域均取得了多项技术突破,对推动油气储运技术的发展具有重要的促进作用,为构建"油气电氢"多能互补储运体系奠定技术基石。

1. 油气管道施工技术

1) 管道焊接与施工装备技术

在管道焊接与施工装备技术方面，开发了新型的焊接自动化系统、智能化焊接视觉监控器、先进的管道施工装备等，在有效保证焊接质量的同时提升了管道施工效率和施工质量。

ESAB 公司研发了 Warrior Edge 500 CX 智能焊接系统，通过 TrueFlow 数字气体控制技术构建了行业首个动态气体闭环调节体系，实现 ±1.5% 流量精度控制，较传统机械式流量计气体消耗量降低 22%，焊缝气孔缺陷率下降至 0.3% 以下。该系统搭载第四代绝缘栅双极晶体管（IGBT）逆变电源平台，在 60% 占空比下可稳定输出 500A 焊接电流（脉冲模式下峰值电流达 650 A），全面覆盖 0.8~4.0 mm 碳钢/不锈钢/铝合金的协同熔化极惰性气体保护焊（MIG）、药芯焊丝、高频脉冲 MIG（1000 Hz 调制）及移动式钨极气体保护电弧焊（TIG）工艺。其独创的数字信号处理（DSP）电弧动态补偿算法，通过 0.1 ms 级实时波形采样，将起弧飞溅量控制在 0.8 g/m 以内，配合 WeldCloud 物联网平台实现焊接参数云同步，使多工位设备协同误差不超过 ±1.2%。系统标配的 RobustFeed Edge CX 数字送丝机构采用双闭环伺服驱动，送丝速度稳定性达 ±0.5 m/min，结合 Exeor 智能焊枪的 ErgoGrip 人体工学设计（操作力矩降低 40%），通过枪体集成的 2.4 GHz 无线人机界面（HMI）模块，可远程调节 8 组焊接参数组合。特别开发的 Multi-Protocol 物联终端支持 OPC UA/MTConnect 协议，实现焊接大数据与 MES 系统的深度集成，使焊接效率提升 18%，综合能耗降低 15%。

Xiris 公司开发的 XVC-310 焊接摄像机采用 120 dB 以上超宽动态成像技术，专为监测空间受限的钨极惰性气体保护电弧焊（GTAW）及等离子焊接（如窄间隙与轨道焊接）而设计，可在焊接全流程精准捕捉 TIG 焊头、熔池、焊缝形貌及送丝动态，尤其适配 30% Ar-0.5% He-69.5% CO_2 混合气体保护下使用 1.0 mm FM-686 焊丝的 GMAW-P/CMT 工艺，具备高分辨率影像、多摄像头同屏显示系统、模块化改装设计及可调视场镜头组等创新特性，为焊接过程可视化提供全维度解决方案。

威猛（Vermeer）T1255 COMMANDER®3 超重型智能开沟机开创了岩石地层机械化施工新纪元，其搭载的卡特彼勒 C18 ACERT TierⅢ 双级涡轮增压发动机，采用高压共轨燃油喷射系统（喷射压力达 2500bar），在 447 kW 额定功率下可输出 2280 N·m 峰值扭矩，完美适配极端工况的持续负载要求。设备创新采用双模态液压驱动架构，悬臂系统在 5.5 m 全伸工况下仍可维持 193.6 m/min 链条切割速度，配合 121.9 cm 超宽截齿阵列和 91 cm 泥土输送带（排土效率达 18 m^3/min），实现 DN2400 mm 级管沟一次性成型。特别设计的双转子扭矩倍增系统，通过行星齿轮减速机构（传动效率不低于 94%）将电动机输出扭矩放大至 78 kN·m，在玄武岩地层作业时链条磨损率较传统机型降低 32%。整机配备分布式智能控制系统，通过 CANopen 协议与 32 个嵌入式传感器（采样频率 2kHz）实时交互，可精准监测切割倾角（±0.12° 精度）、链条张力（控制误差不大于 1.8% FS）等 138 项参数，并集成 AI 故障诊断系统（准确率不低于 97%）。人性化设计方面，全封闭驾驶室采用电液比例升降机构（行程 1.5 m），配备三轴向主动减震座椅和 ISO 50001 认证的智能温控系统，结合 35 dB 级复合隔音材料，确保 -40~60 ℃ 极端环境下操作舒适性。特别开发的岩石自适应算法，可根据地质探地雷达数据动态优化切割参数组合，使硬岩作业燃油效率提升 19%。

2) 管道维抢修技术

在管道维抢修技术方面，提出了海底管道机器人智能化腐蚀修复新技术、清管器/内检测器卡堵维修技术，提升了管道快速抢维修技术水平，并能够更好地维护管道的正常应用。

Kongsberg Ferrotech 公司开发了 Nautilus 机器人，提供一站式的管道现场维修服务，包括检查、维修和维护。Nautilus 机器人的操作依赖于海上支持船（OSV），OSV 首先定位至已知存在缺陷的管道坐标；利用 W-ROV 测量工作区并进行海底挖掘，为 Nautilus 机器人的部署做准备；操作人员从船上下放 Nautilus 机器人至缺陷管道位置；机器人通过无损检测（NDE）确认缺陷位置，移除防腐涂层，施用双组分环氧涂料，在缺陷处涂抹泄漏修补溶液，并用复合材料包裹；最后，淹没栖息地完成修复。所使用的涂层、泄漏修补溶液和包装修复系统经 DNV GL 认证，保证了长达 10 年的使用寿命。

IK Trax 管道技术公司推出的 EMTx50 电磁发射器革新了清管器追踪技术，其专为大直径管道场景设计，通过强化信号穿透性与系统可靠性，实现清管作业的精准快速定位。该设备搭载自适应信号增强模块，在复杂工况下仍能维持无与伦比的信号稳定性，配合军工级防护外壳与 IP68 防护等级，可在极端环境中保持长效运行。通过与 EMTx Config 跨平台应用（支持 Android/Windows 系统）的无缝交互，用户无须拆卸设备端盖即可实时调整发射参数、监测电池续航状态，并获取智能诊断数据，其模块化界面设计支持个性化参数配置与多维度数据可视化分析。EMTx50 电磁发射器凭借智能算法优化追踪效率，可适应多相流介质、高埋深及强电磁干扰等严苛场景，为长输油气管道、海底管线等关键基础设施提供全天候智能监测解决方案。

3) 管道防腐技术

在管道防腐技术方面，研发了高效防腐和防水性能的新型黏弹体，开发了管道绝缘下腐蚀保护套等，提升了油气管道防腐技术水平。

英国 Denso 公司研发的 ViscMasticXHT 黏弹性自支撑胶泥，是一种专为极端环境设计的防腐材料。该胶泥基于无定形、非极性聚烯烃基材，采用半固态黏弹性结构，兼具即时黏合与永久润湿特性，无须底漆即可在最小化表面处理条件下与地下或地上基材（如石油、天然气管道）形成致密的不透水、不透气保护层。其复合体系由自黏合胶泥、活性缓蚀剂及多层防护结构（ViscoWrap ST/HT 或 Viscotaq EZ Wrap 机械保护层）构成，可抵御水、酸、盐、有机物等腐蚀性介质的长期侵蚀，并适应 -45~125 ℃（XHT 增强版）的宽温域工况。作为零溶剂、无毒、阻燃且符合环保标准的惰性材料，其抗紫外线、抗脆裂及柔韧特性可紧密贴合不规则表面，即使在动态应力下仍保持结构完整性，显著提升了管道在恶劣环境中的服役寿命与可靠性，为能源基础设施提供全生命周期防护解决方案。

Johns Manville 公司研发了 Cross-Flo 防护套，该防护套通过创新压花结构有效破解工业管道绝缘下腐蚀（CUI）防护难题。其表面菱形凸纹阵列形成多向导流通道（垂直/水平排水效率较传统光面护套提升 80%），配合管径不大于 8 ft 的排水孔配置，可在任意管道走向中实现 $0.5 L/(min \cdot m^2)$ 的主动排水能力。该护套采用双重复合防护体系：外层裸露金属基材通过激光蚀刻形成微米级粗糙界面以加速水分扩散；内层热压合 3 mil（76 μm）聚酯薄膜防潮层，经 ASTM E96 测试显示湿阻因子 ≥35 perm，可阻断 97% 的水汽渗透。独特的三维排水网络设计使冷凝水滞留时间缩短至 15 min 内，结合 ASTM G48 标准盐雾测试验证的 3000 h 耐腐蚀性能，可将 CUI 发生率降低 62%。系统已通过 UL 580 风压测试（抗风揭强度不低于 5.4 kPa）和 UL 263 耐火认证。该 Cross-Flo 保护套能够对管道绝缘下腐蚀起到很好的预防。

2. LNG 储运及储氢技术

1) LNG 储运技术

在 LNG 储运技术方面，开发了 LNG 储存系统以及一系列智能化的 LNG 系统等，促进了 LNG 储运技术的智能化发展。

Chart 公司开发的 MicroBulk 低温储存系统通过创新性液态气体储存技术重构工业气体管理范式。其核心组件 Perma-Cyl 微型散装储罐采用复合绝热结构设计，在液氮、液氧、氩气、CO_2、N_2O 及 LNG 等介质储存中实现超行业标准的热效率，日蒸发率较传统系统降低40%，通过优化热质量显著抑制压力爬升，即使在长时间低耗用工况下仍能维持 0.2% 以下的日损耗率。该系统整合智能化控制单元，配备专利顶部填充浮子接口，在常规操作中通过单软管完成无损充装，当对接 Orca™ MicroBulk 输送系统时自动触发闭锁机制，确保介质转移过程零逸散。针对激光切割（功率在 5000 W 以上）、电子半导体制造（纳米级洁净度要求）、医用氧疗（EN ISO 13485 认证）等 23 个工业场景，其模块化架构可适配 20~450 bar 压力区间及 3000 L/min 流量峰值，为制造业升级提供兼具安全性与经济性的低温储存解决方案。

SIAD Macchine Impianti（SIAD MI）公司开发了一系列智能 LNG 系统，用于生产和储存液化天然气（LNG），其具有可靠且具有竞争力的低温技术，灵活、互联且对环境影响更小；具有简化的流程和低易燃性，操作安全性高。液化储存工厂布局的技术简化，采用预组装模块，从而最大限度地降低运营和维护成本；适用不含碳氢化合物作为制冷剂液体；可配备全球服务部提供的 SIADMI4U 远程监控和诊断系统；SIAD Macchine Impianti 公司提供用于蒸发气体服务的各种压缩机，涵盖液化气（甲烷和乙烯）蒸气回收和储存要求；SIAD Macchine Impianti 公司开发的智能 LNG 系统具有四个关键技术，即强大而综合的低温技术、灵活的液化工艺、操作安全性和最大的环境可持续性；可提供过程模拟软件，创建了经过认证的标准，如压力容器工程和建造规范，符合多国的建造标准。

2) 储氢技术

在储氢技术方面，研发出了大容量的液氢储罐，提出了碳纤维氢气储运的解决方案，为绿色氢能储运技术的发展提供了保证。

CRYOLOR 公司在液氢（LH_2）供应链中提供了卧式或立式储罐，以满足大多数客户的场所配置需求，特别是用于移动和工业配置。这一类液氢储罐体积范围大（20~75 m^3），正常蒸发率（NER）小于 1%/d，具有 LH_2 输送泵的专用设计［水平储存时，储罐 20~75 m^3，9.9~12 bar，LH_2 容量可达 4 t；垂直储存时，储罐 44~75 m^3，9.9~12 bar，LH_2 容量高达 4 t］；输送泵由交流变速电动机驱动齿轮齿条和小齿轮，动臂速度为 150~3000 mm/min（6~118 in/min）；优化容器内部体积最大限度地提高 LH_2 有效载荷，减轻重量并最大限度地提高力学性能，集成多层真空绝热（MLI）系统提升低温热防护效率，同时配置符合 ASME

等国际标准的模块化人机交互控制单元。

Luxfer Holdings Plc 公司提出了一种可以改变氢气运输、提高氢气作为清洁能源的可行性和效率的技术方案，即 G-Stor Hydrosphere。该技术采用4型气缸，这些多元素气体容器能够储存和运输超过 1 t 的氢气，从而最大限度地提高有效载荷并优化效率；使用直径更大的 G-Stor Go Type 4 气瓶；有效地利用了碳纤维，从而减轻重量；具有标准化配件、强大的安全功能。G-Stor Hydrosphere 系列是专为通过天然气管道进行安全和可持续的氢气运输而开发的，可以提供强大的容量和能量输送。由于使用了直径更大的气瓶，使得需要更少的气瓶来储存气体。碳纤维的使用可以提高运输效率。该产品符合国际标准，可确保无缝和安全使用。

3. 储罐及储气库技术

1) 储罐技术

在储罐技术方面，提出了储罐内部防腐涂层解决方案，研发了管道及储罐缓蚀剂等，促进了储罐防腐技术的发展。

FORTIDE 公司研制出了一种双组分环氧树脂内部涂层，该涂层具有耐化学性和耐水性，适用于储罐及管道系统。FORTIDE® - TL 是一种环氧树脂内涂层，具有出色的耐化学性和耐水性，能有效保护储罐表面免受腐蚀。FORTIDE® - TL 具有出色的硬度，耐磨性良好，工作温度高达 120 ℃（248 °F），同时拥有优异的耐化学性；化学反应的广泛范围电阻从原油延伸到不同的碳氢化合物，工艺和废水转化为酸、碱液和盐水；该产品不含异氰酸酯和溶剂系统，确保符合最严格的环境和健康与安全要求。

Zerust 公司开发的储罐底侧腐蚀防护系统通过气相缓蚀（VCI）与可溶性缓蚀（SCI）协同技术实现全生命周期保护。其专利 Chime Ring Dry IDS 解决方案在储罐环形区构建三维防护体系：环形布设穿孔 PVC 管网（间距不大于 1.2 m）内置 VCI 干式套管，缓蚀分子以 0.34 mg/(m^2·h) 速率持续释放，在半径 3~4 m 范围内形成 NACE SP0108 认证的腐蚀速率不大于 0.01 mm/a 防护区，尤其适用于混凝土/沥青基储罐。针对填砂型/双层底储罐，底侧注入系统通过多个注入口（配置密度不低于 1 个/15 m^2）泵送 SCI - VCI 复合浆料，低黏度配方（黏度不大于 50 mPa·s）可在 24 h 内覆盖 DN50m 罐底，SCI 组分可中和 Cl^-（中和效率不低于 92%）、SO_4^{2-}（不低于 85%）等腐蚀介质。腐蚀监测系统采用 ER 探针矩阵（布置密度为 1 个/100 m^2），通过 0.01 μΩ 级电阻变化实时监测基础腐蚀速率，配合 ASTM G96 标准验证的 VCI 防护效能，实现罐底腐蚀速率可视化（检测精度为 ±5%）。系统经 API 653 认证，可使储罐底板腐蚀速率降低 76%，延长维护周期至 8~10 年。

2) 储气库技术

在储气库技术方面，提出了实时传感器技术用于氢气地下储存和运输监测，加快了储气库技术的进步。

为确保地下氢气储存和运输的安全性和可靠性，开发了一种原位光纤传感器，实时监测地下氢气储存条件下的氢气、甲烷和化学参数。主要采用隐失波传感器，通过光纤核心和包层之间的相互作用来检测氢气；分布式光纤传感器，利用光纤的瑞利散射特性，形成沿光纤长度的永久空间"指纹"，实现分布式传感；光纤氢气传感器具有高选择性和抗湿度干扰的

Pd 纳米颗粒掺杂 SiO_2 涂层，可减少湿度对传感器的影响。光纤氢气传感器在模拟地下条件时实时监测到氢气浓度的变化，与微生物共存时，氢气浓度在 48 h 内达到稳定状态，并且能够在模拟地下条件时实时监测氢气浓度变化，对氢气储存和运输的安全性具有重要意义。

4. 监测及检测技术

1）管道检测技术

在管道检测技术方面，开发了新的泄漏检测测试平台，研制了管道堵塞和泄漏检测装置以及成本低廉的管道检测系统等，推动了油气管道监测检测技术水平的进步。

PipeSense 公司研制了两个尖端的泄漏检测测试平台，平台配备了最先进的技术，将成为管道监测解决方案的研究、开发和实际测试的中心。该平台拥有一个 4 in 的连续测试回路，提供多种演示选项，包括客户选择和激活泄漏点的能力；与此同时，Clearbrook 工厂拥有一个定制的 24 in 管道测试台，旨在测试和演示 PipeSense 的实时清管器跟踪技术；硬件和软件配备的进步，确保其保持在技术创新和人工智能集成的前沿。这些先进平台在管道检测查找漏点方面具有便捷性和准确性，使得 PipeSense 公司能够继续致力于更先进的管道泄漏监测解决方案，服务于世界各地的输油管道及其附属设施的检测。

英国 iNPIPE PRODUCTS 公司开发了一款新的管道堵塞和泄漏检测产品，该产品使用声波反射计技术检测堵塞、障碍或泄漏。Acoustek 被认为是市场上第一款使用反射计（使用波和脉冲反射来检测异常）可以检测全部或部分堵塞、泄漏和障碍物的同类产品，同时还可以检查阀门打开速度和能力；Acoustek 是一种可以快速部署的技术，只需数小时即可完成检测，它可以提供完全准确的声学数据，以绝对精度精确定位任何异常或阀门性能的速度。Acoustek 的工作原理是直接连接到带电管道中，并注入声学脉冲，通过测量反射脉冲，检测孔径或部分打开或关闭的阀门的减小。该系统可以 100% 准确地验证紧急关闭阀的关闭效率，并可以在距离安装点 10 km 的范围内准确检测和定位减压。Acoustek 适用于复杂的管道网络，并通过远程测量提供连续监测能力，易于与现有管道设备集成，只需安装到管道的一端，并且可以准确定位长达 10 km 的堵塞或障碍物。

DG 工业设备公司研制了一种成本低廉的管道检测系统。该系统利用多感测器设备，既可以直接安装在管道内，也可结合使用清洁或检测型清管器。该检测系统具有如下特点：

（1）微侵入性监测：通过测量压力、3 轴向加速度等内部参数，实现对管道的微小侵入性监测。

（2）数据管理与收集：用户可以通过专用软件应用程序高效地管理和收集数据。

（3）无线充电与通信：设备支持完全无线的充电和通信方式，提供了对电子设备的环境保护。

（4）测量范围广：可测量的参数包括 1～200 bar 的压力、−20～80 ℃ 的温度、1 g～16 g 的 3 轴向加速度、1°～2000°/s 的 3 轴向旋转，以及 1～200 Hz 的可调采样频率，电池续航时间为 48～72 h。

（5）耐恶劣环境设计：采用特殊的环氧树脂封装，抵抗油、气、水，有效耐受化学恶劣环境。

（6）可选的浮动壳体设计：配备可选的浮动壳体，使设备能在油流中自由流动，提高

2) 储罐检测技术

在储罐检测技术方面，雷达液位测量技术带动了 LNG 储罐的进步。

瑞典艾默生公司采用储罐雷达液位测量仪表和管理软件协同技术来解决液位测量问题，帮助操作员改进安全和操作，同时降低维护成本。该技术具有如下特点：雷达仪表不需要油箱内部部件，并且可以提供大量数据通过数字链路指向主机系统。该主机系统是一个专用水箱管理软件，用于捕获储罐测量信号，执行库存管理计算；通过测量温度得出液体当量读数以及介质的密度，使用管理软件算法以及设备诊断进行资产管理共享降低维护成本；可靠地测量整个储罐中的液位，雷达仪表需要足够强的反射信号，实现这一点的方法是将使用直径为 100 mm 的静止管引导信号雷达；相较于传统储罐测量系统，升级雷达技术精度高、成本低。雷达液位测量技术，集成具有专用的储罐管理软件系统，支持世界各地的可靠、安全且经济高效的液化天然气系统，以更低的成本可靠性代替传统技术。

5. 非金属管道技术

在非金属管道技术方面，开发了新型可绕线复合管，研制了碳纤维和先进聚偏氟乙烯（PVDF）聚合物的复合管道等，促进了非金属管道技术的快速进步。

贝克休斯公司开发了一种新的 PythonPipe 可绕线复合管。该复合管采用先进的共挤衬里技术，可为最具挑战性和腐蚀性的环境提供增强的耐用性和降低的渗透性；与钢管相比，PythonPipe 复合管的安装时间减少了 60%，成本是钢管的 1/5。它还通过提供以下功能来提高运营的效率和可持续性：在整个使用寿命期间，碳排放量减少高达 75%、维护成本降低 80%、现场工作人员需求减少 60%；与传统的复合管不同，Thermoflex 复合管提供各种独特的增强和渗透衬里。高腐蚀性或高压环境，管道的轻巧、可绕线设计使其能够以卷轴形式运输，并以最少的人力快速部署。安装简单、低成本，结合超低渗透性、耐腐蚀性和消除石蜡堆积，可提高管道系统的生命周期健康度，并降低总体总拥有成本。

Strohm 公司开发了一种结合了碳纤维和先进 PVDF 聚合物的新产品，这一发展使其能够提供专为 CCS 应用设计的跳线和流水线。基于 PVDF 的新型热塑性复合管道（Thermoplastic Composite Pipe，TCP）适用于枯竭的气田和含水层中注入二氧化碳；能够处理超深水碳氢化合物产生的高温和高压；可提供天然绝缘特性。Strohm 公司已成功认证其首款基于碳纤维和先进 PVDF 聚合物的产品。该产品可以帮助在 CCS 领域或传统海上能源领域快速转型。并且该产品所产生的碳足迹更小、使用寿命更长，具有耐化学性和耐高温性。这款创新产品也促使 Strohm 公司成为海上能源行业深水流管和立管市场的关键参与者，具有广阔的未来。

（三）油气储运技术展望

在"双碳"战略与数字技术双重驱动下，油气管网与能源互联网实现融合发展，打造形成能源平台生态系统，为氢能、可再生能源等新商业模式提供创新平台。通过"物理管网＋数字孪生＋商业生态"的三重架构，传统油气基础设施正蜕变为支撑能源革命的系统。

1. 智慧管网和数字化技术展望

在能源基础设施数字化转型的驱动下，行业正通过技术融合与体系重构打造智慧管网创新架构：基于数字孪生技术构建多维度虚拟映射系统，整合管道流体力学仿真、应力场分析及设备健康评估算法，建立全生命周期三维动态管理平台；同步构建光纤振动传感、高精度影像识别与智能机组监测相结合的多模态感知体系，实现对管道本体结构、周边地质环境及关键设备的全域立体监控；依托机器学习与知识图谱技术开发智能诊断模块，形成缺陷识别、风险预警及故障溯源的综合分析能力；最终建立融合运筹优化与专家经验的智能决策矩阵，形成覆盖规划设计、智能运维、应急响应的全流程技术标准。这套创新体系推动行业实现从静态管理到动态优化、从人工经验到算法驱动、从被动处置到主动防控的跨越式发展，为能源基础设施智能化转型提供可落地的技术模式。

2. 天然气水合物的储运技术展望

天然气水合物（NGH）的储运技术具有独特机理：在特定温压条件下（通常为 $2\sim7$ MPa、$0\sim10$ ℃），天然气分子与水分子通过笼形结构形成固态晶体，这种相态转换既可能引发管道堵塞风险，又展现出颠覆性储运优势——相较于气态或液化状态，水合物形式可使天然气体积缩小至 $-1/180\sim1/160$。当前技术路径主要采用固态封装运输模式，通过模块化灌装装置实现 NGH 的稳定储存与转移，特别适用于边际气田开发和分布式气源集输。然而，该技术仍面临两大核心挑战：其一，水合物快速成核与定向生长的动力学控制难题，实验室条件下合成速率仅达 $3\%\sim5\%$（体积分数）/h，工业化规模尚需突破相变传质强化技术；其二，低能耗储存与可控释放技术瓶颈，现有解离工艺能耗高达 $8\sim10$ kW·h/m³，较 LNG 汽化能耗高出 40% 以上。研究进展方面，国内主要聚焦微观成核机制和实验室级储运装置，而国际领先机构［如挪威科技工业研究所（SINTEF）］已实现万吨级船舶运输验证，并通过梯度压力调控技术将解离能耗降至 6 kW·h/m³ 以下。未来技术突破方向将集中在多尺度结构调控和能量耦合优化两大维度。

3. 油气管网安全状态监测技术展望

油气管网持续快速发展，安全监测是管网安全、能源安全的重要保障。近 10 年来，国家城镇化进程快速推进，早期建设管道安全边界被突破，新建管道可用安全路由被压缩，管道沿线高后果区由 5% 增至 15%，管道运行环境更加复杂，对安全监测技术提出更高要求。未来油气达峰背景下，安全监测是多介质灵活输运的重要技术需求。在管道泄漏监测方面，输油管道泄漏技术可监测管输量 1% 以上的泄漏，但在误报、微小泄漏监测方面尚存不足，需重点研究与 SCADA 系统融合、多点位压力流量采集等技术，利用多源数据，提升输油管道泄漏的灵敏度和报警准确率。管道站场小泄漏的定位和排放溯源作为重点研究方向，需要针对站场储罐一、二次密封等受限空间开展多点、多组分监测技术研究；研发分布点式传感探头拓扑组网技术，实现可燃气体的分布式测量；攻克多组分气体谱线混叠与干扰抑制难题，实现甲烷+丙烷+丁烷 3 种气体浓度监测与环境参数校正；针对站场开放空间，开展高精度定量监测技术研究。管道统一化、标准化、多源数据融合的数字化监测系统作为重点研究方向，在整体系统架构方面，需要研究一体化系统建构，以及数据编码规范、采集规范，建立数据转换标准与存储规范，实现跨终端、跨系统数据融合。

（本报告撰写人：车　蕾　单慕晓　审核人：隋永莉）

参 考 文 献

[1] 付强,杨洸,金辉,等.中国氢能产业链技术现状及发展趋势[J].油气与新能源,2024,36(4):19-30.
[2] 李玉星,刘翠伟,彭浩平,等.氢能运输方式与技术发展现状及挑战[J].前瞻科技,2024,3(2):81-93.
[3] 程德宝,蔺建刚,魏乃腾,等.氢气输送管道技术发展现状[J].油气储运,2024,43(6):624-631.
[4] 赵赏鑫,杨明,张晓瑞.欧洲纯氢管网规划及对中国纯氢管网规划建设启示[J].油气储运,2025,44(1):1-9.
[5] 完颜祺琪,李国欣,朱华银,等.中国天然气地下储气库重大理论、关键技术进展与展望[J].天然气工业,2025,45(1):153-163.
[6] 税碧垣,张栋,李莉,等.智慧管网主要特征与建设构想[J].油气储运,2020,39(5):500-505.
[7] 陈朋超.油气管网安全状态监测传感系统构建与创新发展[J].油气储运,2023,42(9):998-1008.

七、石油炼制技术发展报告

2024年,在能源转型加速推进进程中,全球炼油产业持续面临产能过剩、产品需求转变、替代能源进一步崛起、绿色低碳发展等一系列严峻挑战。炼油能力过剩、产品同质化的结构性矛盾在我国尤为突出,持续推进炼油转型升级、提质增效和全产业链绿色低碳发展成为当前及未来一段时期内我国炼油行业改革发展的核心任务。

(一)石油炼制行业新动向

在"双碳"进程加速演进和全球地缘政治格局发生重大变化的情形下,世界炼油工业仍处于稳步发展阶段,全球炼油能力持续增长,在庞大且复杂的全球能源和化工原料供应体系中发挥着至关重要的作用。

1. 全球炼油能力延续增长态势,炼油行业稳定运行

全球炼油能力继续增长。2024年,新增炼油能力1.05×10^8 t/a,高于上年8617.5×10^4 t/a的新增量。新增炼油能力主要集中在亚太地区和非洲,其中亚太地区新增能力达4270×10^4 t/a。日本、意大利、阿塞拜疆关闭部分炼油能力,全球总计淘汰2880×10^4 t/a。全球炼油能力净增7620×10^4 t/a,略高于上年5942.5×10^4 t/a的净增量,扩张增速有所加快。全球炼油总能力升至52.55×10^8 t/a。中国炼油能力延续小幅增长态势,达9.55×10^8 t/a,较上年增长1930×10^4 t/a[1]。

全球炼厂原油加工总量增速放缓。2024年,随着全球石油需求增速大幅放缓,炼厂加工利润承压,全球炼厂加工总量增速同步放缓。国际能源署(IEA)数据显示,全球炼厂合计加工总量约8280×10^4 bbl/d,较上年增加约40×10^4 bbl/d。全年除了美洲和中东地区炼厂加工量有所上升外,其他地区加工量均持稳或下降,炼厂利润承压下,原料优势大幅凸显。其中,中东地区炼厂加工量同比增长6.9%,北美地区炼厂加工量同比增长2.1%。中国受成品油需求增长失速影响,炼厂原油加工量7.16×10^8 t,同比下降3.1%。中国以外的亚太地区炼厂加工量同比增长1.9%。

炼厂产能利用率总体有所回落,区域表现各异。2024年,全球炼厂总体产能利用率从上年的80%降至78.8%。经合组织(OECD)国家炼厂产能利用率出现不同程度下降,中东地区的炼厂开工率上升。中国炼厂开工率为74.9%,同比下降4.0个百分点。其中,主营炼厂开工率为85.2%,同比下降1.4个百分点;传统地方炼厂开工率为56.8%,同比下降9个百分点。

2. 全球油品总体供过于求,全球炼油毛利大幅回落

全球油品需求增速放缓,炼油毛利大幅回落。2024年,全球油品需求增速大幅放缓,炼油能力保持增长,炼油毛利总体大幅回落。其中,美国墨西哥湾中质含硫原油裂化毛利回落至10.16美元/bbl,较上年下降65%;地中海轻质低硫油裂化毛利为5.56美元/bbl,同比下降62%；西北欧轻质低硫油裂化毛利为3.32美元/bbl，同比下降73%；新加坡轻质低硫油裂化毛利下降至1.88美元/bbl，降幅达77%。

3. 全球炼油行业加快结构调整和转型升级

炼油产品结构加快调整，全球汽柴油和燃料油收率持续下降，航空煤油（简称航煤）和石脑油收率继续提升。"双碳"目标下，受燃油经济性提升和新能源汽车的不断普及，以及天然气、生物燃料和可再生燃料供应等因素影响，叠加人们出行习惯的改变，显著抑制了汽油、煤油和柴油等传统交通燃料的需求量。当前，基础化工原料和高端化学品的需求增长潜力巨大，已成为石油需求增长的主要驱动力。2024年，全球主要炼厂继续随炼化市场需求变化调整成品油收率，多产化工原料，主要油品收率从上年的82.2%下降至81.1%。全球汽油总体收率从上年的29.5%下降至28.4%，柴油收率从上年的35%降至33.7%，燃料油收率从上年的8.3%小幅降至8.2%。受全球航空业快速恢复影响，航煤需求继续保持快速增长，炼厂增产航煤，收率由上年的9.4%升至9.6%。中国汽柴煤油产量为4.31×10^8 t，同比下降2.9%；煤油需求的快速恢复使炼厂增产航煤，带动成品油收率小幅提高0.14个百分点至60.26%；化工轻油［石脑油及部分用于烯烃原料的液化石油气（LPG）］收率为23.7%，同比提高2.3个百分点。未来石油需求增长主要来自石化原料和航煤，炼厂将继续调整产品结构，不断扩大石脑油等化工用油和航煤产量。

为适应新的市场环境，中国炼化企业积极推进以"油转化、油转特"为主的产品结构调整，由多产清洁油品向多产石脑油、烯烃、芳烃等基础化工原料方向和特色产品转型，并进一步延伸产业链，向高附加值化工产品等方向发展，强化炼化一体化和产销协同，加快世界级炼化一体化基地建设。吉林石化、广西石化等现有炼厂积极加快转型升级步伐，在满足更加严格排放标准的清洁油品基础上，向生产"清洁燃料＋基础化工原料＋化工新材料"转型。

（二）石油炼制技术新进展

面对油品需求达峰、新能源替代和低碳转型的大势，全球炼油技术在劣质重油深加工、油品质量升级、炼油向化工转型等方面取得持续进展。

1. 劣质原油加工与高效转化技术

1）新型加氢催化材料国际领先

加氢技术在重油加工、高效转化、产品清洁化等方面发挥着巨大作用，加氢催化剂作为技术核心，长期面临三方面难题：一是载体材料——拟薄水铝石质量不可控，造成催化剂开发和生产效率低下；二是载体孔结构缺乏系列化基础，影响催化剂开发效率；三是传统活性相结构不稳定，催化剂失活快，工业装置运行周期短、效率低。2024年8月，由中国石化石油化工科学研究院牵头的"微观结构定向调控的加氢催化材料创制与应用"项目顺利通过中国石油和化学工业联合会组织的科技成果鉴定。鉴定委员会一致认定，该成果总体达到国际领先水平。

主要技术进展：（1）为解决载体材料——拟薄水铝石质量不可控的问题，发明连续分步中和技术，首创晶粒稳定生成和可控生长的载体材料——拟薄水铝石生产工艺，从源头上根本解决了载体材料质量不可控的行业共性难题，实现原料利用率接近100%，率先实现孔体积精确闭口管理（±0.05 mL/g）和产品系列化。（2）为解决载体孔结构缺乏系列化基础的问题，开发出双峰孔和单峰孔可灵活调控的系列化载体制备新技术，形成"菜单式"载体制备技术平台，支撑100余种适用不同原料的炼油加氢催化剂开发，催化剂研发效率提高1.5倍以上。（3）为解决传统活性相结构不稳定、催化剂失活快的问题，构建具有"活性缓释"特性的活性相结构定向调控技术，渣油加氢催化剂稳定活性比常规催化剂提高6.2个百分点，工业装置运转周期显著延长。

该成果建成投产5套拟薄水铝石连续化工业生产装置，产品合格率从50%左右提高到近100%，生产成本大幅降低；废水排放减少82.8%，CO_2排放明显下降，废渣近零排放。基于载体新技术和活性缓释技术开发的新催化剂在国内外工业装置上成功应用近200套次，引领我国加氢催化剂行业的高质量发展，产生了显著的经济效益和社会效益。未来，随着环保要求的不断提高，具有"活性缓释"特色功能的活性相结构及加氢催化剂将发挥更重要的作用。

2）中国科学院青岛生物能源与过程研究所在新型沸石分子筛合成领域取得突破性进展

沸石分子筛作为一种微孔结晶材料，在化工、能源、环保等多个领域应用广泛。然而，传统沸石分子筛因微孔尺寸小于2 nm，无法处理大尺寸分子，这一限制成为该领域发展的瓶颈。中国科学院青岛生物能源与过程研究所科研团队成功合成新型沸石分子筛ZMQ-1，为这一难题带来了突破性解决方案。该成果于2024年12月11日在国际学术顶级期刊 Nature 上发表。

主要技术进展：（1）设计并合成了一种双季鏻阳离子作为有机结构导向剂，制备出ZMQ-1分子筛。（2）该新型沸石分子筛含有$28 \times 10 \times 10$元环组成的三维孔道系统，其中28元环最大尺寸为2.28 nm，达到介孔尺寸范畴，可以让大分子轻松通过，突破了传统分子筛无法处理大分子的局限。（3）利用结构导向和空间填充双重作用，首次实现了本征介孔与微孔在原子层面的完美连接。（4）该沸石分子筛具有高的热稳定性和水热稳定性，热稳定性可达800 ℃，水热稳定性可达1000 ℃，能在高温、水汽等极端条件下稳定地进行分子筛选工作，且分子筛骨架硅铝比可调。（5）该技术具备良好的催化性能。在重油催化裂化反应中，与现有商业化分子筛催化剂相比，ZMQ-1表现出对轻质燃料较高的选择性，汽油和柴油总选择性大于80%，并且产生的焦炭、液化石油气和干气等产物较少，可有效减少污染排放。

ZMQ-1沸石分子筛是目前已知的首例通过全合成方法制备的结构稳定的本征介孔硅铝酸盐沸石分子筛。本征介孔沸石分子筛ZMQ-1的成功合成，为沸石分子筛材料领域的发展提供新的思路和方向，也在精细化学品合成、环境治理、能源转化等领域展示出更为广阔的应用前景。未来，可通过跨学科合作，加强产学研结合，推动其从实验室走向商业化应用。

3）中国石油自主研发催化裂化捕钒助剂在国内首次成功工业应用

随着炼油低利润时代的来临，高钒劣质原料催化裂化加工规模快速增长，常规抗钒分子筛催化剂技术暴露出剂耗高和高附加值产品收率低等问题，无法有效应对高钒原料油的加工,亟须开发捕集重金属钒的新技术。中国石油针对该问题自主研发了催化裂化捕钒助剂并成功实现工业应用。

主要技术进展:通过深入研究,发现钒迁移是催化剂分子筛活性组分遭受严重破坏的主要原因,中国石油研究团队创新性地利用钒的迁移,提出强"磁性"吸附钒能力的捕钒助剂策略,将原料钒优先靶向捕集并固定在助剂上,高效保护主剂不受破坏的思路。解决了捕钒性能与催化剂磨损指数矛盾的难题,采用不溶固体捕钒组分前驱体,利用后处理和应用中高温环境,形成纳米捕钒氧化物,大大提升助剂对钒的强"磁性"捕集能力;并解决助剂工业生产中固体含量与黏度的矛盾问题,提升生产效率。开发的捕钒助剂首次在国内重油催化装置成功应用,结果表明:在原料钒含量高达 15 $\mu g/g$ 的条件下,催化剂单耗降低 0.23 kg/t,高附加值产品总液收提高 0.72 个百分点,油浆收率降低 0.95 个百分点。

目前该捕钒助剂已完成百吨级工业生产,助剂制备方案、核心生产工艺及产品性能均得到了有效验证,具备规模化工业生产和推广的能力,形成了捕钒助剂生产及应用的成套技术,可在国内外众多炼化企业进行工业应用。

4)UNICAT 催化剂技术公司宣布推出 MagAFS 技术

UNICAT 催化剂技术公司推出 MagAFS 技术,这是其在先进过滤系统(AFS)技术方面的最新创新。MagAFS 技术旨在解决催化剂床层结垢和压降的关键问题,代表着过滤效率和运行可靠性方面的重大飞跃。UNICAT 催化剂技术公司通过与客户合作,了解他们的加氢工艺的问题和业务目标,以期通过创新的解决方案提高效率和盈利能力。MagAFS 技术优化了填料和流动动力学,显著提高了颗粒过滤能力。

主要技术进展:(1)去除纳米颗粒。利用专利设计和外部磁场,有效地去除气体和液体流中顺磁性和抗磁性颗粒,保护催化剂床层免受超细颗粒的污染和失活。(2)过滤效率高。与传统的仅去除磁性材料的磁过滤系统不同,该技术能够过滤各种材料,包括硫化铁、焦粉、锰、铬、二氧化硅等。(3)使用寿命长。通过在过滤细粉的同时保持线路通畅,显著延长过滤系统的使用寿命,减少频繁更换滤芯的需要,并最大限度地减少停机时间。(4)节省成本。该技术的应用已经展示其在运营费用方面节省了大量的支出。例如,在最近的一项应用中,滤芯更换间隔从每两天延长到每两个月,每年节省超过 25 万美元。(5)用途广泛。可以改装到现有的过滤容器中,适用于各种应用,包括预热设备和固定床反应器。(6)改进的循环溶剂系统。通过有效地去除污染物,提高循环溶剂系统的效率,使溶剂更清洁,减少了维护成本,提高了整体系统性能。

与传统分级技术相比,MagAFS 技术可以实现更长的催化剂循环周期,保持催化剂活性并防止压降,这意味着更高效的操作和更长的运行时间。

2. 清洁油品生产技术

1)AET 公司的 Sulfex™ 脱硫技术取得美国专利局颁发的第 9 项专利

由于传统的加氢脱硫(HDS)工艺反应条件苛刻,又受到反应条件和成本等因素的制约,使生产超低硫轻质油成本增大,深度脱硫很难实现。AET 公司开发的脱硫技术 Sulfex™,能在接近常压和常温条件下脱除中间馏分油中所含的硫,具备更高的安全性和经济性。Sulfex™ 脱硫技术取得美国专利局颁发的第 9 项专利,进一步确认了 Sulfex™ 技术的独特性。AET 公司的

OXYtreating™技术是一种从馏分油中去除硫和类似有害杂质的独特技术和工艺。

主要技术进展：（1）与传统 HDS 工艺和装置相比，Sulfex™ 技术更安全。Sulfex™ 工艺可以在更低和更安全的温度和压力下从烃类燃料中脱硫。无须使用易爆炸的氢气，也不会产生剧毒的硫化氢气体。（2）由于压力降低，进入火炬燃烧的气体量也会大幅减少。该工艺可减少加氢脱硫和蒸汽甲烷重整等辅助工艺产生的二氧化碳排放量。在典型应用中，二氧化碳排放量减少 70% ~ 90%。对于一个典型的炼油厂来说，它可使总的碳足迹减少约 25%。（3）由于温度和压力较低，OXYtreating™ 工艺的资本支出比传统 HDS 工艺低 63% ~ 90%，运营支出约为加氢脱硫工艺的一半。由于操作简单，该工艺的工程设计、采购和施工时间约为加氢脱硫工艺的一半。与其他氧化脱硫工艺不同，OXYtreating™ 工艺不使用稀有的、维护成本高的贵金属催化剂，也不使用麻烦的、维护成本高的空化或超声波工艺设备。（4）该专利针对的是一种燃料、试剂和催化剂交叉流动的系统。通过这些特性，Sulfex™ 工艺可使馏分油的硫质量分数低于 10 $\mu g/g$，实现较高的脱硫率，同时最大限度地减少系统内催化剂和试剂的使用量，最大限度地增加催化剂和试剂可处理的燃料量，生产出的燃料可直接投入使用。此外，这种配置还缩短了系统处理此类燃料的时间。

该技术已对中间馏分油、重质燃料油、炼厂内的中间产品、热解油和有害溶剂进行了测试，显示在减少污染物方面均取得了成功。

2）巴斯夫推出新型 FCC 催化剂 Fourtiva™

巴斯夫公司推出商业化的 FCC 催化剂 Fourtiva™，专为催化汽油、轻质残油等原料设计。该催化剂基于巴斯夫最新的先进创新矩阵（AIM）和多框架拓扑（MFT）技术研发而成，实现了优化的催化剂设计，在提高丙烯选择性的同时最大化丁二烯产量，最大化高辛烷值汽油调和原料。

主要技术进展：（1）原料使用范围广，可处理从馏分油到渣油组分的原料油。（2）催化活性高，利用 AIM 技术既可优化基质酸度和活性、改善孔径分布及基质与沸石的相互作用、提高催化性能，又可减少焦炭产生。（3）产品灵活可调，通过 MFT 与 AIM 技术结合，可最大限度提高丁烯收率和丙烯选择性并减少干气产生，同时增产高辛烷值汽油组分，以适应不断变化的市场需求。

Fourtiva™ 催化剂的商业试验已经证实，该催化剂有助于炼厂增产高辛烷值汽油调和原料，能够提升炼厂盈利水平，并减少 FCC 装置的碳足迹。巴斯夫 FCC 催化剂系列产品已有 25 个。在能源和化工行业向净零排放转型的趋势下，Fourtiva™ 等先进催化剂的开发将在推动全球炼油行业可持续发展方面发挥关键作用。

3）非负载柴油加氢精制技术在独山子石化首次实现工业应用和进口替代

非负载型催化剂为目前已知具有最高活性的非贵金属加氢精制催化剂。中国石油攻克活性相制备、结合方式调控等关键技术难题，自主研发的 PHD-201 非负载催化剂实现成功应用，打破了国外技术在系统内单位的垄断，为中国石油 30 余套中低压力等级柴油加氢装置利用提供技术基础。

主要技术进展：（1）通过非负载型活性相的结构设计及结合方式调控，成功开发了具有纳米结构的活性相，增强了其抗烧结能力，使得催化剂具有更高的反应活性、更强的长周期稳定性。(2) 通过催化剂生产绿色工艺开发,形成了无废液、无渣料的专利技术,能够实现生产过程无危险废弃物产生,保障催化剂生产绿色低碳且质量稳定可靠。(3) 在分子转化路径控制方面,以分子炼油为主导思想,掌握了以催化剂级配为手段、调控沿反应器轴向分子转化路径的方法。可根据用户需求,提供更具经济性的低氢耗原料加工方案。(4) 构建非负载型催化剂平台技术。基于非负载型催化剂活性组分组合的灵活性,可拓展到加氢裂化生产化工原料、异构降凝等技术领域,助力"减油增化""减油增特"工作。

该技术在独山子石化成功实现工业应用并完成国产化替代,自有技术与国外技术相比,径向温差减少 50% 以上,为催化剂稳定运行提供技术保障,技术先进性突出。后续可形成非负载型催化剂平台技术,具有较强的技术通用性。

4) 催化汽油加氢技术成功替代国际领先技术

针对国内外催化裂化汽油选择性深度脱硫以满足清洁化的环保需求,中国石油石油化工研究院自主开发了系列催化裂化汽油加氢技术,并已在中国石油俄罗斯、白俄罗斯、大连西太平洋石化 3 套汽油加氢装置实现对国外主流技术的替代应用。

主要技术进展:有机耦合接力脱硫、烯烃定向转化技术,形成适用于不同烯烃含量、不同硫含量 FCC 汽油清洁化生产两种工艺模式,灵活高效满足炼厂清洁汽油生产的差异化技术需求,并实现了国内外市场对国外主流技术替代"零"的突破。

相比于进口技术,脱硫率相当时,该技术彰显出大幅降烯烃、辛烷值损失小的独特优势。该技术已在海内外 26 套装置推广应用,中国石油内部市场占有率约为 2/3,满足了国家和社会发展对绿色、低碳油品生产技术的重要需求。

5) PHF 柴油加氢技术提档升级成功实现替代进口

随着原油劣质化程度加剧以及柴油质量标准的持续升级,如何经济高效地生产清洁柴油是当下炼厂面临的主要问题。柴油加氢精制是清洁柴油生产的主体技术,技术核心是开发和使用高性能的柴油加氢精制催化剂。

主要技术进展:(1) 创新了贯通性大孔催化剂载体制备技术,在催化剂中形成利于结构复杂硫化物和大分子多环芳烃扩散的孔道,提高催化剂活性中心的可接近性;利用催化剂中较大的孔道结构提高催化剂的容纳杂质和积炭能力,提高了催化剂的活性,延长了催化剂寿命。(2) 引入四配位活性 Ti,减弱载体与活性金属的相互作用,促进活性金属形成具有良好热稳定性的混合型加氢活性相,在提高催化剂活性的同时抑制活性相因高温发生晶粒长大,提高催化剂热稳定性,延长催化剂寿命。(3) 调变催化剂酸中心类型,促进 C—S 键、C—N 键断裂,提高催化剂脱硫、脱氮活性,降低氮化物对加氢脱硫反应过程的抑制作用,进一步提高催化剂加氢脱硫活性。

PHF - 151 柴油加氢催化剂在大连西太平洋石化 200×10^4 t/a 柴油加氢装置成功实现对进口催化剂的替代,催化剂性能满足装置国Ⅵ柴油生产需要。中国石油 20 余套柴油加氢精制装置,为催化剂推广应用提供广阔平台。

3. "减油增化"技术

1) KBR 公司推出催化裂解制烯烃 KCOTKlean^{SM} 低碳技术

2024 年 7 月 8 日,美国 KBR 公司宣布将整合其专有的催化裂解制烯烃技术 K - COT$^®$ 与韩国机械材料研究院（KIMM）催化部分氧化 CPOx 技术，推出 KCOTKlean^{SM} 技术，旨在促进乙烯、丙烯等石化产品的低碳生产。

主要技术进展：（1）KCOTKlean^{SM} 技术是在 K - COT® 工艺基础上开发的，可高效地将低价值烯烃、石蜡或混合原料转化为高价值的乙烯和丙烯；利用 CPOx 技术将富甲烷燃料转化为富氢燃料，优化了催化再生中的燃烧，并使 K - COT® 催化剂再生器的燃料选择多样化。（2）KCOTKlean^{SM} 技术可通过循环利用原料，使用富氢等清洁燃料、电气化或碳捕集等技术实现 CO_2 减排，提高了工艺的效率和性能，同时促进石化产品的可持续发展。（3）K - COT® 是 KBR 公司的专有技术，采用装填专有催化剂的流化催化反应器，将低价值的烯烃、烷烃或混合物流转化为高价值丙烯和乙烯产品，丙烯与乙烯的物质的量比大于 1。其中，反应原料包括乙烯装置的 C_4、C_5 富烯烃馏分，FCC 石脑油，来自减黏裂化炉和焦化炉中的热裂解石脑油，轻质芳烃（BTX）或甲基叔丁基醚（MTBE）抽余油，或从汽油、直馏石脑油、凝析油、C_4 液化气以及费托合成轻质液中脱除的 C_5 富烯烃馏分。（4）K - COT® 工艺适应性强，无须对原料进行预处理。流化催化反应器与炼厂催化裂化装置类似，由流化反应器/再生器、空气压缩、催化剂处理、烟气处理以及原料和废热回收等部分组成。催化剂可连续再生，与固定床反应器相比，可允许更高的操作温度，原料中含有的石蜡组分可完全转化，因此原料对石蜡组分含量不做限制，未转化的原料可循环直至完全反应，冷却后的产物可直接用于生产聚合级烯烃。（5）K - COT® 工艺有多种设计方案可供选择：可采用完全专用的回收设备；或为减少资金投入，利用附近现有的乙烯装置回收段进行产品回收；也可利用部分回收单元，回收循环物流和富含烯烃的浓缩物流，在附近工厂进一步加工。根据产物乙烯的不同用途，如无须聚合级乙烯，则可采用吸附工艺回收稀乙烯产品以降低回收段的成本。（6）该技术以 C_4、C_5 抽余液为原料，丙烯和乙烯总收率为 50%～60%，丙烯收率约为乙烯收率的 2 倍。当使用直馏石脑油原料时，其轻烯烃收率高于蒸汽裂解原料，丙烯与乙烯的物质的量比接近 1。

KBR 公司利用其经济高效、节能的裂解技术和灵活的工厂设计，已授权多套乙烯装置，从各种原料中生产乙烯、丙烯和其他副产品。

2）原油裂解制烯烃技术再获新突破

2024 年 3 月，中国石油和化学工业联合会在北京正式对外发布东明石化原油催化裂解制烯烃（UPC）技术取得突破，已成功进行工业化试验。该技术由东明石化与中国石油大学（华东）联合开发，具有自主知识产权。中国石油和化学工业联合会组织院士团队对"5 万吨级工业化装置试验"进行了专业技术鉴定，专家组一致认为：该技术具有自主知识产权，所开发催化剂属世界首创，技术总体水平国际领先。

主要技术进展：（1）催化剂关键核心技术获得突破。原创并量产了耐高温水热失活、耐金属污染的环保型原油催化裂解制烯烃专用催化剂，在高温条件下活性、选择性高，稳定性好，环境友好。（2）解决了装置结焦问题，实现了装置长周期运行。通过开发新型低压降高密度输送床反应器，提高了原料与催化剂的接触效率，可充分转化难裂解的高沸点组分，在满足原料高效转化、提高烯烃收率的同时，有效避免反应器结焦。（3）充分利用高温油气热能，降低过程能耗。开发了高温油气与水换热系统，开发了油气携带催化剂量的控制技术，充分利用高温油气热能并有效避免换热器结焦。

该技术的成功研发，是石化领域的重大突破，对像我国这样的原油进口大国尤为重要，也标志着我国原油直接催化裂解制烯烃技术向产业化迈出了关键一步，抢占了原油直接生产烯烃等化学品的技术制高点。未来5年，东明石化将利用UPC技术，建设世界首台套化工型炼化一体化工程，同时配套建设世界领先的乙烯基聚烯烃弹性体（EPOE）工业化装置以及超高分子量聚乙烯等高端聚烯烃装置。

4. "减油增特"技术

1）朗盛推出环境友好型冷冻润滑油

2024年11月20日，特殊化学品公司朗盛推出其创新的合成酯润滑油 Everest ESR 220，适用于使用氟制冷剂的空调和制冷系统，现已获得多家全球领先制造商的认可并投入使用。

主要技术进展：（1）该产品解决了用于氢氟烃的传统合成油在螺杆压缩机中与氢氟烃（HFC）制冷剂（如 R – 134a）无法有效配合的问题。具备优化的制冷剂兼容性，能够与新一代制冷剂 R – 1234ze 完美匹配，确保在工业流程、大型建筑、数据中心和区域换热等大容量制冷/制热应用中实现无缝运行。（2）该产品具有出色的热稳定性和化学稳定性，可减少维护需求并延长制冷系统的使用寿命。（3）其配方可减少压缩机的摩擦和磨损，从而降低运营成本、减少碳足迹并延长设备使用寿命。

螺杆压缩机因其多功能性而广泛应用于商业和工业领域，如工业和商业建筑的暖通空调系统、工业生产中的工艺冷却和工业制冷。螺杆压缩机也是工业热泵的理想选择——根据麦肯锡2024年3月发布的报告，预计到2030年，工业热泵市场的年增长率将超过15%。该产品将使客户能够推出适用于新应用（如大规模区域换热）的产品。

2）中国科学院大连化学物理研究所等开发的费托合成油加氢异构制基础油技术通过科技评价

我国是润滑油生产和消费大国，但Ⅲ类及以上高档润滑油产品主要依赖进口。2024年6月30日，中国科学院大连化学物理研究所化石能源与应用催化研究部烷烃转化新催化材料及新过程研究组与陕西未来能源化工有限公司、克拉玛依华澳特种油品技术开发有限公司合作开发的"费托合成油加氢异构制Ⅲ类 + 润滑油基础油技术"，通过了中国石油和化学工业联合会组织的科技成果评价。评价委员会一致认为该技术反应条件温和，液体产品收率高，基础油收率高，成果创新性强、指标先进，建议尽快推进工业化应用。

主要技术进展：（1）针对各种费托合成蜡进行了加氢异构制Ⅲ类 + 润滑油基础油催化剂及工艺开发。（2）开展了以费托合成加氢裂化软蜡为原料的专用工艺开发。（3）在克拉玛依华澳特种油品技术开发有限公司中试装置上完成了中试试验，高收率获得了各种牌号的基础油产品。其中，2 cSt[①] 基础油倾点为 – 51 ℃，黏度指数为115；4 cSt 基础油倾点为 – 48 ℃，黏度指数为137；6 cSt 基础油倾点为 – 36 ℃，黏度指数为146；8 cSt 基础油倾点为 – 30 ℃，黏度指数为151；基础油产品的其余各项指标也均优于 HG/T 6096—2022《煤基费托合成 润滑油基础油》标准。

该技术已获得40项发明专利授权，具有完善的自主知识产权，目前团队与陕西未来能源化工有限公司合作正在推进工业应用。该技术丰富了煤化工产品路线，可为我国煤化工企

---

① 1 cSt = 1 mm^2/s。

业每年近 1000×10^4 t 煤基费托合成油向高附加值产业链升级提供重要的技术解决方案，对助推煤化工产业"高端化、多元化、低碳化"转型升级和实现我国高档润滑油产品自给自足具有重要意义。

5. 可持续燃料生产技术

1) 聚乙烯转化制备汽油取得重要进展

预计到 2050 年全球塑料废弃物将达到 250×10^8 t，将塑料废弃物转化为有用燃料和化学品对支撑碳中和目标具有重要意义。现有技术通常需要高温或昂贵的材料，成本较高难以工业化。2024 年 11 月，中国科学院化学研究所韩布兴院士团队在 *Chem* 期刊发表研究成果，该研究利用一种双催化剂实现了聚乙烯高选择性转化为汽油，在 240 ℃、无贵金属、无氢气、无溶剂条件下收率为 87%。

主要技术进展：研究团队开发了一种一锅法双催化剂系统，能够将聚乙烯高效转化为汽油，无须贵金属催化剂、外部氢气或溶剂。在 240 ℃下，使用包含 WZr–KIT–6 和 HZSM–5 的双催化剂系统，能够实现高达 87% 的汽油产率。WZr–KIT–6 催化剂在反应中发挥两个关键作用：（1）其 Si—O—Zr 和 W—O(H)—Zr 位点激活高密度聚乙烯（HDPE）中的 C—H 键，促进不饱和 C＝C 键中间体的形成；（2）初步裂解 HDPE 链，缩短链长，从而改善其与 HZSM–5 活性位点的相互作用。HZSM–5 具有丰富的强布朗斯特酸和路易斯酸位点，可高效促进不饱和中间体进一步催化转化，并通过 HZSM–5 微孔结构进行 β–断裂、异构化和氢转移反应，选择性生产 C_4—C_{12} 范围的汽油产品。双催化剂的协同作用促进聚烯烃 C—C 键的定向断裂，生成有价值的汽油产物。WZr–KIT–6 和 HZSM–5 的双催化剂系统，以其高效性、稳定性和经济性，展现了在聚乙烯废弃物处理中的实际应用潜力。

该研究成果不仅为减少聚乙烯废料提供了一种实用且经济的方法，也为废弃塑料催化转化制备高品质汽油提供了新路线，具有良好的应用前景。

2) LanzaTech Global 公司和 LanzaJet 公司联合推出将废弃物、碳和可再生电力转化为可持续航空燃料（SAF）的新技术

据估计，要在 2050 年前实现净零排放，SAF 须担负整个航空业减排量的 65%～70%，这使其成为这一难减排行业脱碳的重要途径。然而，历史上的供应限制、高成本和技术障碍使该行业难以将 SAF 作为主要燃料来源。LanzaTech Global 公司和 LanzaJet 公司联合发布一项新技术——CirculAir，旨在将废弃物、碳和可再生电力转化为 SAF，并加速推进全球航空业的脱碳进程。CirculAir 是一项突破性技术，它提供了一种经济的、商业化的方案，可替代费托合成技术去生产电转燃料（eFuel）、电转液体燃料（PtL）和废弃物转燃料（Waste–to–Fuel），它利用的是已获得美国材料与试验协会（ASTM）批准的 SAF 生产路径，即使用乙醇作为生物中间体和乙醇制喷气燃料（ATJ）技术生产 SAF 和可再生柴油（RD）。

主要技术进展：（1）CirculAir 技术是规范化的联合技术，是一种端到端的技术解决方案，可将几乎所有废弃物来源（包括城市固体废弃物、农业残留物、工业和炼制过程中的碳排放）、通过直接空气捕集的 CO_2 以及可再生电力转化为 SAF。CirculAir 技术将 LanzaTech Global 公司和 LanzaJet 公司的突破性技术结合在一起，形成了一项高效且经济的组合技术，为航空业在全球范围内生产基于废弃物的 SAF 提供了解决方案。（2）CirculAir 技术首先采

用 LanzaTech Global 公司的新型气体发酵技术,将几乎所有废弃物资源转化为 CarbonSmart™ 乙醇,然后采用 LanzaJet 公司的 ATJ 技术,将乙醇转化为可直接添加的 SAF。通过这一工艺制成的 SAF 预计可减少至少 85% 的航空排放,根据原料的不同,还可产生负碳结果。

CirculAir 技术能够将多种废弃物原料转化为 SAF,目前已被全球众多客户所采用。预计这种广泛应用将加快 SAF 的生产和规模经济的发展,从而降低 SAF 的全球成本。LanzaJet Global 和 LanzaTech 这两家独立公司在合作将新兴技术推向市场和扩大新兴产业规模方面有着悠久的历史。这两家公司目前在世界各地都有合作项目,包括澳大利亚、新西兰、阿联酋和英国。

3) 中国科学院青岛生物能源与过程研究所开发出将油脂转化为生物柴油的新型无硫催化剂

工业上,实现废弃油脂加氢脱氧的催化剂主要是过渡金属硫化物。然而,硫元素易于流失,需要在催化反应中补充含硫化合物以维持催化剂活性,导致生产成本增加、设备腐蚀和环境污染等问题。因此,开发高效而稳定的无硫催化剂对绿色柴油的规模化推广具有积极意义。当前,受限于无硫催化剂的长期稳定性差和催化效率低等原因,在工业应用中尚无能够替代金属硫化物的催化剂。中国科学院青岛生物能源与过程研究所多孔催化材料研究组开发出全新的受阻型路易斯酸碱对(FLPs)催化剂。

主要技术进展:(1) FLPs 催化剂在无任何添加剂的条件下可以实现油脂向绿色柴油的高效催化转化,连续运行 500 h 以上无活性损失,完全转化为绿色柴油的运行空速为 $6.0\ h^{-1}$,高于商业催化体系的 $0.5\sim3.0\ h^{-1}$,展示出优异的催化性能。(2) 该催化体系可拓展至餐厨废油、大豆油、棕榈油、动物油脂等原料。(3) 面向实际工业应用,该研究进行了催化剂的批量制备及成型,并验证了成型催化剂在 1000 h 连续流反应中仍然具有优异的活性和稳定性。

FLPs 催化剂在催化活性、稳定性、成本、环保属性等方面具有优势,有望为绿色柴油产业提供更绿色、更高效的工艺方案。

4) 中国科学院研发聚乙烯塑料转化制备汽油新技术

废弃塑料的资源化利用对解决塑料污染问题、实现绿色可持续发展意义重大。废弃塑料中,聚乙烯的非极性的碳碳键难以活化和断裂,故转化难度较大。目前,已有的聚乙烯转化策略主要依赖高反应温度、贵金属催化剂和外加氢源,限制了聚乙烯化学回收的工业化。如何低成本且高效地转化聚乙烯是塑料转化领域的难点。中国科学院化学研究所胶体、界面与化学热力学实验室/北京分子科学国家研究中心与北京师范大学、北京大学等单位合作,研发聚乙烯塑料转化制备汽油新技术。

主要技术进展:(1) 该技术利用层状自支撑分子筛作为催化剂,成功实现了低温、无贵金属、无氢气、无溶剂条件下聚乙烯塑料转化制备高品质汽油,收率达到 80%。(2) 该策略利用层状自支撑分子筛丰富的外比表面积和介孔孔道,使得聚烯烃大分子与催化剂活性位点充分接触;同时,这种层状自支撑分子筛具有独特的开放骨架三配位铝位点,有助于活化碳氢键,形成碳正离子,促进聚烯烃碳碳键发生 β-裂解。(3) 自支撑分子筛高效催化部分聚乙烯芳构化,为产生的小分子烯烃转化为烷烃提供氢源,从而以自供氢的方式产生汽油。(4) 该研究制备的汽油组分中能够提升辛烷值的支链烷烃含量是商用汽油的近两倍。

该技术为废弃聚乙烯催化转化制备高品质汽油提供了新的路线，具有良好的应用前景。

5）国内首创非贵金属催化剂生产化妆品级白油技术试生产成功

2024年3月22日，由中国海油自主研发的非贵金属润滑油加氢催化剂体系生产10号化妆品级白油技术完成工业试验，并产出合格产品，标志着我国首个非贵金属补充精制催化剂生产高档白油技术实现成功应用，填补了该领域的技术空白。

目前高档白油的生产工艺均需采用贵金属补充精制催化剂，经非贵金属补充精制催化剂替代后可实现降本80%以上。中国海油以加氢改质柴油为原料，自主研发采用非贵金属催化剂体系和临氢降凝—补充精制工艺生产化妆品级白油技术，经过一年多的工艺优化研究和方案设计、半年的工业装置改造，在中沥公司 30×10^4 t/a 精密分馏装置进行工业试验，产出的白油稠环芳烃紫外吸光度为0.07，与贵金属补充精制催化剂生产的化妆品级白油性能相当。

未来，中国海油将继续激发创新活力，厚植原创能力，充分发挥协同创新基地的科技引领作用，促进科技成果转化，实现科技创新与产业的深度融合，为中国海油炼化产业转型升级发挥更大的科技支撑和引领作用。

（三）石油炼制技术展望

"双碳"目标下，全球炼油产业将加速向原料多元化、能源绿色化、工艺高效化、产品精细化的可持续方向发展。

1. 现有炼厂将加快改造升级步伐，促进组分炼油、分子炼油技术和智能化技术应用

在炼油转型升级主基调下，炼油行业将加快推进现有炼厂向组分炼油、分子炼油转变，配合智能化技术，优化炼油总流程。现有炼厂将加快产品结构调整和生产技术改造，提高清洁油品、特色油品、化工原料、化工产品的生产灵活性，宜油则油、宜芳则芳、宜烯则烯。新型炼化一体化炼厂的迅速崛起将带动行业集中度进一步提升，相关配套技术迅速向大型化、规模化、集约化、智能化方向发展。

2. 炼油业将促进资源高效利用，加大先进节能技术应用

能效提升、节能技术推广和应用对于推进炼油业转型升级、加快绿色发展、深化生态文明建设具有重要意义。炼油企业将从以下四方面进行技术研发和升级改造：（1）促进资源的高效利用，实现能量的梯级利用和余热、余压的回收。（2）推动系统用能优化，加大先进节能技术应用力度，推进换热、蒸汽动力、余热余压、精馏等系统用能优化，开展蒸汽、电互供合作，实现热电资源互补和共享；推广可循环保温材料等绿色保温强化技术，减少炼油过程能量损失。（3）扩大电气化终端用能设备使用比例，加快推进大型反应器、高效加热炉、高效换热器、催化裂化高效烟机等关键设备的改造研发。（4）积极推进废塑料、废润滑油、废弃油脂、废弃生化污泥等废弃有机物与原油耦合加工，重点开发废塑料低能耗热解与净化预处理技术，开发低碳排放的废塑料制油深加工成套技术，加快废塑料化学循环工程试点示范；促进炼油过程"三废"（废水、废气和废渣）资源化利用，积极有序发展以废弃油脂为主要原料的生物柴油、生物航煤等生物质液体燃料。

3. 炼油企业将加快生产过程绿色化和产品绿色化

全球炼油行业面临的减排压力日益加大,在政策压力之下,炼厂全过程脱碳、降碳已成为炼油行业的重要共识。(1) 在过程降碳方面,积极推进清洁能源、绿电替代。提升可再生能源消纳水平,加强太阳能供热在炼油过程中的应用,提高系统运行效率和电源开发综合效益。加强短流程、反应过程强化、催化裂化余热发生超高压蒸汽技术等低碳生产工艺研发,加强甲烷与挥发性有机物(VOCs)减排技术。(2) 在末端降碳方面,推进二氧化碳回收利用。炼油企业将加快 CCUS 示范应用,开展制氢尾气及催化裂化烟气二氧化碳直接转化、二氧化碳和甲烷干重整、二氧化碳加氢制油品和化学品技术示范。(3) 在源头降碳方面,支持制氢用氢降碳。传统炼油业将与可再生能源融合发展,大力发展可再生能源制氢,推进绿氢替代。

(本报告撰写人:龚雅妮 审核人:张福琴)

参 考 文 献

[1] 钱兴坤,陆如泉. 2024 年国内外油气行业发展报告 [M]. 北京:石油工业出版社,2025.
[2] 葛少辉. 世界炼油工业发展趋势展望 [J]. 中国石化,2024 (12):36 – 38.
[3] Lu P, Xu J, Sun Y, et al. A stable zeolite with atomically ordered and interconnected mesopore channel [J]. Nature,2024,636:368 – 373.
[4] 中国石化有机原料科技情报中心站. KBR 推出催化裂解制烯烃 KCOTKlean^{SM} 低碳技术 [J]. 石油化工技术与经济,2024 (4):56.
[5] Han W, Lin L, Cen Z, et al. One – pot catalytic conversion of polyethylene wastes to gasoline through a dual – catalyst system [J]. Chem,2025,11 (2):102340.
[6] 许建耘. LanzaTech Global 公司和 LanzaJet 公司联合推出将废弃物、碳和可再生电力转化为 SAF 的新技术 [J]. 石油炼制与化工,2024,55 (10):67.
[7] Cen Z, Han X, Lin L, et al. Upcycling of polyethylene to gasoline through a self – supplied hydrogen strategy in a layered self – pillared zeolite [J]. Nature Chemistry,2024,16 (6):871 – 880.

八、石油化工技术发展报告

2024年,全球化工行业经历了一场极具张力的演变。在复杂的国际局势、绿色转型压力和经济周期变化的叠加作用下,化工行业的不同板块呈现出高度分化的态势。一方面,以新能源、新材料为代表的高成长板块在政策和技术推动下展现出强劲的增长势头;另一方面,部分传统基础化工品则受制于国际竞争、成本压力和需求疲弱,表现持续低迷。这种分化格局,不仅折射出化工行业内部的深刻调整,也为未来的发展趋势埋下了伏笔。

(一)石油化工行业新动向

石油化工作为石油产业的重要组成部分,与国民经济的众多行业以及人们的日常生活密切相关。2024年,在全球经济形势复杂多变、环保要求日益严格以及技术创新不断推进的背景下,石油化工领域呈现出一系列新的发展动向。

1. 绿色低碳转型成为核心驱动力

随着全球范围内碳减排政策的进一步强化,化工行业的绿色低碳转型成为不可逆的大趋势。欧盟碳边境调节机制(CBAM)的全面实施对全球化工品贸易格局产生了深远影响。预计到2026年,化工产品的碳成本将对出口欧盟的企业增加5%~10%的额外费用。在此背景下,绿色化学品的市场需求快速增长,如生物基材料和可降解塑料等新型材料已成为行业投资的热点。全球绿色化工市场规模预计到2025年将达到3500亿美元,同比增长15%。与此同时,CCUS技术的应用加速,为传统化工企业实现低碳化转型提供了关键路径。例如,部分企业已开始部署工业气体回收与循环利用技术,以应对更高的碳排放要求。

2. 技术创新与数字化升级推动行业变革

技术创新和数字化转型正在成为化工行业竞争力的核心来源。全球领先企业积极布局智能制造和数字化供应链,提升生产效率并降低运营成本。例如,巴斯夫与西门子合作开发的智能材料项目,利用人工智能优化工艺流程,不仅显著提升了产品性能,还加快了市场化进程。此外,在新能源材料和电子化学品领域,企业研发投入显著增加。2024年,中国电子级湿化学品市场规模达225亿元,预计2025年将增长至293亿元,年均复合增长率超过12%。这反映了以新能源车、半导体、光伏为代表的下游产业快速增长对化工材料的需求拉动。

3. 供应链区域化成为适应新环境的关键策略

随着地缘政治不确定性增加和全球供应链效率下降,化工行业的供应链布局正在向区域化调整。许多企业选择在东南亚和中东等地建立生产基地,以满足本地化生产需求,同时规避欧美市场的高关税和贸易壁垒。中东地区依托丰富的低成本油气资源,吸引了大量跨国化工企业投资。例如,中国石化参股卡塔尔北部气田扩能项目,这是目前为止全球规模最大的LNG项目。与此同时,美国化工企业凭借页岩气革命的成本优势继续保持在基础化工品领域的全球竞争力,而欧洲企业因高能源成本压力,正加速将产能转移至新兴市场。

（二）石油化工技术新进展

2024年，石油化工技术持续迭代革新，为行业的高效、绿色与可持续发展注入了强劲动力。从低成本烯烃生产技术到合成树脂生产技术，再到绿色化工环保生产技术，各个层面都展现出令人瞩目的突破与创新，这些技术进展不仅重塑了行业的生产格局，更在应对市场需求变化、满足环保法规要求等方面发挥着关键作用。

1. 低成本烯烃生产技术

1）利用金属有机框架将天然气转化为甲醇、乙醇的新技术

将来自石油钻井过程中产生的天然气转化为高价值化学品，由于不直接燃烧，环境友好，具有一定的经济价值。美国加利福尼亚州大学伯克利分校与劳伦斯伯克利国家实验室、阿贡国家实验室等研究团队合作开发一种使用金属有机框架（MOF）将来自油气井天然气的甲烷和其他组分转化为甲醇和乙醇的技术。相关研究成果发表于《科学》期刊。

MOF 由无机金属中心（金属离子或金属簇合物）与桥连有机配体通过自组装连接，具有纳米级孔隙和大表面积。这种结构潜在的应用方向涉及催化、吸附、分离、储存气体等多个方向，有望实现较高的吸附、储存 CO_2 能力。在科研领域，MOF 材料一直备受关注。MOF 由金属离子/金属簇合物与有机配体结合而成，因此受金属离子、有机配体、溶剂、模板试剂、反应条件等多种因素影响。从生产工艺看，有水热合成法、微波合成法、机械球磨、液相扩散法、喷雾干燥法、电化学沉积法、模板法等。该研究团队将活性铁位点与 MOF 结合，通过稳定铁活性位点，使甲烷或乙烷气体易于进入，从而转化为液体甲醇或乙醇。研究中发现 MOF 具有高孔隙率和刚性晶体结构，使得烃类气体分子易进入，与铁位点相互作用，铁活性中心可以在接近环境温度的情况下激活氧气，以类似于酶的方式催化甲烷、乙烷发生氧化反应生成甲醇、乙醇。

该研究团队重点开展天然气转化制甲醇、乙醇工程方面的研究，并计划设计一种流动反应器，使天然气和共反应物（反应中必要电子的来源）将甲烷和乙烷连续催化转化为甲醇和乙醇。如果证明该技术比目前生产甲醇、乙醇的工艺能耗更低，则该技术有望在大规模装置中实现应用。

2）将 CO_2 转化为乙烯和其他产品的高效新技术

CO_2 电化学还原技术是将 CO_2 转化为有价值产品的一种很有前途的途径。其中，在 CO_2 电化学反应过程中，小分子催化剂因其可调节性和明确的活性位点而具有优势，但在反应过程中使用小分子催化剂，催化剂必须靠近电极表面。而在电极上固定分子催化剂仍面临着挑战。美国麻省理工学院（MIT）的研究团队开发了一项突破性技术，通过电化学方法能够高效地将 CO_2 转化为 CO，后者是制备各种化合物的重要前体，研究结果发表在《美国化学会志》（*Journal of the American Chemical Society*）上。

研究团队从大自然中获得灵感，将 DNA 作为分子尺度的"魔术贴"，使分子催化剂固定在电极上，并研究了采用该方法固定的三种卟啉基小分子催化剂的催化性能。研究人员通过 DNA 杂交将 DNA 与催化剂结合物固定在丝网印刷的碳和碳纸电极上，效率接近100%。

固定化后，催化剂在相关电位下具有较高的稳定性，且产生 CO 所需的过电位较低。与未修饰的小分子体系相比，DNA 固定化催化剂在 -0.95 V 标准电极电位下 CO 生成的法拉第效率高达 79.1%。该研究证明了 DNA "魔术贴"固定催化剂的强大潜力，以及分子催化剂对 CO_2 催化特性的改善。此外，DNA 链的作用类似于维可牢尼龙搭扣，使所有反应组分保持紧密接触，从而使转化过程更加高效，确保所有电能直接用于化学反应。

如果这项技术能够扩大用于工业生产，它将有潜力彻底改变发电厂和其他排放源去除 CO_2 的方式，为减少温室气体排放做出重大贡献。另外，廉价的碳电极和不含贵金属的催化剂进一步提高了该过程的经济性。未来，该团队计划探索使用不同催化剂制备其他有价值的化学品，如甲醇和乙醇。该 CO_2 转化技术的突破在推动可持续能源和环境保护方面具有很大潜力。

3）乙烷氧化脱氢制乙烯/醋酸新工艺

林德工程公司开发了一种商业化的乙烷氧化脱氢制乙烯/醋酸工艺（ODH-E），通过多相催化剂将乙烷和氧选择性地转化为乙烯和醋酸，经分离和纯化后得到聚合级乙烯与冰醋酸。传统的乙烷蒸汽裂解技术，其裂解炉操作温度高达 870 ℃。而根据乙烷氧化脱氢的原理，ODH-E 技术的操作温度可控制在 300~400 ℃ 甚至更低，降低了投资及生产成本，同时极大地减少了 CO_2 的排放。

该工艺的专有催化剂基于混合金属氧化物，包括钼（Mo）、钒（V）、碲（Te）和铌（Nb），使用寿命在 2 年以上。在示范装置中，该专有催化剂已被证明在工业操作条件下具有优异的稳定性。由于该催化剂不能原位再生，使用后催化剂中的金属将被回收利用。该工艺采用多管固定床反应器，可实现工业蒸汽、乙烷进料和氧气的均匀混合，并可抑制乙烷—氧气—蒸汽混合物的高局部浓度和可燃性。反应器中填充催化剂颗粒，有助于将混合的乙烷和氧气转化为乙烯、醋酸、水、少量 CO 和 CO_2 以及痕量乙炔。该反应器已应用于多种类似的、具有氧化和放热过程的工业反应，如苯酐、顺酐生产。不断循环的冷却盐可实现有效的冷却和蒸汽生成。产物在 300~400 ℃ 的温度和中等压力下离开反应器，每个反应器的最大乙烯产量为 $25×10^4$ t/a，更高的乙烯产量则需多个反应器并联生产。示范装置由反应单元和分离纯化单元组成。结果表明，乙烯和醋酸的总选择性高于 93%，ODH-E 催化剂在超过 6000 h 的操作条件下具有较高的稳定性。乙烷在多管固定床反应器中转化为乙烯和醋酸，其中产物乙烯和醋酸质量比为 2.5~4.5，同时可以根据反应条件进行调整。

与乙烷蒸汽裂解（E-SL）制乙烯工艺相比，该工艺是放热反应，产物选择性高，副产品少，能耗低，可减少 60% 以上的 CO_2 排放。

2. 合成树脂生产技术

1）利用废塑料同时制造石墨烯和氢气的新技术

废弃塑料制氢气，不仅解决了废弃塑料的回收问题，还可以高效再利用，产生清洁的氢气。而且石墨烯还是一种战略新兴材料，具有优异的光学、电学、力学特性，在材料学、微纳加工、能源、生物医学和药物传递等方面具有重要的应用前景，被认为是一种未来革命性的材料。美国莱斯大学的科学家在多次实验中，成功将不需要分类或清洗的混合废弃塑料，转化为高产氢气和高价值石墨烯，反应过程只需要 4 s。这项研究成果发表在 2024 年 3 月的

《科学》期刊上。

莱斯大学研究团队采用闪蒸焦耳加热工艺（rapid flash Joule heating）。焦耳热是一种典型的非辐射热加热方法，无须通过电热丝、炉管等载体生热后辐射加热样品，而是直接利用样品本身电阻原位生热，可在短时间内产生瞬时的高温（3000 ℃以上），使样品闪速活化，同时释放出强烈的弧光。这种加热的方式，最大特点是时间短，几秒钟就可以搞定；升温速度快（$10^5 \sim 10^6$ K/s）；能量输出高（大电压、大电流）。具体方法是：当反应升温到3000 ℃以上时，有氢气从反应中释放出来，经测试，氢气质量分数为92%~94%。通过将焦炭原料换成氢含量更高（质量分数约14%）且成本极低的废塑料，该工艺可以最大限度地提高氢气产量，同时也可以高收率地生成石墨烯。将塑料放置于高电流、电压下，然后加入少量的炭添加剂，如冶金焦炭，以增加塑料的导电性，就会生成石墨烯和氢气。使用低成本原料和产生高纯度氢气，使得该工艺的经济效益大大提高。

用这个方法不仅可以获取石墨烯，还意外得到了高质量的氢气，还解决了塑料污染问题。这个创新研究得到了美国陆军工程师研究和发展中心、美国空军科学研究办公室、美国国家科学基金会和海军研究办公室的支持。下一步将寻找合作伙伴来授权并推广此项基于废塑料的技术。

2）自主茂金属催化剂新技术

茂金属聚乙烯进口依存度超过80%，催化剂长期依赖进口，且受配额限制，严重制约炼化转型升级及战略性新兴产业高质量发展，中国石油聚焦痛点，自主攻关开发高效茂金属聚乙烯催化剂，实现产业链条关键核心技术自主可控。

主要技术进展：（1）建构甲基铝氧烷（MAO）分子簇结构与活性位点动力学行为关系，设计开发MAO分子簇可控生长技术，实现载体定向修饰，解决茂金属催化剂因活性点位动力学不一致引起的薄膜产品晶点过多、聚合物细粉含量高等制约产品质量及装置长周期稳定运行的技术难题；（2）构建氟代苯基硼类物质的共轭 π 电子效应对活性中心均一化"吸附"作用机制，开发出功能化载体改性技术，提高催化剂关键组分作用强度，大幅降低装置生产成本；（3）通过受阻酚选择性捕捉MAO溶液中游离的三甲胺，提升催化剂有效活性中心数量。过程中无废液产生，大幅度降低了能耗和物耗，显著降低了催化剂生产成本。

该技术开发出茂金属催化剂工程化放大制备技术，完成催化剂吨级生产，实现工业应用，催化剂综合性能优异，可替代进口催化剂。

3）苯乙烯降解酶突破聚苯乙烯生物降解新技术

随着全球塑料污染问题的日益严峻，寻找可降解塑料的替代材料已成为科学研究的热点。聚苯乙烯（PS）是全球使用最广泛的塑料之一，其制造和回收过程至今仍依赖于化学方法。这一现状不仅限制了聚苯乙烯的循环利用，还导致了塑料污染的环境问题。瑞士苏黎世理工大学、瑞士保罗谢勒研究所、新加坡国立大学和德国波鸿鲁尔大学国际研究团队合作取得了突破性成果，为聚苯乙烯的生物降解提供了新途径，研究已于2024年3月27日发表在 Nature Chemistry 期刊上。

该研究团队揭示了一种膜结合酶——苯乙烯氧化物异构酶（SOI），能催化环氧化合物转化为羰基化合物，即 Meinwald 重排反应。这种酶在苯乙烯（聚苯乙烯单体）的降解过程中起着关键作用。研究人员发现 SOI 的催化效率高，不需要任何额外的辅助物质（共底物），能够快速将有毒的苯乙烯氧化物转化为更易于生物降解的物质，同时大大减少了生物降解过程中的能量和物质消耗。通过高分辨率冷冻电镜结构分析，研究团队揭示了 SOI 酶的三聚体结构，每个亚单位间含有一个血红素辅因子，铁离子充当路易斯酸，与苯乙烯氧化物的氧原子结合，促进底物的固定与转化。此外，SOI 酶中特定的氨基酸基团（如 Y103 和 N64）与活性位点疏水区域共同作用，为其提供了高区域选择性和立体专一性。Y103 氨基酸将环氧化物的氧原子置于最佳位置，以便血红素 b 的 Fe（Ⅲ）起到路易斯酸的作用，从而导致环氧化物开环、碳正离子形成和 1,2－氢迁移。

这项研究不仅可为聚苯乙烯的生物降解提供新的途径，也可为生物催化剂在精细化学品合成领域的应用提供新的可能性。

3. 绿色化工环保生产技术

1）新型光催化剂高效转化清洁燃料新技术

随着化石燃料的枯竭和地球因燃烧化石燃料而面临的环境问题，开发清洁能源发电技术成为全球关注的话题。在所提出的各种生产清洁能源的方法中，光催化分解水技术具有广阔的应用前景。东京工业大学开发出一种新型光催化剂，具有极高的制氢效率。光解水制氢方法利用太阳能将水分子分解得到氢。氢可以作为无碳燃料或作为生产许多重要化学品的原料。

这种新型光催化剂是一种由纳米级金属氧化物片和钌染料分子组成的新型光催化剂，其工作机理与染料敏化太阳能电池类似。虽然对水分解为氢气和氧气具有光催化活性的金属氧化物具有宽的带隙，但染料敏化氧化物可以利用可见光。新型光催化剂能够以每小时 1960 次的周转频率和 2.4% 的外部量子产率从水中产生氢气。这些结果是染料敏化光催化剂在可见光下的最高纪录，这离人工光合作用目标更近了一步。然而，铂改性纳米片并不能单独发挥作用，因为它们不能有效地吸收太阳光。因此，可见光吸收的钌染料分子与纳米片相结合，实现了太阳能驱动的氢演化。

该催化剂之所以高效，是因为采用了纳米片，纳米片的高表面积和结构柔韧性最大限度地提高了染料负载和氢气演化位点密度，从而提高了氢气演化效率。同时，为了优化性能，该研究团队还用非晶氧化铝对纳米片进行了改性，这在提高电子传输效率方面发挥了重要作用。史无前例的是，纳米片的氧化铝改性在反应过程中促进了染料的再生，而不妨碍电子从激发态染料注入纳米片，这是染料敏化氢气演化的主要步骤。

2）从工业废气中捕获"热"二氧化碳的新技术

随着大气中二氧化碳含量持续上升，以及减排新排放物的努力又未能达到目标，伯克利大学以一种不同的方式来应对碳污染：研发能够从废气甚至直接从空气中吸附二氧化碳及其他污染物的新材料。直接空气捕获的方法在工作原理及有效性方面各有不同。伯克利大学的研究人员率先将金属有机框架用于从大气及工业来源中吸附二氧化碳以及包括氢气、一氧化碳、氨气、一氧化氮和含硫气体在内的其他分子。一旦这些气体被金属有机框架吸附，就可以将它们移除并封存起来，或者用于其他化学反应。该成果发表在《科学》期刊上。

与所有金属有机框架材料一样，这种材料具有由金属离子和有机连接体构成的多孔晶体阵列，其内部表面积相当于6个足球场大小——这是一个用于吸附气体的巨大面积。在模拟条件下，研究人员表明，这种被称为 ZnH-MFU-41 的新型金属有机框架材料，能够捕获与水泥和钢铁制造工厂废气流中相关浓度的高温二氧化碳（这些工厂废气中二氧化碳平均含量为20%~30%），也能捕获天然气发电厂中浓度较低（二氧化碳含量约为4%）的排放物中的二氧化碳。而且由于其独特的结构，金属有机框架材料拥有高密度的位点，在合适的条件下，能够在这些位点上捕获和释放二氧化碳。该技术借助合适的官能团确实可以在诸如300 ℃这样的高温下实现对二氧化碳快速、可逆且高容量的捕获。

研究人员正在探索这种金属氢化物金属有机框架材料的变体，以了解它们还能吸附哪些其他气体，同时也在研究一些改进方法，使这类材料能够吸附更多的二氧化碳。

3）利用光电技术将二氧化碳高效转化为一氧化碳的新技术

将二氧化碳电化学转化为化学燃料是一种储存可再生能源的好方法。然而，由于存在多种反应途径，高效的二氧化碳还原反应（CO_2RR）面临着复杂性的挑战。例如，双电子途径产生一氧化碳和甲酸，十二个电子途径可导致 C_2 产物，而八个电子途径则产生甲烷。美国北卡罗来纳大学研发团队在光电技术方面取得了突破性发现，成功地使用甲基封端反应改进了 p 型硅表面，能够利用太阳光将二氧化碳高效地转化为一氧化碳，同时不产生氢气等副产品。该研究成果发表于《ACS 能源快报》。

具体来说，研究人员利用经过甲基修饰的硅作为光电极，采用钌分子类光催化剂，借鉴了人工光合作用的过程，该过程模仿植物如何利用阳光将二氧化碳转化为能量分子，实现了二氧化碳的光电化学还原。在充满二氧化碳的溶液中进行试验时，该系统将其转化为一氧化碳的效率高达87%，这一结果可与传统的金属电极（如金或铂）相媲美，甚至效果更好。此外，硅光电极发生反应所需的电能比仅使用电能少460 mV，这证明了通过直接光捕集可以为化学反应供能。这项研究有助于将太阳能转化为液体燃料进行储存，可应对气候变化带来的环境挑战。

这项研究得到了"多方法组合将太阳能转化为液体燃料中心"（CHASE）的支持。CHASE 是一个由7家机构组成的联合体，由美国北卡罗来纳大学教堂山分校领导，并得到美国能源部的资助。

（三）石油化工技术展望

展望2025年，全球石油化工市场将继续沿着绿色化、高端化、国际化的方向发展。在能源转型、环保政策以及技术创新的背景下，石油化工行业将迎来新的机遇与挑战。石油化工技术将在诸多关键维度持续突破革新，这些进步不仅将深刻影响行业的生产模式与市场格局，更会紧密贴合全球可持续发展的大趋势，在应对资源约束、环保压力以及满足不断升级的市场需求等方面发挥核心作用。

1. 高端化学品研发技术

智能材料在多个领域具有广泛的应用潜力。例如，形状记忆合金能够在经历大幅变形后恢复原状，这一特性使其非常适用于制造微型致动器等精密设备。德国初创公司 Memetis

正是利用这一原理，成功开发出超紧凑的微型致动器，为微机电系统（MEMS）等领域带来创新。同样，英国的SorexSensors公司也在智能材料领域取得显著成果。他们通过在硅晶片上制造高灵敏度的MEMS传感器，利用薄膜压电材料和薄膜体声波谐振器（FBAR）技术实现压电效应。这种传感器能够对外界压力或振动等刺激做出快速响应，具有广泛的应用前景，如环境监测、医疗设备及消费电子等。实现净零循环分子/材料也是当前材料科学的重要方向之一。钢、铝和化学品等传统材料在生产和使用过程中往往会产生大量的废弃物和排放物，对环境造成严重影响。因此，开发能够循环利用的净零循环分子/材料，对于推动可持续发展和环境保护具有重要意义。2025年，预计循环净分子/塑料将重新受到关注，并有可能成为全球议程的前沿话题。这不仅是因为循环经济的发展趋势，更是因为随着技术进步和成本降低，实现净零循环分子的商业化应用已成为可能。

2. 可持续发展的人工智能技术

未来石油化工行业将高度依赖学科交叉合作，化学与生物技术、材料科学、信息技术的结合将推动新产品与解决方案的研发，以应对能源短缺和绿色低碳发展等全球性挑战。一个热点话题就是人工智能对石油化工产业的加持。随着人工智能技术的迭代和进步，企业已可以通过人工智能技术实时监督研发生产各环节数据，并以此进行主动风险预测，将企业风险应对前置，以降低企业潜在损失。此外，人工智能技术还大大加快了环保工艺和材料的研发速度。类似通过分析和整合大量数据探索材料和化学化合物的组合效果，人工智能正成为最具革命性的科技研发工具。

3. 有助于碳排放、具有颠覆性的化学核心技术

石油化工行业的产品和材料可以为其他行业的创新赋能，特别是在碳中和方面，可以为消费者或企业提供新的产品和解决方案。这些技术多是围绕使用新型原材料、选择新型（可再生）资源、改进生产工艺、升级生产设备展开的。二氧化碳做终极原料，二氧化碳可能是化学工业的终极原料，并在未来的原料组合中发挥重要作用。在二氧化碳有排放时，一些化学反应可以捕获二氧化碳，并将其转化为其他有价值的化学品，如甲醇、有机酸、阿司匹林、溶剂、洗涤剂和化妆品。在不排放更多温室气体的情况下转化二氧化碳的关键，是使用先进的催化工艺和低碳能源。工业生物技术，未来，通过基因编辑细菌的菌群将成为新的化学品工厂，定制生产大宗化学品、生物燃料、药品和保健品。代谢工程是生物化学领域发展的核心，可以通过不同的代谢路径或搭载特定酶来设计不同的工艺及生产不同的产品。计算技术、蛋白质科学和基因编辑技术的发展使化学品的安全、高效和可持续生产成为可能。

（本报告撰写人：刘雨虹　高维群　审核人：张桐郡）

参 考 文 献

[1] 戴厚良，陈建峰，袁晴棠，等．我国化工石化产业绿色低碳转型发展研究［J］．中国工程科学，2024，26（6）：223-232.
[2] 王一冰，雷蕾．2024年石油和化工行业生产总体保持增长［N］．中国石化报，2025-02-25（001）.
[3] 冯雨瑶．市场景气94家基础化工上市公司2024年业绩预喜［N］．证券日报，2025-02-25（B03）.

[4] 王伟,孔娜,肖泽武.数字经济下石油化工行业产业链创新发展策略[J].现代工业经济和信息化,2025,15(1):17-19.

[5] 赵锡勤,赵琦.化工新材料领域的高端前沿技术发展及其对产业影响分析[J].中国轮胎资源综合利用,2025(2):73-75.

[6] 赵晓飞.精细突破、集群共进、项目领航——2025聚焦化工新局[J].中国石油和化工,2025(2):16-19.

[7] O'Shaughnessy M, Glover J, Hafizi R, et al. Porous isoreticular non-metal organic frameworks[J]. Nature, 2024, 630(8015): 102-108.

[8] 中国化工学会化工新材料专业委员会.2024年我国化工新材料科技与产业进展[J].化工新型材料,2025,53(1):1-8.

[9] 丁帮文.探讨精细化工中绿色化工技术的应用[J].大众标准化,2025(1):119-121.

[10] 王卉春.我国化工行业产能、市场及细分领域发展趋势分析[J].中国石化,2025(1):56-60.

[11] Liu P, Jimaja S, Immel S, et al. Mechanically triggered on-demand degradation of polymers synthesized by radical polymerizations[J]. Nature Chemistry, 2024, 16: 1184-1192.

[12] 田学慧.微电解技术在化工废水中有害物质去除效率的研究[J].中国轮胎资源综合利用,2025(2):138-140.

[13] Palm M L, Ding C, Huxter W S, et al. Observation of current whirlpools in graphene at room temperature[J]. Science, 2024, 384(6694): 465-469.

[14] 彭鑫鑫,林启瞧,李禄建.电化学技术在石油化工中的应用[J].广州化工,2025,53(3):8-10.

[15] 杨晓宇.DeepSeek大模型赋能石油化工行业——石化央企引领AI与能源融合新浪潮[J].中国石油和化工,2025(2):32-33.

[16] 谢鑫,袁志宏,胡山鹰.中国化工产业绿色低碳发展研究综述[J].生态产业科学与磷氟工程,2025,40(2):1-11.

[17] 姜宜君.AI技术在化工行业设计工作中的应用展望[J].化工设计通讯,2025,51(1):103-105,115.

[18] 张松臣,孙楠.生物化工行业现状及发展趋势[J].当代石油石化,2024,32(6):1-6.

[19] 谢文敏,陈蕤,张伟欢,等.酶工程技术在现代生物化工中的研究与应用[J].工业微生物,2024,54(5):87-89.

九、新能源技术发展报告

当前,全球经济复苏进程放缓,绿色投资全面增长成为重要亮点。随着全球气候变化问题日益严重,各国政府和企业纷纷加大对清洁能源的投入,以减少温室气体排放,推动可持续发展。成本、气候和能源安全目标以及工业战略共同推动了清洁能源技术投资的强劲增长。

(一)新能源行业新动向

2024 年,多国继续提升可再生能源发展目标。国际能源署指出,政策支持的增强、技术进步以及能源安全问题关注度的提升正在推动太阳能发电和风力发电的部署,全球可再生能源行业在 2024 年继续保持快速发展。全球可再生总装机容量达到 18.89×10^8 kW,同比增长 25%,这种动态扩张正在全球各主要市场中进行,包括欧洲、美国、印度和中国。

太阳能领域,2024 年全球太阳能发电量增长了 30%,达到 2000 TW·h,相当于全球发电量的 7%。全球光伏新增装机容量达到 2.78×10^8 kW,同比增长 28%。中国在太阳能发电领域表现尤为突出,2024 年全国光伏发电装机容量达到 8.87×10^8 kW,同比增长 45%。全国光伏发电量 8341×10^8 kW·h,同比增长 44%。除了大型光伏电站在全球多个地区投建,小型光伏发电系统也呈快速增长态势。

风能领域,2024 年全球风电发电量同比增长约 16%。中国风电新增装机容量 7982×10^4 kW,同比增长 6%。全国风电发电量 9916×10^8 kW·h,同比增长 16%。同时,太阳能和风能等可再生能源发电的成本越来越低,越来越多国家认识到,发展可再生能源不仅有利于应对气候变化,还能为解决能源安全问题提供重要方案。

1. 清洁能源技术投资强劲增长,太阳能投资将首次超过石油

2021 年以来,清洁能源投资增长了 24%。2024 年,全球能源转型投资达到创纪录的 2.08 万亿美元,同比增长 11%,首次突破 2 万亿美元。其中,清洁能源投资增长显著,亚太地区增长最快,2024 年增长 21%,达到 1 万亿美元,占全球能源转型投资的一半。中国在风能、太阳能和电动汽车领域的投资显著增长,总额达到 9400 亿美元,几乎与上一年度全球化石燃料投资总额持平。清洁能源与化石燃料投资之间的差距拉大,太阳能投资在 2024 年首次超过石油生产投资。

具体来看,2024 年,中国清洁能源行业的销售额和投资额估计达到 13.6 万亿元(约合 1.9 万亿美元),这一数字已经超越了房地产销售额,显示出市场对清洁能源的旺盛需求。这一趋势主要得益于太阳能、电动汽车和电池等技术的迅猛发展。尤其是在电动汽车和汽车电池领域,这两块业务成为清洁能源经济的最大贡献者,合计占总价值的 39%。此外,中国在清洁能源技术领域投资总量达到 8180 亿美元,同比增长超过 20%,中国在这一领域的投资增幅相当于全球增量的 2/3,成为推动全球清洁能源发展的重要力量。

2. 全球清洁能源投资不均衡，区域较为集中

清洁能源投资虽然增长强劲，但极不平衡。2021 年以来，超过 90% 的清洁能源投资增长来自发达经济体和中国，其增长额超过了其他地区的投资总额。印度的太阳能投资、巴西和中东部分地区的可再生能源投资也有所增长，但这些国家和地区对太阳能投资增长的贡献很小。清洁能源投资中最大的短板存在于新兴经济体和发展中国家，主要的制约因素包括政策框架和市场设计不明确、电网等基础设施薄弱、利率等资本成本高等。

具体来看，2024 年，中国在清洁能源领域的投资持续增长，预计在即将到来的五年计划指导下，中国在清洁能源领域的投资将持续增长。然而，研究者强调，为了确保清洁能源的持续成功和稳定发展，必须设定更为雄心勃勃的目标。此外，中国仍继续投资于新的燃煤发电厂，截至 2024 年，已有 94.5 GW 的新燃煤发电项目投入运行，这是自 2015 年以来的最高纪录。这一举措引发了国内外对能源政策平衡的广泛讨论，同时也突显了中国在能源转型过程中的矛盾与挑战。

3. 投资正流向关键矿产领域，由电动汽车和电池研发制造引领

电动汽车和电池是需求增长的主要驱动力。2024 年，电动汽车领域投资 7570 亿美元，可再生能源领域投资 7280 亿美元，电网领域投资 3900 亿美元，这三个领域均创下新纪录。这导致对关键矿产的需求显著增加，清洁能源制造、关键矿物和金属供应的竞争是确保弹性转型的关键。2024 年清洁能源供应链投资 1400 亿美元，较上一年略有下降，包括太阳能、电池、电解槽和风力涡轮机设备的新工厂，以及电池金属原料矿山及精炼、加工设施。

具体来看，2024 年全球低碳能源转型的投资总额同比增长 11%，达到 2.1 万亿美元，交通电气化需求、可再生能源、储能及电网等领域新增投资都在 2024 年创历史新高。其中，针对清洁能源供应链的投资规模达到 1400 亿美元，预计 2025 年全球供应链支出仍将增长至 1640 亿美元。中国大陆在供应链投资中仍占主导地位，2024 年占 81%，预计未来几年仍将占据主导地位。此外，彭博新能源财经（BNEF）的净零情景要求到 2030 年每年工厂投资平均为 450 亿美元，而 2024 年全球已达到这一水平，电池金属生产也是如此。

4. 储能技术的重要性日益凸显，成为可再生能源发展的关键支撑

2024 年，全球储能市场继续保持高速增长，中国储能市场尤为突出。根据寻熵研究院统计，2024 年中国储能新增并网项目规模达到 44.6 GW/111.6 GW·h，与 2023 年的 23.9 GW/52.0 GW·h 相比，增长了 115%。截至 2024 年 6 月底，中国电力储能累计装机规模首次突破 103.3 GW，同比增长 47%，其中新型储能累计装机达到 48.18 GW/107.86 GW·h，功率和能量规模分别同比增长 129% 和 142%。新增投运项目中，新疆和江苏分别在能量规模和功率规模上位居全国第一。从技术分布来看，锂离子电池占比高达 96.4%，而液流电池、压缩空气储能等新兴技术也加速了产业化进程，首个百兆瓦时级钠电储能项目和最大规模混合储能项目成功并网，标志着非锂储能技术的快速发展。在应用侧，新型储能项目主要集中在源网侧，占比超过 90%，同时用户侧储能项目数量增长迅猛，同比增长 650% 以上。特别是在工商业领域，用户侧储能项目占比接近 70%，成为储能应用的重要增长点。此外，支持可再生能源并网、大容量能源服务和用户能源管理服务成为储能项目的主要应用场景。在政策层面，2024 年上半年全国共发布储能相关政策措施 425 项，是上年同期的 1.6 倍，广东、浙江、山东等省份成为政策发布热点地区，政策内容涵盖储能发展规划、市场机制完善、技术创新支持等多个方面。

具体来看，持续创新是推动储能市场发展的重要因素。多种新型储能技术取得显著进展，如钠离子电池、固态电池、长时储能技术等。钠电储能电站中标规模突破 300 MW·h，年内投运 3 座钠离子电池储能电站；氧化物半固态电池率先在储能领域实现应用，年内投运 5 座固态电池储能电站。此外，长时储能技术不断突破，规模化项目持续落地，如国际首套 300 MW 先进压缩空气储能国家示范电站在山东肥城成功并网发电。储能市场的快速发展也使得市场竞争进一步加剧。2024 年，全年共完成了 88.8 GW/248.5 GW·h 的采招订单，2 h 和 4 h 系统年平均报价比 2023 年分别下降了 43% 和 45%，而二者全年最低报价均已低于 0.4 元/(W·h)。电力市场相关政策制定正积极细化储能参与各类电力市场的规则，储能调用机制、充放电价、补偿机制，储能市场化路径初现。围绕消防安全、运行管理的政策和标准也愈发受到重视。此外，储能市场的活跃度持续上升，参与方数量快速增长。超 600 家开发商实现了项目并网，是 2023 年的 2.2 倍；超 300 家储能企业为新增并网项目提供储能系统和关键设备，是 2023 年的 1.7 倍。

（二）新能源技术新进展

新能源技术在光伏发电、风力发电、新型储能、清洁绿氢、先进核电、碳减排等方面取得进步，相关技术路线和产业细分赛道发展不断得到拓展和应用。

1. 光伏发电技术

2024 年，光伏行业发展继续保持快速增长，装机量和技术均取得显著进展。据国家能源局数据，2024 年全国光伏新增装机 277.57 GW，同比增长 28%，其中集中式光伏新增装机 159.39 GW，分布式光伏新增装机 118.18 GW。截至 2024 年 12 月，全国光伏发电累计装机容量达到 885.68 GW，同比增长 45%。据欧洲光伏产业协会预测，2028 年全球新增光伏装机量将达到 876 GW，届时全球累计光伏装机量将达到 5100 GW，增长空间较为广阔。国家能源局出台的《关于新形势下配电网高质量发展的指导意见》，明确提出到 2025 年要形成接纳 5×10^8 kW 分布式新能源的能力，并对电网在配电网侧的接纳提出了明确的量化指标。这些政策的出台，为分布式光伏的发展提供了有力的保障和支持。

光伏组件方面，2024 年，光伏组件效率显著提升，高效单晶与多晶组件，尤其是 615 W/620 W 等级的高效产品，正加速占领市场，推动度电成本下降。据 Infolink 数据，2024 年末，光伏组件价格较年初下降近 30%，光伏装机成本进一步降低，这使得光伏电站的建设成本有所降低，进一步推动了光伏市场的普及和发展。

1）光伏电池技术更新迭代迅速

光伏产业技术更新迭代迅速，一旦旧产品无法提供更低的度电成本、更高的转化效率，就将被优秀产能替代。2024 年，光伏电池技术升级加快，N 型电池技术主导市场，钙钛矿电池取得突破，形成了多种技术路线并存的市场格局。

N 型电池技术在 2024 年占据了更大的市场份额，尤其是 TOPCon 技术，市场占比从

2023年的23%快速提升至2024年的60%。BC技术也在加速发展，隆基绿能等企业大力押注BC技术并规划了产能。TOPCon技术具有较高的转换效率和较低的成本，而BC技术则具有更高的理论转化效率，未来有望进一步提升市场份额。钙钛矿薄膜电池等新兴技术不断取得进展，北京大学工学院周欢萍团队与合作者成功制备了经美国Newport认证的效率为20.87%的混卤钙钛矿太阳能电池。钙钛矿电池的商用化进程也在加速，预计2026年将实现商业化应用。异质结、TOPCon等电池技术路线在市场上的表现出现分化。TOPCon技术具有较高的转换效率和较低的成本，而BC技术则具有较高的理论转化效率优势，未来有望进一步提升市场份额（图1）。

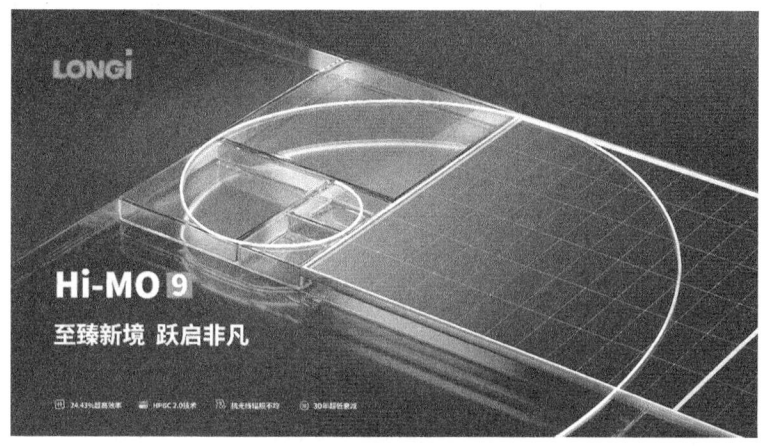

图1 搭载HPBC 2.0电池技术的全新一代超高效组件Hi-MO 9

2）钙钛矿电池稳定性与效率进一步突破

钙钛矿是一组与矿物质钙钛氧化物拥有相同原子排列（晶体结构）的材料，在太阳能电池中展现出独特的潜力。相比传统硅基太阳能电池，钙钛矿太阳能电池不仅成本更低，而且更加柔韧。它还能制成透光、半透明的光伏组件，广泛应用到建筑窗户上。但钙钛矿也有一个致命缺陷：在自然状态下，它会很快降解。

2024年1月，美国密歇根大学研究团队发现，通过"修复缺陷"，即向钙钛矿电池中添加各种分子，会显著提升钙钛矿太阳能电池板的稳定性和耐用性。相关研究成果发表于《物质》期刊。

此外，北京理工大学等国内单位科研团队合作，突破技术难题开发出具有长期运行稳定性的钙钛矿/晶硅叠层太阳能电池。相关成果于2024年8月2日在国际学术期刊《科学》发表。据悉，团队创新提出宽带隙钙钛矿结晶控制策略，分别制备出$1\ cm^2$和$25\ cm^2$的钙钛矿/晶硅叠层电池，对应实现的光电转换效率分别为32.5%和29.4%，均优于传统的晶硅太阳能电池。此外，经过最大功率点跟踪测试后，样品展现出长期运行稳定性。

2. 风力发电技术

2024年，风电行业在技术上取得了重要突破，特别是风电机组的大型化和新技术的应用。例如，16 MW海上风电机组批量投产，单支叶片长度123 m，叶轮直径252 m。此外，构网型风电机组和漂浮式风电技术也在积极推进。例如，全球首台16 MW级海上低频机组在电气风电汕头基地成功下线，适用于浙江海上风电低频示范项目。另外，26 MW 级海上风电机组在福建省福清市下线，这是目前全球单机容量最大、叶轮直径最长的海上全国产化风电机组。

1）超大型风电机组实现规模化应用

2024 年 12 月 18 日，由中国工程院院刊 Engineering 评选的"2024 全球十大工程成就"在北京发布，超大型风力发电装备位列其中。

根据风力发电机组的额定功率划分，1000 kW 以上的被归为大型机组，然而，超大型风力发电装备目前尚未有严格统一的标准。作为我国新能源领域的关键构成部分，风电产业正处于深刻变革的关键时期。超大型风力发电装备以大容量、高轮毂、长叶片为方向的发展态势，正在成为行业主流趋势。

超大型风力发电装备不仅更有助于改善环境，还能带来显著的经济效益，同时也推动着风电行业技术的不断创新。在环境效益方面，大量清洁电力的产出，有效减少了对传统化石燃料的依赖，从而降低了温室气体与其他污染气体的排放。在经济效益方面，相较于化石能源，风电具有显著的成本节约优势，超大型风力发电装备使得发电量大幅增加，可直接转化为可观的经济收入。此外，超大型风力发电装备的研发和应用推动了风电技术的不断创新和发展，为风电行业的未来发展提供了有力支持。

2024 年 10 月 12 日，由我国东方电气集团研制的拥有完全自主知识产权的全球单机容量最大的 26 MW 级海上风电机组在福建省福清市海上风电产业园成功下线（图 2）。这一成果标志着我国在风电机组关键技术领域已达到世界顶尖水平。该机组突破了多项技术难点，具备三大显著优势，即超强抗台风能力、安全可靠性高、发电性能卓越。同时，该机组能够满足不同风区和海域的多样化项目需求，具有广泛的应用前景。

图 2　东方电气集团 26 MW 级海上风电机组

2024 年 11 月 16 日，由我国三一重能自主研制的全球陆上最大 15 MW 风电机组 SI-270150 在吉林省通榆县成功实现满功率运行（图 3）。该机组是我国风电装备全产业链技术快速进步的最新成果，刷新了全球陆上风电机组运行纪录，大幅降低了陆风发电成本，为陆上风电超大型化发展树立了新的标杆。

图 3　三一重能全球陆上最大 15 MW 风电机组 SI-270150

2）风电涡轮机叶片材料取得新突破

2024 年 8 月，美国能源部国家可再生能源实验室（NREL）研究人员发现了一条制造生物衍生风力涡轮机叶片的可行途径，研究结果发表在《科学》期刊上。据悉，这种新树脂叶片采用源自生物可衍生资源的材料制成，其性能与热固性树脂叶片的行业标准相当，优于某些可回收利用的热塑性树脂。并且叶片可通过化学方式回收，其部件也可重新利用。同时。研究人员建造了一个 9 m 长的叶片原型，以展示生物质衍生树脂 PECAN 的实用性，PECAN 的制造工艺与当前方法相吻合。

2024 年 10 月，美国能源部橡树岭国家实验室（ORNL）的研究人员制造出完全可回收的轻型风力涡轮机叶片尖端，并被授予复合材料卓越奖（ACE）。叶片尖端采用可回收的热固性环氧树脂和多层碳纤维及玻璃纤维，质量减轻 41%，可提高捕获能量发电的效率。在涡轮叶片的正常使用寿命结束后，叶片内的织物可以完全回收，只留下可用于新产品的聚合物残留物。此外，研究人员还开发了一种叶片外部的导电涂层，使叶片表面更能抵御雷击破坏。

此外，重庆大学的研究团队通过原位聚合和溶胶—凝胶法制备了一种纳米多孔聚硅氧烷聚合绝缘材料，不仅提高了击穿强度，还降低了介电常数和介电损耗，具有高绝缘性、高疏水性和热稳定性，为开发下一代海上风机电组的材料升级奠定了基础。

在应用方面，中国船舶集团采用超长叶片轻量化技术、智能控制技术、高塔筒技术和风储协调控制技术，破解低风速区风能资源开发利用难题，建设 24 台超低风速型智能化机组，投产后年均等效利用小时数可达 2149 h，每年可减少碳排放约 32×10^4 t。

3. 清洁氢技术

2024 年，全球清洁氢能项目数量、投资规模与产能均创历史新高。全球清洁氢能项目投资总额达 6800 亿美元，电解槽产能突破 520 GW/a。低排放氢年产量接近 200×10^4 t，同比增长近 50%，但技术成熟度、成本竞争力与基础设施仍是主要挑战。欧洲、中国等核心区域在技术研发与产业化方面引领全球，同时拉丁美洲、中东等新兴市场加速布局可再生能源制氢。

1）制氢新技术

2024年2月，北京大学主导，联合中国科学院大学、卡迪夫大学等机构的国际科研团队，成功开发出零CO_2直接排放的热催化制氢技术。这项突破性工艺在270 ℃的温和条件下，通过新型双金属催化剂可将农林废弃物转化的生物乙醇与水分子直接转化为清洁氢气，同时联产具有重要工业价值的乙酸，为氢能产业提供了兼具环境效益与经济可行性的创新解决方案。

研究团队历时十年研发的新型铂-铱双金属催化剂（PtIr/α-MoC），成功破解了传统乙醇重整的技术瓶颈。该催化剂通过精准调控活性位点，将反应温度从常规工艺的300～600 ℃大幅降至270 ℃，并彻底改变反应路径——在传统工艺必然产生CO_2的环节中，通过阻断中间物C—C键断裂而得到目标产物乙酸分子，而非以温室气体形式排放。这一突破不仅标志着碳中和氢气生产迈出关键一步，还建立了一种循环经济模式，可从生物质中共生产氢气和高价值化学品。

2024年10月，中国工程院院士、深圳大学教授谢和平团队就海水中的氯离子引发副反应和电极腐蚀现象，提出一种新的解耦式海水直接电解制氢策略，将有助于丰富和进一步构建破解海水复杂成分影响的海水电解制氢理论体系和技术框架。相关研究成果发表在《自然·通讯》期刊上。传统海水间接制氢技术先淡化后制氢，依赖复杂的海水淡化工艺和设备，占用面积大，投资成本和工程难度高。据悉，该研究针对海水制氢中最棘手的氯离子干扰难题，引入氧化还原介导的解耦策略，利用兼具热力学和动力学优势的阳极反应，巧妙规避了传统电解水制氢过程中析氧反应与氯离子反应的直接竞争，大幅降低了电化学腐蚀。同时，该研究还探明了电解系统阴极析氢反应与阳极亚铁氰酸根氧化反应的高效性，厘清了解耦体系下氧气自发稳定产出的反应机理，实现全新系统在真实海水环境下250 h长时间稳定运行。其进一步拓宽了谢和平院士团队海水无淡化原位直接电解制氢全新原理技术体系，将为海水直接电解制氢的产业化发展提供理论指导。

2024年11月，柏林工业大学、柏林亥姆霍兹研究所、弗赖堡大学微系统工程系和西门子能源公司的团队开发出高效的碱性膜（AEM）电解槽，其性能接近现有质子交换膜（PEM）电解槽。它的优势在于使用低成本镍化合物作为阳极催化剂，从而取代昂贵而稀有的铱。该团队推出第一个AEM电解槽，其生产氢气的效率几乎与PEM电解槽一样高。研究人员没有使用铱，而是使用含铁、钴或锰的双氢氧化镍化合物，并开发了一种方法，将它们直接涂覆在碱性离子交换膜上。

2）氢燃料电池

燃料电池在效率和耐用性方面的进步使氢动力系统在运输和固定应用中更加可行。丰田和巴拉德电力等公司推出了能量密度更高、寿命更长的燃料电池，利用先进的催化剂减少贵金属含量，降低成本。PEM技术和固体氧化物燃料电池（SOFC）的创新提高了性能和耐热性，使得燃料电池电动汽车（FCEV）得到更广泛的应用。

这些进步通过增加续航里程和减少充电时间使FCEV更具吸引力。便携式氢气发电机在远程和离网供电解决方案中广泛应用,为易受灾害影响或与世隔绝的地区提供了可靠的能源。这一进展扩大了氢气在不同市场的应用范围,有助于建立更清洁、更具弹性的能源基础设施。

3)氢动力飞机

2024年1月16日,空中客车公司宣布首型氢动力飞机ZEROe(图4)发动机燃料电池以1.2 MW的功率成功通电,实现氢动力飞行道路上的一个重要里程碑。在完成燃料电池系统测试和动力总成测试后,氢动力飞机ZEROe研发团队在2023年底启动了为空中客车公司电动概念飞机设计的未来氢推进系统——铁吊舱(iron pod)项目。除了氢燃料电池系统外,整个推进系统还包含驱动螺旋桨的电动机以及冷却装置。下一步将优化推进系统的各项性能以满足飞行要求,空中客车公司计划在2026年将燃料电池推进系统安装在ZEROe飞行平台上开展飞行测试。

图4 空中客车公司的氢动力飞机ZEROe

4. 先进核能技术

2024年,全球可控核聚变技术进入加速发展期,各国通过公私合作和多元化技术路线推动商业化进程。国际原子能机构(IAEA)报告显示,全球聚变投资总额达73亿美元,私营资本占比显著提升。美国、中国、德国等主要国家加速推进原型堆建设,公共资金投入增长57%,技术路线涵盖磁约束(托卡马克、仿星器)、惯性约束及混合方法。中国依托EAST、HL-3等装置保持国际领先水平,民营企业开始入局;美国通过《ADVANCE法案》优化监管框架,私营企业融资活跃;欧洲以国际热核聚变实验反应堆(ITER)项目为核心,推动多国协作。

当前先进核能技术主要聚焦于可控核聚变领域材料科学的突破、工程设计的优化与安全机制的强化,以推动核聚变能量的实际应用和商业化进程。随着全球对可再生能源需求的不断上升,核聚变作为一种清洁、几乎无限的能源形式,逐渐受到越来越多各国政府和企业的关注。未来,随着计算机模拟和先进制造技术的进步,核聚变工程的设计与实施将更加高效,助力核聚变能量的商业化进程和实际应用的落地。

1）我国核聚变装置不断取得新突破

2024年6月，聚变能源商业公司"能量奇点"宣布，其设计、研发和建造的"洪荒70"装置成功实现等离子体放电。这一进展表明，我国在核聚变技术领域的自主研发能力已大幅提升。公司创始人、首席执行官杨钊表示，预计到2035年，中国或将迎来可控核聚变发出的第一度电。

2024年8月，新一代人造太阳"中国环流三号"取得重大科研进展，首次实现100×10^4 A等离子体电流下的高约束模式运行，再次刷新我国磁约束聚变装置运行纪录，突破了等离子体大电流高约束模式运行控制、高功率加热系统注入耦合、先进偏滤器位形控制等关键技术难题，标志着我国磁约束核聚变研究向高性能聚变等离子体运行迈出重要一步。

2025年1月，"人造太阳"全超导托卡马克核聚变实验装置（EAST）（图5）在安徽合肥创造了1×10^8 ℃ 1066 s高质量燃烧的世界纪录。这一成果标志着我国在聚变能源研究上实现了从基础科学到工程实践的重大突破，为未来可控核聚变的商业化奠定了坚实基础。

图5　全超导托卡马克核聚变实验装置（EAST）

2）ITER项目大型环形场线圈成功完工并交付

2024年7月1日，ITER项目（又称"人造太阳"计划）迎来重要里程碑。经过20年的设计、生产、制造和组装，这个跨国合作项目的大型环形场线圈在日本和欧洲成功完工并交付。据ITER官方发布的消息，19个巨型线圈都已运抵法国南部，为这个巨型核聚变项目的首次等离子体实验铺平了道路。这也标志着该反应堆设计过程的结束，距离投入使用仅一步之遥。

为了能够精确获得所需磁场，ITER采用了三种不同的磁体组（图6）。18个D形环形磁场线圈将等离子体限制在容器内，还有6个环形叠加的偏置场线圈水平环绕托卡马克装置，共同控制等离子体的位置和形状。在托卡马克的中心，圆柱形中央螺线管可利用能量脉冲在等离子体中产生强大电流。据介绍，ITER的等离子体电流峰值将达到1500×10^4 A，这也创下了全球托卡马克装置新纪录。安装完成后，这些环形磁场线圈将作为一个整体共同运行，将产生总共41 GJ的磁能，相当于是地球磁场的25万倍左右，这也是有史以来最强的磁体。

图 6 线圈及容器的安装示意图

3）CFS 投资建造的世界第一座商业聚变发电厂选址完成

2024 年 12 月 17 日，美国弗吉尼亚州州长 Glenn Youngkin 宣布，最大的私营聚变公司 Commonwealth Fusion Systems（CFS）将投资数十亿美元，在弗吉尼亚州切斯特菲尔德县的詹姆斯河工业中心建造世界上第一座电网规模的商业聚变电厂（图 7）。拟议中的发电厂被称为 ARC，预计将于 21 世纪 30 年代初投入运营。

图 7 CFS 公司聚变电厂效果图

ARC 聚变电厂将支持实现弗吉尼亚州的经济和清洁能源目标，使切斯特菲尔德成为聚变能行业的中心。工厂的运行寿命预计可达 20 年或更长时间，在电厂建设和长期运营期间能够创造出数百个就业岗位。ARC 聚变电厂将产生约 400 MW 的电力，足以为大型工业场所或15万户家庭供电。

CFS公司目前正在马萨诸塞州德文斯的总部完成其原型聚变机SPARC的开发，SPARC的开发为ARC电厂建设铺平了道路。CFS公司将SPARC描述为托卡马克的最先进版本，其设计旨在比其他托卡马克装置更小、更便宜。SPARC预计将于2026年生产其第一批等离子体，并在不久之后生产净聚变能，届时产生的电力将超过消耗的电力。

5. 新型储能技术

在全球储能产业蓬勃发展的当下，锂离子电池虽仍占据主导地位，但鉴于锂资源紧张以及技术路线的多样化，钠离子电池、液态金属电池等新型储能技术正逐渐崭露头角并受到广泛重视。

1) 以固态电池为代表的新型锂电池取得突破

中国科学院青岛生物能源与过程研究所（以下简称青岛能源所）的科研团队在全固态锂电池的研发上取得了重大突破，该成果于2024年7月31日在 *Nature Energy* 期刊上发表。全固态锂电池以其高安全性、高能量密度等优势，被视为下一代电池技术的有力竞争者。然而，其复合电极中不同组分的化学、电化学和力学性能不匹配问题，一直是阻碍其商业化的主要障碍。青岛能源所固态能源系统技术中心开创性设计出均质化正极材料，颠覆了全固态锂电池复合正极的范式。该材料通过调控 $LiTi_2(PS_4)_3$ 的电导率和充放电容量，实现了高离子电导率、高电子电导率和高放电比容量的统一，同时在充放电过程中体积形变极小，显著提升了电池的结构稳定性和循环寿命（图8）。

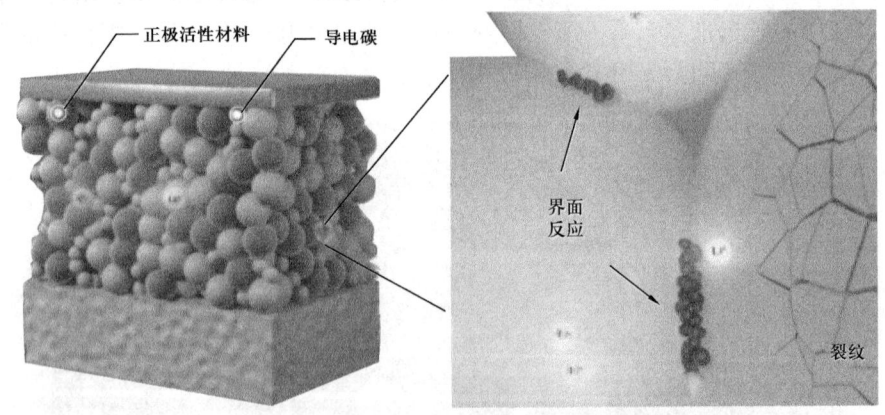

图8 复合正极和均质化正极在充电过程中微观结构演变示意图

2024年11月7日，太蓝新能源联合长安汽车发布无隔膜固态锂电池技术（图9）。在同等条件下，无隔膜半固态电池安全性能比液态锂电池大幅提升，电池安全测试远超国家标准要求，并且无隔膜技术减少对传统隔膜材料依赖和部分电解液，原材料成本降10%以上。同时，太蓝新能源首推锂电池"减材制造"理念，提出"4—3—2—1"技术路线，即在锂离子电池四大主材基础上，第一步减掉隔膜、部分电解液，用于最先量产、装车的半固态电池；第二步减掉全部电解液，用于低空经济等领域全固态产品；第三步减掉负极，用于未来无负极全固态产品。

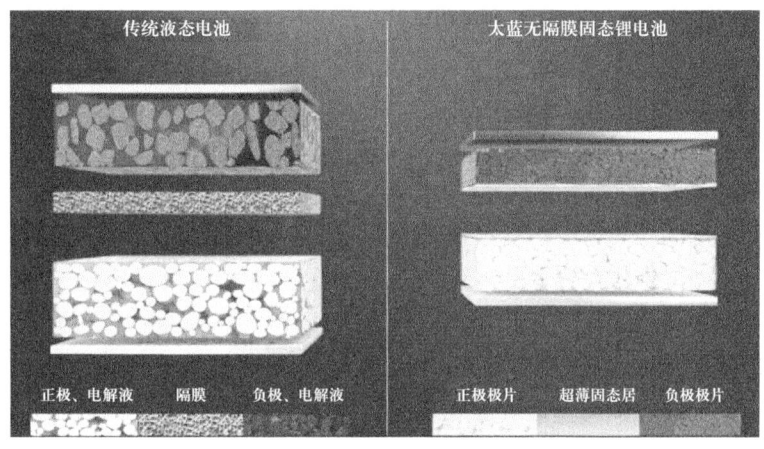

图 9　太蓝无隔膜固态锂电池技术

2） 欧美积极布局钠离子电池和钾离子电池

钠离子电池方面，2024 年 1 月美国储能企业 Inlyte 能源公司宣布其自主开发的铁钠电池技术取得突破性成果，实现日常高效循环（4～10 h）和低成本长时储能（超过 24 h）。Inlyte 能源公司表示，经过一年多的跟踪测试，这种新开发的铁钠电池已经实现了 700 多次循环，能量容量没有损失，往返效率高达 90%，预计电池寿命至少为 7000 次循环（约 20 年），这一性能与目前商用的氯化钠电性能相当，但成本更低。

2024 年 8 月，Natron 能源公司宣布计划在美国建造首个钠离子电池超级工厂（图 10），预计满负荷情况下每年将生产 24 GW·h 钠离子电池。Natron 能源公司生产的钠离子电池的电极材料采用普鲁士蓝化合物的路线，电解液采用安全的水系电解液。其获得专利的普鲁士蓝电极能够更快、更频繁地嵌入和脱嵌钠离子，并且具有更低的内阻。Natron 能源公司的钠离子电池声称在充电/放电过程中能做到几乎零应变，循环速度提高 10 倍，循环寿命超过 50 000 次。该公司的电池是目前美国市场上唯一获得 UL 认证的钠离子电池，终端应用领域包括数据中心、移动设备、电动汽车快速充电、微电网、备用电源等领域。

图 10　Natron 能源公司的钠离子电池超级工厂示意图

钾离子电池方面，2024年7月美国得克萨斯州的初创公司Groupl宣布推出全球首款采用18650型圆柱形外壳的钾离子电池（KIB）。该公司介绍，其新型钾离子电池可无缝集成到现有的锂离子电池（LIB）生产流程中，有望为传统锂离子电池提供一种可持续且经济高效的替代品。

3）其他新型储能技术

除以上电化学储能技术外，以氢储能、热储能、压缩空气储能、重力储能等为代表的多种新型储能技术继续保持快速发展。

（1）压缩空气储能。

压缩空气储能是指在电网负荷低谷期将电能用于压缩空气，将空气高压密封在报废矿井、沉降的海底储气罐、山洞、过期油气井或新建储气井中，在电网负荷高峰期释放压缩空气推动汽轮机发电的储能方式。

2024年8月，中能建数字科技集团有限公司打造的硐室空间达9000 m^3的压缩空气储能地下人工硐室实验室在长沙落成（图11）。该实验室占地面积13.6亩（9066.67 m^2），实验硐室内径6 m，设计压力18 MPa，主要包括地下实验室入口隧道、连接隧道和主实验硐三部分。实验室可在真实的岩体环境中开展储气库长期耐压和充放气循环实验，准确模拟压缩空气储能实际运行工况，利用配套的"打气筒"可向"超大轮胎"每小时注入10 500 m^3常压空气。同时，基于现场试验，可对材料和结构的密封性能、储气库围岩稳定性及硐室变形、储气库温度场分布及热力学特性、高温高压高湿多场耦合环境下材料的耐压耐温耐老化特性等问题开展科学研究。

图11 压缩空气储能地下人工硐室实验室示意图

（2）氢电池。

2024年1月上旬，中国科学技术大学陈维教授课题组首次提出了氢气电极作为正极的电池化学新体系，为基于氢气正极设计高性能电池提供了一种新途径。研究成果发表于《德国应用化学》期刊上。研究人员认为，氢气的优异氧化还原特性不仅使其可作为负极，还可作为极具潜力的正极，与低电位负极配对。基于氢气正极的电池在与碱金属负极结合时，可展现出更高的能量密度和工作电压。其中，锂金属负极在高电压和高能量密度的氢气电池应用中具有巨大潜力。

2024年7月上旬，美国Salgenx公司推出可就地制氢的3000 kW·h盐水电池系统，该系统具有可持续性、成本效益高、充电时可同时发电的特点。系统利用盐水的储能技术，通过现成的廉价材料，如氯化钠（普通食盐）、水和氯化锌为传统锂离子电池提供替代品；同时，创新制氢技术，在电池内部的电化学反应中，氢气作为副产物产生，每次充电产生的氢气量为992 m^3。此外，氢气为微型涡轮机提供动力，产生约904.31 kW·h的电力，形成热电联产。

6. CCUS等碳减排技术

2024年，CCS/CCUS设施数量显著提高，共计50个运营设施，44个在建设施。截至2024年7月，开发和筹备中的项目共有628个，同比增长60%。自2017年以来，捕集能力强劲提升，年复合增长率达到32%。CCS/CCUS在化工、钢铁、水泥等行业脱碳中发挥关键作用。

2024年2月，美国首次将碳捕集等碳管理技术纳入关键和新兴技术清单。欧盟提出到2030年至少建设10个大规模碳捕集与储存项目。欧洲通过创新基金和《净零工业法案》推动区域性碳捕集集群建设，聚焦钢铁、化工、水泥等行业。

1）世界最大化学链燃烧碳捕集装备系统试验成功

2024年9月27日，全球规模最大5 MW化学链燃烧碳捕集示范装置（图12）在四川省德阳市试验成功。该装置采用创新技术路线，可从源头捕捉二氧化碳，捕集效率达95%以上，成本较传统技术降低约2/3。该项目由东方电气集团东方锅炉股份有限公司等9家顶尖机构参与，这项技术将为全球电力、供热、石化、化工、油气等行业的深度脱碳提供全新方案，对"双碳"目标的实现具有重要意义。

图12 东方电气集团世界最大化学链燃烧碳捕集装备系统

化学链燃烧技术是一种不同于传统技术的全新的碳捕集技术，通过载氧体将空气中的氧传递给燃料，避免空气与燃料直接接触，使燃烧产生的二氧化碳不被空气中的氮气所稀释，从而实现二氧化碳在燃料转化源头的自分离。化学链燃烧使用载氧体，打个比方，就像"氧气快递员"，把空气中的氧气带到燃料中燃烧，直接生成高浓度二氧化碳，实现了从源头捕捉二氧化碳，预期成本比传统碳捕集技术减少 2/3，是低成本、高效率、大规模碳捕集的颠覆性新技术。

化学链燃烧技术在进行二氧化碳内分离的同时，能够保持较高的能源效率。本次试验，东方锅炉股份有限公司联合清华大学、法国道达尔能源公司、法国石油与新能源研究院等中外合作研究团队，实现了超过 5 MW 的全球最大燃料热输入，从燃烧的源头直接可以得到 90% 以上浓度的二氧化碳，二氧化碳捕集效率达到 95% 以上，技术指标全球领先，该技术已经具备了逐步商业化、规模化的应用条件。

2) 世界首座二氧化碳商业储存库投资批准

2024 年 6 月，全球首个跨境、共享二氧化碳运输和储存基础设施网络"北极光"正式获得"连接欧洲基金"（CEF）资助批准（图 13）。该项目获批资金为 1.31 亿欧元，是 CEF 资助的四大二氧化碳运输和储存项目之一，被视为到 2030 年建立欧洲范围的碳管理基础设施的关键要素。

图 13　挪威北极光 CCS 项目

该项目是石油和天然气巨头壳牌、Equinor 和道达尔能源的合资项目，旨在帮助在欧洲建立商业 CCS 市场。北极光项目计划于 2024 年开始接收二氧化碳，准备注入 150×10^4 t 二氧化碳，计划在下一开发阶段再注入 350×10^4 t 二氧化碳。

捕获的排放物将通过船舶从捕获点运输到挪威西部的接收站进行中间储存，之后通过管道进一步输送到海床下 2600 m（约 8530 ft）的海底岩层中安全永久地储存，项目旨在为整个欧洲的工业提供二氧化碳运输和储存服务。

（三）新能源技术展望

2024 年以来，为了争夺清洁技术的领导地位，中国、欧洲、美国密集部署了一系列清洁技术研发与应用相关政策、规划与计划。全球清洁技术竞争将加速创新，助力扫清可再生能源革命的障碍。各国对能源安全和地缘政治影响力的渴望将助力在政治分歧中达成清洁技术研发合作的共识。展望未来，一个更清洁、更便捷的清洁技术体系即将诞生。

1. 光伏技术正迈向高效化、智能化与多元化协同发展新阶段

在全球碳中和目标驱动下，光伏技术正朝着高效化、智能化与多元化场景融合方向加速发展，未来十年将聚焦突破光电转换效率极限、构建智慧运维体系及拓展新型应用模式。这一进程不仅依赖于材料科学与工程技术的突破，还需与储能、电网数字化等环节深度协同，推动光伏从单一发电单元向综合能源系统升级。

一是光伏电池技术呈现多路线并行竞争的态势，高效电池技术正从实验室向产业化跃迁。N 型电池依旧主导市场，TOPCon 电池通过激光开槽技术减少金属接触损耗，其 25%~26% 的量产效率和低衰减率逐渐成为市场主流选择，隆基、晶科等头部企业加速布局 10 GW 级产能。钙钛矿技术商业化提速，单结钙钛矿电池实验室效率已达 33.7%，协鑫科技建成 10 GW 级生产线，其叠层电池理论效率超 45%。未来晶硅—钙钛矿叠层电池可能突破理论效率瓶颈，预示下一代光伏革命即将到来。薄膜电池形成差异化竞争态势，其中碲化镉（CdTe）电池在光伏建筑一体化（BIPV）领域保持 15%~18% 的市场占有率，First Solar 公司持续优化组件寿命至 30 年以上，未来透明导电氧化物（TCO）材料的国产化将进一步降低成本。

二是光伏电站的运维模式正从被动响应转向主动预防，物联网、机器人、AI 与大数据技术的融合重构行业生态。数字孪生与 AI 可基于历史气象数据和设备状态参数，精准预测组件衰减（误差率小于 3%）和故障概率，提前发出运维指令。例如，华为 FusionSolar 系统通过分析 10 亿级数据点，使电站发电量预测准确率达 98%。多旋翼无人机搭载热成像和激光雷达，实现光伏板表面缺陷（如隐裂、污渍）的毫米级检测，巡检效率提升 5 倍；清洁机器人通过路径规划算法，自主完成沙漠、山地等复杂场景的运维作业。区块链技术可基于智能电表的实时数据，支持光伏电力余量在微电网内交易，德国试点项目已实现社区用户间绿电溢价交易。

三是光伏技术的应用正从传统的地面电站向跨界融合的多元化场景拓展，其应用边界不断被突破。BIPV 技术正推动建筑表皮的能源革命，例如，特斯拉 Solar Roof 4.0 实现了光伏组件与建筑瓦片的完全融合，转化效率达 22%，每平方米年发电量约 150 kW·h。此外，中国"整县推进"政策预计推动 BIPV 装机量在 2025 年突破 10 GW。漂浮式光伏创新水域资源利用模式，全球首个吉瓦级漂浮式电站（印度尼西亚 Banyuwangi）采用高密度聚乙烯浮筒，抗风浪能力达 12 级，年发电量较陆地提升 10%~15%。光伏 + 储能 + 制氢构建零碳能源枢纽，依托"光伏 + 绿氢"项目，沙特阿拉伯重点布局的 NEOM 新未来城计划 2030 年前部署 4GW 光伏电站配套电解槽，满足城市 100% 清洁能源需求。

2. 风电技术正加速实现大型化、数字化与智能化深度融合

在海上风电平价上网与陆上深远海开发的驱动下，风电技术正朝着单机容量突破、全生命周期数字化管理及多能互补系统构建方向演进。这一转型不仅依赖材料与工艺革新，还需与电网灵活性改造、氢能储能等技术协同，推动风电从补充能源向主力电源升级。

一是随着材料技术的突破和成本的持续降低，陆上和海上风电机组正朝着大型化方向发展，不断突破传统机械极限与成本边界。中国金风科技制造的陆上大型 GW185－6MW 机组叶轮直径达 185 m，扫风面积约 4.5 个标准足球场，单机年发电量可达 $6000×10^4$ kW·h，可满足 2 万户家庭用电需求。欧洲 Vestas 15MW－225 型海上漂浮式风机采用半直驱传动链，设计寿命 30 年，单台年发电量约 $8000×10^4$ kW·h，推动北海风电平准化度电成本（LCOE）降至 25 欧元/(MW·h) 以下。材料革新继续降低制造成本和叶片质量，如玻纤叶片通过拓扑优化减重 30%，东方电气研发的 130 m 级超长叶片质量可减轻 5 t。

二是风电技术正建立从远程监控到自主决策的数字化运维模式，显著提升了风电的发电效率和可靠性。基于高精度激光雷达扫描与计算流体动力学（CFD）仿真，数字孪生平台可模拟风机全生命周期性能，提前 18 个月预测齿轮箱故障，维修成本降低 40%。通过在机舱部署边缘计算节点，实时分析振动、温度等参数，联合云端模型训练实现风机状态自适应调整，故障识别准确率达 99%。华为 WindOS 平台集成 5G 通信模块，实现风机与电网、储能系统的毫秒级协同，支撑风电场参与电力市场实时竞价。

三是多能互补构建零碳能源生态系统，因地制宜拓展风电技术应用边界，实现能源系统的深度耦合与优化配置。荷兰壳牌计划在北海建设 2 GW 海上"风电＋制氢"基地，通过电解槽将风电直连制氢，绿氢纯度达 99.9%，成本控制在 3 美元/kg 以内。内蒙古乌兰察布项目配置储能容量 300 MW/600 MW·h，通过"风—光—储—火"多能互补，实现新能源占比超 70% 的稳定供电。中国山东试点"海上风机＋贝类养殖"模式，风机基础结构为牡蛎礁提供附着基座，单台风机年均额外创造渔业产值 50 万元。

3. 氢能技术正围绕绿色化、规模化和多场景应用加速发展

在碳中和目标与能源安全的双重驱动下，氢能技术正加速向绿氢制备低成本化、储运体系高效化及终端应用多元化方向发展。这一进程不仅需要突破电解槽、储氢罐等核心装备的技术瓶颈，还需构建从制氢到应用的完整产业链生态。

一是绿氢制备技术持续升级，推动制氢效率提升与成本下降。电解槽技术迭代加速，质子交换膜电解槽凭借启动速度快、电解效率高的优势，逐渐成为主流技术，质子交换膜的国产化率突破 50%，单槽成本降至 200 美元/kW 以下；中国亿华通研发的 120 kW 质子交换膜电解槽可在 -30 ℃ 低温环境下稳定运行，适配北方地区丰富的风光资源。同时，海水电解技术取得突破，美国 C12 能源公司开发的高压海水电解系统通过钛合金涂层防止腐蚀，制氢能耗降低至 4.2 kW·h/m³，接近理论极限值。此外，工业副产氢提纯技术不断成熟，焦炉煤气提纯成本已降至 1 美元/kg 以下，中国宝武集团计划在 2025 年前建成百万吨级绿氢耦合炼钢项目，碳排放强度较传统工艺减少 30%，为钢铁行业的绿色转型提供了有力支撑。

二是氢能储运技术创新应用，聚焦破解"最后一公里"难题。高压气态储运技术取得进展，70 MPa Ⅳ 型瓶组实现 800 km 长距离运输，单车运氢量达 50kg，加氢站建设成本下降

35%。液态储运技术也取得突破,日本宇宙航空研究开发机构(JAXA)研发的超临界液态储氢(SLH)技术使储运密度提升至 LNG 的 1.5 倍,船舶运氢成本降低 40%。固态储氢技术加速商业化,丰田 Mirai 搭载的镁基固态储氢系统可在 -20 ℃环境下工作,体积能量密度达 1200 W·h/L,循环寿命突破 5000 次,为氢能在交通和分布式能源领域的推广提供了更安全、高效的储运方案。

三是氢能应用场景不断拓展,正从工业脱碳迈向交通革命和能源系统深度融合。交通领域,中国氢燃料电池重卡已突破 5000 辆规模,续航里程达 800 km,加氢时间缩短至 10 min;欧洲 Hyundai Nexo 氢燃料轿车实现 -30 ℃冷启动,续航突破 1000 km。工业耦合方面,德国蒂森克虏伯试点绿氢炼钢,采用直接还原铁(DRI)工艺,碳排放减少 95%;壳牌在荷兰鹿特丹港部署全球首艘液态绿氨运输船,打通了海上贸易新通道。发电调峰领域,日本清水建设的 20MW 氢燃料电池电站可实现秒级响应电网负荷波动,与光伏、风电形成互补,展示了氢能在电力系统中的灵活性和可靠性,为构建零碳能源系统提供了重要支撑。

4. 储能技术正朝着高密度、长寿命与智能化方向不断演进

在可再生能源装机占比持续提升的背景下,储能技术正朝着高能量密度材料突破、长周期寿命优化及全场景智能化管理方向发展。这一进程不仅需要解决锂资源依赖与安全性问题,还需与电网、可再生能源深度耦合,推动储能从成本中心向价值创造中心转型。

一是电化学储能材料革新驱动性能跃升。固态电池产业化加速推进,丰田计划在 2027 年推出固态电池电动车,其能量密度达 500 W·h/kg,充电时间缩短至 10 min,循环寿命超 10 000 次,为电动汽车和储能领域带来重大突破。钠离子电池凭借成本优势和低温性能,规模化应用前景广阔,宁德时代第二代钠电池能量密度突破 160 W·h/kg,预计 2025 年在储能电站领域替代 10% 的锂电产能。同时,液流电池技术不断突破,中国全钒液流电池储能电站单站规模突破 100 MW/400 MW·h,钒资源回收率达 95%,成为长时储能的优选方案。

二是构网型储能重塑电网安全新范式。虚拟电厂(VPP)通过聚合分布式储能资源,实现灵活调度与调频服务。澳大利亚 AGL 公司利用 AI 算法实现 10×10^4 kW 级调频服务,响应速度达毫秒级,显著提升了电网的灵活性和稳定性。黑启动技术取得突破,阳光电源 PowerTitan 液流电池储能系统支持电网全黑启动,可在 72 h 内恢复 100 MW 级风电场并网,增强了电网的抗灾能力。此外,氢储能耦合技术也在不断发展,丹麦 Wind2H₂ 项目将风电制氢与高压储氢结合,氢气作为灵活储能介质,可实现跨季节调节电力供需。

三是智能化运维推动全生命周期管理升级。基于设备振动、温度等多源数据,AI 模型可提前 30 天预警电池热失控风险,准确率达 92%,显著提升了储能系统的安全性。南瑞集团构建储能电站数字孪生体,模拟不同充放电策略对电池寿命的影响,使系统全生命周期成本降低 15%。同时,区块链技术赋能能源交易,澳大利亚 Power Ledger 平台利用区块链记录储能充放电数据,实现绿证与碳资产的自动化核发,提升了能源市场的透明度和效率。

5. 先进核能朝着第四代反应堆创新、模块化部署与聚变能源突破的方向加速发展

先进核能技术正朝着第四代反应堆创新、模块化部署与聚变能源突破的方向加速发展。在碳中和目标驱动下,全球核电产业通过提升燃料效率、增强安全冗余及探索核聚变商业化路径,推动核能向低碳化、灵活化与可持续化转型。这一进程不仅需要突破材料科学与工程

设计的瓶颈，还需构建全链条技术体系，实现从传统能源供给向多能互补基荷电源的跨越。

一是第四代反应堆技术突破物理极限。高温气冷堆通过氦气冷却和石墨慢化实现固有安全性，山东石岛湾示范工程采用氦气循环冷却，堆芯出口温度达750℃，可支持高效发电与制氢一体化运行，热电转换效率较传统压水堆提升30%。钠冷快堆实现核燃料增殖，俄罗斯BN-800快堆每年可转化20 t铀-238为钚-239，燃料利用率提升至60%以上。同时，熔盐堆技术取得进展，甘肃武威钍基熔盐堆完成首次临界实验，利用钍资源替代铀矿，配合氟化盐冷却剂使系统功率密度达到140MW/m^3，开创无水冷却核能新模式。

二是模块化小堆重构能源供给形态。美国NuScale公司开发的50MW小型模块化反应堆采用即插即用设计，单模块建造周期缩短至36个月，成本较大型机组降低45%，计划2029年在爱达荷州投入商运。中国自主研制的ACP100S海上浮动堆实现反应堆与船舶平台集成，具备离岸供电能力，单机功率200 MW，满足海岛全年不间断能源需求。阿根廷CAREM-25微型堆采用一体化设计，功率密度较常规堆提升5倍，为区域微电网提供稳定基荷电力。

三是核聚变能源迈入工程验证阶段。国际热核聚变实验堆计划2035年实现氘氚等离子体持续燃烧400 s，中国承担9%关键部件研制任务，自主研制的超导磁体系统磁场强度达13 T，等离子体电流突破$100×10^4$ A。美国国家点火装置（NIF）通过惯性约束实现能量净增益，激光能量输入2.05 MJ，输出能量达3.15 MJ，Q值[①]达到1.54。中国全超导托卡马克EAST实现403 s高约束等离子体运行（$1.2×10^8$ ℃），配合钨铜合金第一壁材料，耐受粒子辐照剂量提升至20 MW·d/m^2，为国际热核聚变实验堆运行奠定技术基础。

6. CCUS朝着高效捕集、多元利用与规模化封存的方向协同突破

在全球碳中和战略推动下，CCUS技术通过提升捕集效率、拓展低碳转化路径及完善地质封存验证体系，加速向规模化、全链条与经济性方向演进。这一进程需突破能耗与成本瓶颈，推动CCUS从末端治理向碳循环经济核心载体升级。

一是高效碳捕集技术突破能耗壁垒。新一代化学吸收法采用复合胺溶液与催化剂协同技术，中国华能集团研发的30%负载胺液捕集效率提升至90%，再生能耗降至2.4 GJ/tCO_2，较传统工艺下降30%。膜分离技术加速迭代，美国MTR公司开发的碳分子筛膜组件渗透通量达5 m^3/(m^2·h·bar)，二氧化碳纯度超95%，已应用于挪威Equinor公司的海上平台捕集项目。直接空气捕集（DAC）成本持续下降，冰岛Carbon Engineering公司利用碱性溶液吸附+模块化反应器，捕集成本压缩至600美元/t，年处理能力扩展至$100×10^4$ t级。

二是低碳利用技术开辟资源化路径。二氧化碳矿化封存技术实现规模化应用，中国鞍钢集团利用钢厂尾渣与二氧化碳反应，年产$20×10^4$ t碳酸钙建材，碳封存效率达95%。生物转化路径取得突破，中国科学院天津工业生物所通过人工合成淀粉技术，实现二氧化碳到淀粉的全合成，能量转化效率达8.5%，较自然光合作用提升300%。化工利用方面，巴斯夫公司开发的二氧化碳加氢制甲醇工艺，单套装置年产能$5×10^4$ t，碳转化率超过99%。

三是规模化封存技术构建安全屏障。地质封存监测技术实现实时追踪，挪威Sleipner项目采用分布式光纤传感系统，实现二氧化碳羽流运移监测精度达0.1 ℃，封存安全周期延长

[①] Q值又称能量增益因子，是衡量核聚变反应能量效率的核心指标。

至10万年。海底咸水层封存取得进展，日本CCS调查公司完成南海海槽二氧化碳注入试验，最大注入压力达15 MPa，储层孔隙度达22%。中国吉林油田建成10×10^4 t级CCUS-EOR示范工程，通过二氧化碳驱油提高原油采收率12%，实现捕集—封存—利用闭环。

（本报告撰写人：刘知鑫　李田玮　王小天　高维群　审核人：潘松圻）

参考文献

[1] IEA. World energy investment 2024 [R], 2024.

[2] IEA. The state of clean technology manufacturing [R], 2024.

[3] IEA. Critical minerals market review 2024 [R], 2024.

[4] IEA. Energy technology perspectives 2024 [R], 2024.

[5] CAS Energy. 国际能源署发布《2024年世界能源投资报告》[EB]. 先进能源科技战略情报研究中心，2024.

[6] RMI. X-Change: The race to the top. cleantech competition between China, Europe, and the United States [OL]. https://rmi.org/wp-content/uploads/dlm_uploads/2024/03/X_change_the_race_to_the_top.pdf.

[7] EPO, EIB. Financing and commercialisation of cleantech innovation [OL]. https://link.epo.org/web/publications/studies/en-financing-and-commercialisation-of-cleantech-innovation-study.pdf.

[8] World Economic Forum. Why we must balance cooperation and competitiveness in cleantech [OL]. https://www.weforum.org/agenda/2024/05/why-we-must-balance-cooperation-and-competitiveness-in-cleantech/.

[9] IEA. Advancing clean technology manufacturing [OL]. https://www.iea.org/reports/advancing-clean-technology-manufacturing.

[10] BloombergNEF. Energy transition investment trends 2024 [OL]. https://about.bnef.com/energy-transition-investment/.

[11] IEA. Clean energy market monitor [R/OL]. https://www.iea.org/reports/clean-energy-market-monitor-march-2024.

[12] 袁榴艳. 中国绿色发展引领全球能源转型 [N/OL]. 中国石油报，2024-03-14（5）. https://mp.weixin.qq.com/s/S-7rUfxw6tHbrZZAN1DDHg.

[13] 中能传媒研究院. 能源发展回顾与展望（2023）——能源篇 [R/OL]. https://cpnn.com.cn/news/baogao2023/202401/t20240108_1667140.html.

[14] European Commission. A green deal industrial plan for the net-zero age [EB/OL]. https://ec.europa.eu/commission/presscorner/detail/en/ip_23_510.

[15] European Commission. Net zero industry act [EB/OL]. https://single-market-economy.ec.europa.eu/publications/net-zero-industry-act_en.

[16] European Commission. Critical raw materials act [EB/OL]. https://single-market-economy.ec.europa.eu/sectors/raw-materials/areas-specific-in.

[17] European Commission. Renewable energy – Recast to 2030（RED Ⅱ）[EB/OL]. https://joint-research-centre.ec.europa.eu/welcome-jec-website/reference-regulatory-framework/renewable-energy-recast-2030-red-ii_en.

专题研究报告

一、美国能源高级研究计划署推动能源科技创新的经验与启示

美国能源高级研究计划署（Advanced Research Projects Agency – Energy，ARPA – E）是美国能源部在2007年仿效国防部高级研究计划局（DARPA）设立的机构，旨在以高效的科研管理、成功的成果转化模式，资助并推动能源领域变革性技术创新。ARPA – E成立的宗旨是通过促进和加速能源领域变革性技术的创新，保障美国的经济和能源安全，减少能源进口和温室气体排放、提高能源效率，并增强能源基础设施的弹性和安全性，使美国能源技术保持全球领先地位。作为公共部门，ARPA – E面向国家实验室、大学、企业（特别是创新型小企业）以及个人搜寻能源领域的变革性技术，通过严格的项目管理遴选和推进研发项目，并带动风险投资等金融资本共同推进研究成果转化落地，形成了完善的创新生态系统。

（一）ARPA – E的资助领域及取得成绩

自成立以来，ARPA – E聚焦能源领域前沿技术，累计投入研发经费40.7亿美元，支持主体研究计划88个，探索主题计划33个，促进具有应用潜力的领先能源技术种子孵化（SCALEUP）计划21个，下设项目总计1690个。其中，235个项目获私人部门投资超过135亿美元，成立166家新公司，截至2024年9月，已有32个项目以并购或首次公开募股（IPO）形式成功退出ARPA – E计划，企业交易当期市值超过222亿美元。ARPA – E颁发了416个技术许可，与其他政府机构开展合作372个项目，发表期刊论文7818篇，获美国专利与商标局专利授权1187项。ARPA – E切实推动了能源技术创新，为美国能源产业可持续发展奠定了坚实基础。

1. ARPA – E资助计划

ARPA – E资助范围非常广泛，截至2024年7月，总共资助1653个项目，大体可分为主体研究计划、OPEN计划、探索计划（Exploratory Topics）和SCALEUP计划四类，其中前三类为研发计划，SCALEUP计划则为商业化计划。

主体研究计划是支持变革性能源技术的主体计划，涉及能效、发电和输电、交通三大领域，如2010年启动的5项计划包括交通电池、碳捕集新材料与工艺、电化学燃料、电力柔性传输、提升建筑能效的创新热装置，下设项目71个；2023年启动海洋碳捕集、无电网长时储能、高能量密度储能、超高速半导体等8个主体计划，下设项目89个。

OPEN计划是主体研究计划的补充，每3年一次。用于寻求所有能源应用中研究和开发具有潜在颠覆性的新技术，相对于主体研究计划，申请条件更为宽松，支持时间短，资金规模小。ARPA – E共举办了6期OPEN计划。2024年，OPEN计划聚焦能源领域的突破性技术，涵盖碳纳米管规模化生产、无碳氨合成、低成本电池材料、氢能转化、核聚变装置优化、电网智能化、塑料循环利用等方向。项目总投资超7亿美元，涉及高校、国家实验室及

企业，旨在推动能源转型、减少污染并提升产业竞争力。

探索计划开辟了新的途径，针对不符合上述两种模式的小型项目，提供灵活、简化的资助方案，促使探索性研发创意发展成为主体计划。2023年至今，探索计划涉及地质氢与地下生氢技术、藻类与植物采矿、超导带材、航空尾迹、多式联运货运系统以及低能核反应等主题。

SCALEUP计划的全称是具有应用潜力的领先能源技术种子孵化计划，旨在支持已取得进展的创新成果实现从实验室到应用的转化。通过扩展性能数据、验证制造能力和可靠性，帮助技术实现商业化，帮助行业利益相关者证明大规模部署技术的财务和资源承诺是合理的，鼓励不同组织、企业和金融实体参与项目，促进跨学科和跨部门的合作，任何希望加入团队合作伙伴名单的组织都可以通过指定链接提交必要信息。

2025年，ARPA-E的目标是支持气候适应和韧性能源创新，支持净零排放目标，并推动能源技术议程，创造就业机会，保持美国在能源技术领域的领先地位。总预算为4.5亿美元，包括项目经费和项目指导经费，其中4亿美元用于ARPA-E项目（表1），指导经费为4200万美元。

表1 2025年资助研究计划

类别	名称	备注
主体研究计划	GOPHURRS	电网升级改造，实现可靠性、弹性和安全性的电网
	PROPEL-1K	以1 kW·h/kg储能系统开拓铁路、海洋和飞机电气化
	ROSIE	从矿石到钢材的革命性新途径，以影响排放
	SEA CO_2	海洋观测中人为碳排放的SEA CO_2传感输出
	ULTRAFAST	通过更快地驱动功率半导体技术，解锁持久的变革性弹性进步
	SPARKS	刺激项目，以迅速推进能源研究和知识
	Critical MAAS	关键矿物评估与人工智能支持
	REEACH Phase II	低碳高效电动航空增程器
探索计划	INTERMODAL	通过资产和物流建模提高运输效率和弹性
	CREATE	创造——创造革命性的能源和技术的努力
	PRE-TRAILS	预跟踪——预测实时排放技术，减少天空中飞机诱导线
	Algal Mining	藻类开采——从海洋大藻生物量中提取关键矿物
	NSTC	导体的新型超导技术
	Geological Hydrogen-G	通过受刺激的矿物过程生产地质氢气
	Geological Hydrogen-H	储氢管理地质氢地下工程

2. ARPA-E资助成功的典型案例

1）支持国家战略，无稀土高性能清洁永磁体正在扩大生产

稀土在工业中扮演着重要的角色，广泛用于芯片、集成电路、飞机发动机、新材料、新能源等领域。随着环保意识的提高和开采成本的上升，美国的稀土产业逐渐失去竞争力，2018年净进口依赖度高达100%，完全依赖进口稀土。美国历届政府认为稀土资源对于国家

安全和经济发展具有重要意义。为支持国家战略，ARPA-E 自 2010 年就开始布局，研发制造无稀土永磁体工艺，使美国摆脱稀土材料依赖，减小地缘政治和供应链不稳定的影响，维护国家关键矿产的安全。

2011 年，ARPA-E 通过主体研究计划"关键技术中的稀土替代品"（REACT），支持明尼苏达大学（UMN）和 Oak Ridge 国家实验室，研发电动汽车电动机和风力发电机，找寻低成本稀土材料替代品。2014 年，Niron Magnetics 公司从明尼苏达大学分离出来，成为一家初创公司，在 ARPA-E 的支持下，组建了具有材料物理学、冶金学和半导体技术背景的跨学科团队，制造工艺结合纳米材料、成熟的冶金方法进行工程设计，精确控制和操纵氮化铁的晶体结构，制造无稀土、高强度永磁体。ARPA-E 通过 SCALEUP 2021 计划资助 1750 万美元，帮助从早期概念原型过渡到商业上可行的技术版本，即氮化铁转化的无稀土永磁铁商业化。2024 年 10 月 11 日，Niron Magnetics 公司宣布在美国明尼阿波利斯开设商业试验工厂，占地超过 6500 m^2，每年生产 1500 t 以上不含稀土的永磁体，是世界上第一个生产稀土永磁体可持续替代品的工厂，预计十年内结束美国永磁体供需缺口。

2）支持变革性技术，开展地质氢勘探开发研究

地质氢作为一种新发现的可再生清洁能源，有望改变能源使用方式，但商业化利用还为时尚早，未来将改变全球能源格局。2024 年 2 月，美国参议院能源和自然资源委员会就开发地质氢举行听证会。美国 ARPA-E 针对小型项目，提供灵活、简化的资助方案，促使探索性研发创意发展成为主体研究计划，探索计划开辟了新的途径。

ARPA-E 的探索计划设置了三个与地质氢相关的计划，分别是探索计划 G&H、探索计划 M（H$_2$SENSE）。探索计划 G&H 又分为 G 和 H 两个主题。

探索主题 G：涉及地下氢气生成的方法，增强蛇纹石化或其他氢气生成过程以及预测和监测产量的建模和表征方法。组织 4 家大学、3 个国家实验室、3 家初创公司、1 家科研机构，探索热刺激、催化低温蛇纹石、有机酸和催化剂增强地下矿床生产、原位蛇纹石化反应、蛇纹石化机械方式、非生物催化剂等方面，并加强大规模化学制图、生产过程中的速率测定、控制和反应器的研发，为地下生产氢的生产链中出现的各种问题与挑战加强系统性、深入性的研究。

探索主题 H：侧重于演示识别、管理和监测氢储层的方法，以及评估氢储层开发的风险。组织 5 家大学、1 个国家实验室、1 家初创公司探索长期储能的工程地质氢电池、商业抗震安全地质氢循环注入、超基性地质氢储层管理、泡沫辅助增强氢气回收、储层管理开发地质氢收集技术和原位制氢和经济开采的地下工程解决方案，增强地质氢采收多尺度表征、传输和力学，为地质氢开采提供全面的方法探索、精确的数据分析以及高效的管理策略的前期研究。

探索计划 M：APRA-E 支持 H$_2$SENSE 计划 1100 万美元，共 9 个项目，主管是 Robert Ledoux 博士。H$_2$SENSE 计划组织 4 个大学、3 个科研机构、1 个国家实验室、1 个初创公司共同研究氢气传感器，研究监控氢气泄漏的定位（LOC）和量化，验证一种基于光声受激拉曼光谱（PARS）的氢气传感器的氢气排放监测系统，新型光纤传感器系统和 AI 驱动的方法，无人机激光成像仪测量区域氢气泄漏仪，无线氢集成传感器，氢气泄漏定位、量化和监测的集成光子系统，混合高清等离子体氢传感器等，提前研究氢气传感器。

3) 支持清洁能源与低碳产业发展计划

Addis 能源公司开发的地质氨生产技术通过利用地下自然条件与铁基岩石资源，为传统氨生产的高能耗、高碳排放问题提供了革命性解决方案。尽管现有公开信息未明确提及 ARPA-E 直接资助该项目，但其技术路径与 ARPA-E 推动的清洁能源创新方向高度契合，尤其在降低工业碳强度和颠覆传统化工工艺方面具有显著潜力。相比传统哈伯法（需高温高压且依赖化石燃料），该技术通过地下自然条件降低能耗，初步估算氨生产成本为 0.55 美元/kg，未来有望进一步降至 0.2 美元/kg，利用地热能和地下资源，减少碳排放，且氨作为能源载体可应用于农业、工业及氢能储运领域，依托石油和天然气行业的成熟钻探技术，降低规模化应用门槛。

ARPA-E 最初于 2023 年由探索主题（Exploratory Topics）G 支持研究计划 425 万美元，在 2024 年资助了麻省理工学院 Iwnetim Abate 团队的"地下氢气生产"项目，2024 年又通过 OPEN 计划，带动社会资本 875 万美元，Addis 能源公司作为 ARPA-E 资助项目的衍生公司，获得了资金与技术转化支持，加速从实验室到工业化的进程。ARPA-E 关注颠覆性能源技术，而 Addis 能源公司的"地下反应器"概念符合其"利用地球本身作为反应器"的创新理念，旨在推动可持续化学生产，该技术与 ARPA-E 其他资助项目（如激光炼钢、环保磁铁）共同构成未来能源转型的多元化路径。

4) 支持传统能源公司减排计划

传统钢铁生产依赖高炉—转炉工艺，占全球温室气体排放的 8%。激光炼钢技术作为一种新兴的低碳炼钢方法，利用高功率激光束直接加热铁矿石，实现铁的提取与精炼。

初创公司 Limelight Steel 利用激光束将铁矿石加热至 1600 ℃，转化为液态铁，较原来能耗降低 30% 以上，从源头减少碳排放，通过余热回收优化能源效率。激光系统为 1.5 kW 示范装置，由 16 个邮票大小的激光阵列组成，照射铁矿石至熔点，液态铁与杂质分离后，利用现有的转炉精炼，已建成示范系统可处理 10~20 g 铁矿石，下一阶段将建造 150 kW 激光系统，年产钢量 100 t。

作为钢铁工业的颠覆性技术，Limelight Steel 公司要突破激光功率密度、处理效率及经济性等瓶颈，构建"绿电+激光炼钢"零碳产业链，满足航空航天、新能源装备需求，模块化激光系统可适配中小钢厂，重构钢铁生产地理格局。激光炼钢技术具有低碳、高效、灵活的特征，商业化进程仍需技术迭代与政策支持的协同推动。

（二）ARPA-E 的主要实践经验

相比于能源部其他部门，ARPA-E 更强调发展变革性技术，流程简化，且高度注重成果转化。

1. 多手段筛选变革性技术

ARPA-E 通过识别和把握技术趋势，支持高风险、高回报的研究项目，与学术界和产业界合作举办创新竞赛及能源峰会，支持创新生态系统的发展，多种途径挖掘具有潜在变革性技术、有影响力的创新想法和技术方案。

"空白"策略识别变革性技术,保证研究计划的前沿性。ARPA-E 基于"空白"策略确定现有研究项目难以解决的技术问题,一旦确认技术空白,即召集学界、工业界和商业界的专家共同研讨,群策群力,打破学科孤岛,同时利用能源部内部资源,确定技术水平和差距。

资助技术成熟度为 2~4 的能源技术。不同于美国能源部从基础研究到应用的全过程资助,ARPA-E 重点支持在 3~5 年内能完成的具有高潜力、高影响力、高回报、有资金缺口的技术,技术成熟度一般为 2~4 级,即在技术概念阶段到实验室验证阶段之间。

2. SCALEUP 计划促进成果转化与商业化应用

项目启动初期即制定"技术到市场(T2M)"方案,由 T2M 顾问团队协调制定成果转化方案,并明确商业化路径,包括技术路线图、知识产权战略、技术经济分析、市场分析、商业模型、潜在客户群体、融资和营销策略等,阐明相应技术研发的实际价值和市场转化能力,使项目在寻求后续投资时更具说服力。

SCALEUP 计划帮助技术发展跨越"死亡谷"。APRA-E 负责筹集资金,协调对接行业领先公司,吸引风险投资等金融资本投入,推进成果商业化,帮助变革性能源技术从实验室阶段进入市场化,跨越"死亡谷",加快变革性能源技术的市场应用。例如,ARPA-E 于 2011 年向 Niron Magnetics 公司提供资助 425 万美元,并在 2022 年通过 SCALEUP 计划追加投资 1750 万美元。该公司 2023—2024 年通过市场融资 5800 万美元扩大无稀土清洁永磁体生产规模,降低了美国对国外稀土矿产的依赖。

3. 采取高效的科研管理模式鼓励创新

ARPA-E 的高效管理模式核心在于"自主权+动态调整+市场导向"的三重驱动,既保留了传统科研机构的严谨性,又具备初创企业的灵活性。其经验表明,高风险技术的创新需制度保障、资金支持与跨领域协作的有机结合,为其他国家推动能源转型提供了重要参考。

项目经理的高自主权与动态管理。ARPA-E 借鉴美国国防部高级研究计划局(DARPA)模式,赋予项目经理高度自主权,形成技术到市场导向的敏捷管理。项目经理可自主定义技术主题,聚焦颠覆性技术(如固态电池、超导电动机),并直接参与技术路线设计,而非仅依赖外部评审,在项目全周期(从申请到结题)中,项目经理与执行团队保持密切沟通,根据技术进展灵活调整节点目标,甚至重组项目方向。例如,电动飞机项目中,雷神科技的超导电动机研发团队根据实验数据优化冷却系统设计,体现了这一机制,允许 30% 以上的项目因技术不可行终止,但强调从失败中提炼经验,避免资源浪费。

多元化资金支持与商业化激励。初期提供小额资金(如 OPEN 计划每轮 1.2 亿~2 亿美元支持 40~60 个项目),后期对有潜力的项目追加投入。例如,固态电池企业 Ion Storage Systems 获 ARPA-E 2000 万美元配套资金,结合私人资本达 4000 万美元,推动技术产业化。设立技术到市场(T2M)框架,要求团队从立项阶段规划商业化路径,包括技术专利布局、产业链合作等。例如,太阳能电池企业 CubicPV(原 1366 Technologies)在 ARPA-E 资助下开发低成本硅片技术,并在印度建厂实现规模化生产。通过"50-50 配套资金"要求企业承担部分研发成本,筛选出真正具备市场潜力的项目。

跨学科协作与产业生态构建。ARPA-E 打破传统学科壁垒，推动产学研深度融合，如核废料处理（ONWARDS 计划）整合材料科学、地质工程与化学工程，吸引高校（如麻省理工学院）与企业（如 Curio）合作攻关。OPEN 计划鼓励非传统领域团队参与，如半导体技术应用于电池制造。联合能源部其他机构（如能源效率局）推广 ARPA-E 经验，形成政策协同效应。

严格评估与动态退出机制。通过多维度评估体系确保资源高效利用，结合技术成熟度（TRL）、市场影响力、风险系数等指标筛选项目，优先支持高风险—高回报领域。要求项目在 3~5 年内实现关键技术突破，未达目标者终止资助。例如，超导电动机项目需在 3 年内验证可经济性，否则调整方向。建立数据库跟踪专利、论文、风险投资等指标，评估技术对能源转型的贡献。

独立性与政策保障。ARPA-E 的独立运作机制为其创新文化提供制度保障，不受传统能源部项目周期限制，可快速响应技术趋势。例如，2021 年推出 SCALEUP 计划，向固态电池等紧迫领域倾斜资金。由能源部部长直接领导，避免官僚层级干预。例如，ARPA-E 在国会授权下保持独立决策权，未因技术争议被裁撤。通过对比美国 DARPA、日本颠覆性技术研究（Moonshot）等模式，优化自身管理结构，如引入"形态发生界面"（MINT）计划，融合生物学与材料科学方法。

（三）ARPA-E 变革性技术创新认识与启示

能源是资金密集型和技术密集型产业，具有投资大、风险高、周期长、惯性强的特点，一旦方向选错或技术落后，将会长期处于受制于人的被动局面，因此政府主导科技计划建立正确的战略导向至关重要。我国能源科技管理涉及部门多，缺乏科学高效统一协调的决策与管理机制；科技计划投入口多、面广、总体水平低，引领作用不明显；缺乏总体规划和部署，资源分散，产学研缺乏有效整合；促进创新的财税政策不健全，缺乏体制机制保障。可借鉴 ARPA-E 的管理创新经验，推进我国在能源领域的变革性、颠覆性技术创新，积极实施创新战略，推动在关键核心技术领域不断取得突破。

1. 建立高层次、有实权的能源科技发展决策机构

我国应在国家能源委员会领导下，由国家能源局牵头，有科技资助职能的部委和能源领域各行业参加，组建国家能源科技发展领导小组作为决策与协调机构，负责能源科技发展的重大方针政策、科技体制改革、科技发展战略和规划的审定，以及重大科技计划实施的决策，逐步建立起能源领域各行业间科学、有效、协调的运行机制，通过科技创新体制机制深化改革保障能源科技战略的实施，对颠覆性能源技术创新发展形成强有力的支持。

2. 着眼于能源科技创新全价值链进行重点研究计划布局

先进技术的应用部署和商业化，是能源科技创新成功的最终评价标准。必须以应用目标为导向，整合现有的基础研究、能源领域应用研究和工业示范各阶段资源投入，调动大学、研究机构和产业界创新单元开展集成化创新和联合攻关，打通"原始创新—技术开发—商业化—推广应用"的整个创新链条。其中，需要重视现有条块分割的资助计划对于创新各阶段之间存在的（科学到技术、技术到市场）空白/鸿沟的忽视，推动技术成功跨越知识创新和产业创新的"死亡之谷"。

3. 投资高风险、高回报的革命性能源技术

这种投资风险过大，作为创新主体的企业不愿投资，必须在国家层面设立基金支持。一旦这些技术开发成功，将会产生巨大的商机，其中一些突破性的技术最终将会创造新的产业和工作机会，引领经济高速发展，改变社会面貌。对于在商业上具有高风险的能源科技创新项目，重点是利用政府资源投入来撬动民间资本，推动技术走向市场。

4. 建立有效管控风险机制

项目管理机构必须能够承担和管控风险，其选择的项目要同时满足技术推动和市场拉动两个条件。在投资计划的申请、评估和筛选过程中，建议引入与市场相关的成本和效益评价标准；在项目开发过程中，管理机构应该组织科学、工程和商业领域的精英通力合作；对项目进程要有所监控，必要时快速中止项目，将资金转向那些更有希望的项目。

5. 建立灵活高效的专业化项目组织管理模式

政府负责抓规划、定政策、管布局、做监督，不具体管项目组织实施，而依托专业机构招聘专业高级人才来负责。高级人才包括具备丰富的能源科技领域专业知识和项目管理经验的技术与管理专家，以及具备技术转化和商业领域成功实践的市场专家，拥有快速决策的权限。减少层级的扁平式组织管理架构可以加快计划制订的进度和项目的遴选执行流程，也保证了在严格的时间限制下完成目标和使命。

（本报告撰写人：孙乃达　李晓光　汪樟发　审核人：张运东）

二、美欧地热科技创新实践及启示

地热资源作为一种重要的非碳基可再生能源，具有清洁、稳定、储量丰富等显著特点。在全球能源转型的大背景下，实现地热资源的科学、高效、可持续开发，对于保障国家能源安全、加快实现"双碳"目标，无疑具有极为重要的战略意义和现实意义。

世界各国尤其是美欧等发达国家，早已普遍将地热资源视为关键的接替能源。为推动地热资源的开发利用，这些国家制订出台了多项助推计划，持续且大幅地加大在研发和应用方面的投入。2022 年，国家发展改革委等九部门发布的《可再生能源发展"十四五"规划》明确提出，到 2025 年，我国地热能供暖等非电利用规模要达到 6000×10^4 t 标准煤以上，这一目标充分展示了我国地热产业发展的广阔前景。基于此，深入研究美欧开展地热能科技创新的做法，并从中汲取经验，对于我国地热产业的发展具有重要的参考价值。本报告现将美欧相关实践做法及针对我国的有关建议呈报如下。

（一）美欧地热科技创新计划与启示

近年来，欧美等发达国家通过实施大量地热领域国家专项计划以及开展现场试验工程，在深层热储发育规律的研究、相关技术研发以及应用方法探索等方面取得了显著进展。他们初步把握了深层热储发育规律，研发出钻探提速和微地震、光纤、高温示踪剂联合监测等技术，还探索出一套将非常规油气压裂技术应用于干热岩井并加以改进的方法。这些成果为地热资源的高效开发利用奠定了坚实基础。

1. 美国启动地热能前沿瞭望台计划和增强型地热系统联合实验室项目

美国早在 1972 年便开始在新墨西哥州芬顿山展开深层干热岩钻探、现场注采及微地震监测试验。在对地热资源有利区进行优选以及开展增强型地热系统专项研究的坚实基础之上，美国能源部于 2014 年果断启动了地热能前沿瞭望台计划（FORGE）和增强型地热系统联合实验室（EGSCollab）项目。这两个项目累计投入已超过 5 亿美元，并且持续获得滚动支持。

FORGE 等一系列计划的核心目标，在于全力攻克干热岩资源开发过程中在钻探、压裂、长期开发等关键方面所存在的技术瓶颈问题。通过不懈努力，形成经济高效且切实可行的热储改造和监测技术，从而有力地促进干热岩资源的长期稳定开发。例如，在钻探技术方面，研发团队致力于提升钻探效率，降低钻探成本，通过改进钻头设计、优化钻进工艺等手段，使得钻探速度有了显著提升。在压裂技术上，不断探索适合干热岩特性的压裂方式，以增加热储的渗透性，提高热量提取效率。

EGSCollab 项目则以美国南达科他州的桑福德地下研究设施作为实验场地。该项目旨在深入提升对干热岩热储压裂效果的认识，精确验证热流固化（THMC）耦合模拟方法以及新型监测工具的有效性。在项目实施过程中，研究人员通过大量的实验数据和模拟分析，对热储压裂效果进行了深入研究,为改进压裂技术提供了有力依据。同时,对新型监测工具的测试和优化,也使得对热储状态的监测更加精准和及时。

得益于这些关键技术的持续研发和大规模应用,美国目前已当之无愧地成为全球地热发电第一大国和地热直接利用第二大国。美国在加利福尼亚州等地建设了多个大型地热发电站,其地热发电装机容量占据全球相当大的比重。在地热直接利用方面,广泛应用于供暖、农业温室、工业生产等多个领域,为美国的能源供应结构优化和节能减排做出了重要贡献。

2. 欧盟启动深层地热技术与创新平台计划

冰岛于2000年启动深部钻探工程(IDDP),其主要目的在于进行超临界地热资源的钻探,并验证利用超临界地热资源提高地热田发电能力的经济性。该工程在2016年取得了重大突破,在冰岛雷克雅未克实施的IDDP-2探井井深达到4659 m,成功证实钻遇温度427 ℃、压力34 MPa的超临界地热流体。若这一超临界地热资源能够成功实现商业开发,有望将单井的发电能力提升10倍之多,这无疑为地热资源的高效利用带来了新的曙光。

自2013年以来,欧盟积极启动了欧洲深层地热技术与创新平台计划(ETIP-DG),并且在"地平线"计划项目中持续资助一批地热专项基金。据规划,2020—2030年该计划的总预算超18亿欧元。ETIP-DG等系列计划的核心任务,在于全面提升深层地热资源开发利用效率、切实降低开发利用成本、显著增加开发利用深度、有效延长系统使用寿命、大力增强地热与电力系统的耦合协同。

2019年,ETIP-DG计划进一步细化并发布了《深层地热能实施路线图》。该路线图提出了宏伟的目标,即到2050年,深层地热能可满足欧洲电力需求的50%和供热需求的80%。这一目标若能实现,将有望彻底改写欧盟现有的电力供应结构,极大地提升可再生能源在能源供应中的占比,为欧洲的能源转型和可持续发展注入强大动力。

3. 美欧高水平科技合作发挥了重要作用

以美国FORGE项目和EGSCollab项目为例,这些项目不仅涵盖了美国能源部下属的多个国家实验室,如在科研领域颇具影响力的劳伦斯伯克利、桑迪亚、劳伦斯利弗莫尔等实验室,还充分发挥了跨实验室合作模式在推动科技创新和应用中的关键作用。不同实验室之间的专业优势互补,使得在项目研究过程中能够从多个角度攻克技术难题。例如,劳伦斯伯克利实验室在材料科学方面的专长,为研发耐高温、高压的钻探材料提供了技术支持;桑迪亚实验室在数值模拟和工程技术方面的优势,助力于热储模型的建立和压裂方案的优化。

欧洲在地热能技术研发中,既充分发挥德国亥姆霍兹联合会、法国国家科学研究中心、冰岛地质调查局等地热能研发机构的领头羊作用,也通过多种方式加强与美国等国的合作。以冰岛在深部钻探工程为例,冰岛积极与美国和其他国际科学团队合作,开展了世界上最深的地热钻探项目。在这一过程中,各国科研团队充分交流经验,共享技术成果,极大地推动了地热钻探技术的发展。另外,法国、德国、英国共同开展的苏茨干热岩(EGS)工程和生产试验项目,吸引聚集了众多地热技术领域的专家。这些专家汇聚一堂,针对项目中遇到的各种技术难题开展深入研讨,通过思想的碰撞和技术的融合,有效解决了诸多复杂技术挑战,同时也有力地促进了地热能在欧洲乃至全球范围内的推广应用。这充分体现了国际合作在解决复杂技术问题和推动地热能广泛应用中的不可替代的重要性。

（二）我国地热开发利用前景与挑战

我国地热资源蕴藏量极为丰富，同时油气行业在开发地热方面具备得天独厚的先天优势。目前，中国石油、中国石化、中国海油均已将地热能开发利用纳入公司的主营业务范畴，这一举措极大地加快了我国地热能产业发展的步伐。

1. 发展前景

据权威统计数据显示，我国地热资源量约占全球地热资源总量的 1/6，其开发利用潜力堪称巨大。其中，浅层地热资源年可采量折合 7×10^8 t 标准煤，水热型地热资源年可采量约折合 19×10^8 t 标准煤。在水热型地热资源中，沉积盆地型地热资源约折合 1.06×10^{12} t 标准煤，陆域 3~10 km 埋深的干热岩地热资源折合超过 856×10^{12} t 标准煤。

从地域分布来看，西藏南部、云南西部、东南沿海、华北（渤海湾盆地）、汾渭地堑、东北（松辽盆地）等地区均为地热资源的有利靶区。例如，西藏南部地区由于地处板块交界地带，地壳活动频繁，地热资源极为丰富，已发现多个高温地热田。云南西部的腾冲地区，以其独特的地质构造，拥有众多热泉和地热显示区，地热资源开发利用前景广阔。华北地区的渤海湾盆地，沉积地层深厚，蕴含着丰富的地热资源，目前已在部分地区开展了地热供暖等项目，取得了良好的经济效益和社会效益。

2. 面临的挑战

尽管我国地热资源丰富且发展前景广阔，但目前地热资源的开发利用仍受到资源条件和技术水平的限制。特别是随着中深层地热资源开发规模的不断扩大，以及对潜力更大的深层地热资源的开发逐步提上日程，突出面临以下三个方面的严峻挑战。

1）地热资源成因复杂，开发目标选取存在盲目性

由于目前对地热富集规律、成因机制以及优质资源的精确分布情况认识尚显不足，导致在实际开发过程中，井底和井口温度低于预估、流量不足以支撑项目运行的情况广泛存在。例如，在某些水热型地热项目中，原本预期能够获取稳定的高温热水用于供暖或发电，但实际开采过程中发现水温较低，流量不稳定，无法满足项目的设计需求，使得项目的投资效益大打折扣。同时，水热型项目变成干热岩，或计划的干热岩井打出高温流体的现象也时有发生，这种不确定性为项目的投资决策与计划安排带来了诸多困扰，增加了项目的投资风险。

2）沉积盆地型地热资源有效开发利用的方式不明确，工程技术不适应

我国人口密集、用能需求旺盛的中东部地区，高温地热资源埋深大、工程地质条件复杂、勘探开发工程技术难度极大。对比美国不同深度地层的温度，我国中东部地区地层温度普遍低于美国中西部地区。以 5500 m 深度为例，美国西部大部分地区温度超过 175 ℃，而我国普遍在 75~150 ℃ 之间，这意味着我国要获取高温地热资源需要的钻探深度更大。

尤其深层热储干热岩具有高温、高硬度、高应力、高致密的"四高"特征，给资源开发带来了极大挑战。我国在热储高效换热裂缝网络创建及井下取热等关键技术方面都还处于探索阶段。目前，在创建热储高效换热裂缝网络时，缺乏有效的技术手段来精确控制裂缝的方向、长度和密度，导致热量提取效率较低。在井下取热方面，现有的取热设备和技术难以

适应干热岩的高温、高硬度等特性，无法实现高效、稳定的热量采集。

3）管理监督机制不够健全，缺乏相关政策及金融支持

一方面，我国地热资源开发利用存在无专门适用法律、管理权属不明、多头执法等问题，这一系列问题导致部分地区地热资源的开发利用处于混乱无序的状态。例如，在一些地区，由于缺乏明确的管理权属规定，不同部门之间在地热资源开发管理上存在职责不清、相互推诿的情况，严重影响了开发进度和资源利用效率。

另一方面，与风电、光电等其他可再生能源发电相比，地热发电具有前期投资高、勘探难度高、技术门槛高等相对不利特征。我国尚未颁布专门的与地热发电相关的政策法规，地热发电的重要性未被明确，地热发电的并网也未获得电价补贴，这使得地热发电项目的经济性较差。在当前市场环境下，缺乏政策支持和电价补贴，导致地热发电项目的投资回报率较低，难以吸引足够的社会资本投入，从而制约了地热发电产业的快速发展。

（三）推动我国地热产业发展的策略

1. 深化国际合作与技术引进吸收

积极与美欧等在地热领域具有先进技术和丰富经验的国家与地区建立长期稳定的合作关系。通过参与国际地热科研项目，派遣科研人员交流学习，引进国外成熟的地热勘探、开发技术与设备。例如，与美国在干热岩钻探提速技术方面开展联合研究，派遣国内技术骨干到美国相关实验室及项目现场学习，同时邀请美方专家来华指导，快速提升我国在该领域的技术水平。

建立国际合作成果转化机制。对引进的技术和设备进行本土化改良，使其适应我国复杂多样的地质条件。与国内高校、科研机构合作，对国外先进技术进行消化吸收再创新，形成具有自主知识产权的技术体系，降低对国外技术的依赖程度，推动我国地热产业技术的自主升级。

2. 强化人才培养与科研激励机制

鼓励国内高校开设地热相关专业，优化课程设置，涵盖地热地质、地热工程、热能转换等多方面内容。与企业联合建立实习基地，让学生在实践中掌握实际操作技能，为地热产业培养理论与实践并重的专业人才。

在科研机构和企业内部建立完善的科研激励机制。设立专项科研奖励基金，对在关键技术研发、项目创新等方面取得突出成绩的团队和个人给予物质奖励和荣誉表彰。同时，提供良好的科研环境和晋升机会，吸引和留住优秀人才，激发科研人员的创新积极性，为地热产业发展提供坚实的人才支撑。

3. 推进产业示范基地建设与全产业链协同发展

在华北、松辽等地热资源丰富地区建设国家级地热产业示范基地。整合地热勘探、开发、利用等上下游企业，集中展示先进的地热技术和应用模式。例如，在示范基地内建设大规模的地热供暖项目、地热发电站等，形成可复制、可推广的产业发展模式，带动周边地区地热产业的发展。

推动地热全产业链协同发展。加强地热勘探企业与开发企业之间的合作，实现资源精准定位与高效开发的衔接。鼓励设备制造企业研发生产适合我国地热开发需求的钻探、监测、换热等设备，提高产业国产化配套能力。同时，拓展地热应用领域，如地热在农业种植、温泉旅游等方面的应用，延伸产业链条，提高产业附加值，促进地热产业整体繁荣。

4. 完善政策法规与优化产业发展环境

加快制定和完善地热资源开发利用的相关政策法规。明确地热资源的权属、开发审批流程、资源保护要求等，为地热产业发展提供法律保障。例如，出台《地热资源开发利用管理条例》，规范产业发展秩序，避免资源的无序开发和浪费。

加大政策扶持力度。设立地热产业发展专项资金，对地热项目给予投资补贴、贷款贴息等支持。在税收方面，对地热企业实行减免税政策，降低企业运营成本。在土地政策上，优先保障地热项目建设用地，简化用地审批手续，降低用地成本。

推动将地热能纳入可再生能源消费总量统计，实施地热能利用项目碳资产认证。将地热能纳入可再生能源消费总量统计，能够更加准确地反映我国可再生能源的发展水平，提高地热能在能源结构中的地位。实施地热能利用项目碳资产认证，有助于地热开发企业通过碳交易市场获取额外收益，提高项目的经济效益和环境效益，进一步激发企业开发利用地热能的积极性。通过以上一系列策略的实施，有望推动我国地热产业实现高质量、可持续发展，在能源转型和"双碳"目标实现过程中发挥重要作用。

从全球能源发展趋势来看，地热资源作为一种清洁、稳定的可再生能源，其开发利用对于缓解能源危机、减少碳排放具有不可忽视的意义。美欧在该领域的科技创新实践为我国提供了宝贵的经验借鉴，我国应充分利用自身资源优势，通过深化国际合作、强化人才培养、推进产业示范基地建设以及完善政策法规等措施，加快地热产业发展步伐，提升我国在全球地热能源领域的竞争力，为实现能源可持续发展和应对气候变化做出积极贡献。在未来的发展中，随着技术的不断进步和政策的持续优化，我国地热产业有望迎来更加广阔的发展空间，为经济社会发展注入新的绿色动力。

（本报告撰写人：张珈铭　张华珍　张运东　刘帅奇　审核人：张焕芝）

三、"AI + 材料"开启新材料产业智能新时代

当前,人工智能(AI)正引领新一轮科技革命与产业变革,其与材料科学的深度融合也催生了"AI + 材料"这一新兴领域。"AI + 材料"正在以前所未有的方式重塑材料科学的创新路径,显著提升了新材料的发现、设计、合成及性能优化的效率。新材料产业具有周期长、技术复杂等特点,而 AI 技术的介入正在推动该产业从传统模式向"预测性设计"和"精准创制"的智能化方向迈进。面向未来,"AI + 材料"领域的发展需要着力突破以下关键方向:构建高质量材料数据集、开发具有物理可解释性的 AI 模型、促进跨学科深度协同创新,这些突破将为实现材料科学的颠覆性创新奠定坚实基础。

(一)"AI + 材料"领域发展现状

1. AI 驱动材料研发模式革新

新材料作为孕育战略性新兴产业、引领未来科技发展的关键领域,已成为大国科技竞争的主战场之一。材料研发的核心是探究构效关系,即探究"组分—结构—工艺—性能"之间的相互作用关系。尽管"结构决定性能"已成为共识,但组分的变化、加工工艺的多样性以及材料在真实服役环境中的表现,都会对材料产生复杂影响,从而增加了研究难度。通常,传统"试错式"研发模式存在周期长、费用高、准确性不足等问题,已成为新材料发展的瓶颈。先进制造、新能源、消费电子及航空航天等行业的发展对新材料研发的要求愈发严苛。然而,当前以实验为主导的材料研发速度远远落后于终端产品的更新迭代速度,难以满足市场对高性能材料的迫切需求。

为应对以上挑战,材料科学领域正经历一场由 AI 与大数据驱动的革命。通过应用深度学习等前沿 AI 技术,研究人员得以驾驭大规模数据集,深入揭示材料结构与性能间的复杂相互作用,加速材料的发现、设计与性能优化。这种智能研发模式显著减轻了科学家在数据分析、文献检索及实验验证方面的负担,提升了研发效率,降低了开发成本,为新材料从实验室快速进入市场开辟了新途径。

2. 世界各国"AI + 材料"发展战略布局

正如人体主要性能由脱氧核糖核酸(DNA)与核糖核酸(RNA)排列方式决定,材料的内在性能也受原子性质及其排列方式的影响。因此,利用 AI 技术探索材料"基因"与性能之间的内在联系,对推动材料研发具有至关重要的意义。2011 年,美国率先启动了"材料基因组计划"(MGI),通过整合计算工具平台、实验工具平台和数字化数据平台,运用高通量计算、大数据分析及 AI 技术,旨在实现"将先进材料的开发、制造和应用的速度提升一倍"的总体目标。多年来,MGI 在塑造美国材料创新生态系统等方面发挥了关键作用。欧盟、日本等主要经济体也相继推出了各自的相似研究计划。

2016 年,我国启动了首批"材料基因工程关键技术与支撑平台重点专项"国家重点研

发计划，依托 AI、机器学习技术和数据库平台，实施材料的高通量计算、制备与检测，实现新材料研发周期和研发成本双减半的战略目标，这一举措也为中国材料产业的可持续发展奠定了坚实基础。2024 年 10 月，工业和信息化部、财政部、国家数据局联合发布《新材料大数据中心总体建设方案》，旨在充分发挥大数据、人工智能对新材料产业的技术支撑作用，支持新材料大数据中心建设，培育材料研发与应用的全新发展模式。北京和上海等地区陆续公布了"AI + 材料"行动计划，标志着 AI 与材料科学的结合又迈出关键一步。2025年全国"两会"期间，"AI + 材料"成为热议话题，有专家指出：我国新材料产业处于"并跑"跃升关键期，2025 年新材料产业的总产值预计将达到 10 万亿元规模，但在原创性和高端化能力方面还需要进一步提高，尤其是借助人工智能的力量，为产业升级带来范式上的变革。

3. AI 与材料科学的深度融合

面对新材料研发的巨大潜力，谷歌、微软、Meta 和字节跳动等企业都以前所未有的力度，加大了在该领域的投资，并相继推出具有革命性的研究成果，如谷歌 DeepMind 团队开发的人工智能强化学习模型 GNoME，微软研究院科学智能中心开发的生成式 AI 材料设计工具 MatterGen，Meta 发布的大规模开源数据集 Open Materials 2024（OMat24）等。同时，众多新兴 AI 企业也积极涉足，在制造业领域的布局比例已高达 23%，为 AI 与材料科学的融合带来了新的视角和创新工具，其中作为国家 AI 领域高新技术企业的深势科技，成功推出了基于"多尺度物理模型 + AI + 高性能计算"的新一代分子模拟平台。国内外材料、化工企业也积极部署应用 AI 技术，如波音公司与 Citrine Informatics 合作开发数据驱动的研发项目；陶氏化学与微软达成合作，将 Azure AI 和机器学习技术深度整合，用于材料研发；中国石化与华为公司签署深化战略合作协议；万华化学则借助 AI 技术在催化剂筛选环节实现了重大突破。

（二）"AI + 材料"领域主要技术进展

1. 材料的发现与筛选

在材料设计与改进过程中，面临的最大挑战是如何从数量庞大的化合物库中筛选出具备特定性能的目标材料。传统过程需要大量的实验与筛选工作，耗时巨大，效率不高。随着 AI 技术的进步，这一状况正在发生根本性的改变。

2023 年 11 月，谷歌 DeepMind 团队在 *Nature* 上发表论文，介绍了其人工智能强化学习模型 GNoME。研究人员使用 Materials Project 数据库十多年来积累开发的工作流程和数据集对 GNoME 模型进行了训练，并通过主动学习改进其算法。GNoME 模型成功生成了 220 万种晶体结构，包括一些超越人类直觉的新材料。该模型进一步计算这些材料的稳定性，并预测和优化了它们的晶体结构，最终识别出超 38 万种热力学稳定的晶体材料。GNoME 模型的结构稳定预测精确度已超过 80%，在预测材料成分时，每 100 次试验的精确度从 1% 跃升至 33%，将材料发现效率提高了一个数量级，并对人类已知的稳定材料数量进行了数量级的扩展。

与此同时，壳牌公司也在积极利用 AI 技术，以加速电池新材料的发现进程。在班加罗尔壳牌技术中心，一个研究团队正致力于开发一种新型可充电电池——液流电池，该电池利用有机分子实现低成本的长期储能。研究团队通过训练 AI 模型来识别具有所需特性的分子，仅在一个月内便筛选出 1.12 亿个分子，并进一步筛选出 67 种极具前景的候选分子，这一成就远超人类在短时间内所能达到的水平。

上述这些成功案例，彰显了 AI 在材料设计中的巨大潜力，树立了材料科学研究的新里程碑。

2. 材料智能化合成

AI 技术与数据科学的集成应用，推动了材料合成过程的智能化，更促进了材料制造工艺的优化升级。其中实验室自动化与机器人技术的紧密结合，成为该领域发展的一个显著亮点。

2023 年，加利福尼亚大学与 DeepMind 合作开发了 A–Lab 机器人。A–Lab 利用 AI 指导机器人制造新材料，通过现有科学文献训练并结合主动学习，为拟定化合物生成初始合成配方，然后使用机器臂执行实验操作，若产量不达标，则调整配方继续实验，直至成功或穷尽所有可能的配方。基于 Materials Project 数据库和 GNoME 模型，A–Lab 仅在 17 天内便进行了 355 次实验，成功合成 41 种新化合物（成功率高达 71%）。这一成就体现了计算技术、既有知识与机器人技术在材料科学领域的深度融合，预示着材料研究正迈向全面自动化的新阶段。

2024 年，巴斯夫公司与帝国理工学院携手创立 Solve 公司，运用创新的化学加工技术，构建大量化学反应数据，并将这些数据用于训练机器学习模型，以快速预测制造高价值化学品的最佳方法。这一技术旨在助力巴斯夫公司扩大新化学品的生产规模并优化制造工艺，展现了 AI 正引领化学制造向数据驱动型模式转变。

3. 材料的表征

尽管诸如扫描透射电子显微镜、扫描隧道显微镜和原子力显微镜等先进的材料表征技术，能够产生大量高分辨率成像数据，但随之而来的庞大数据处理成为一大挑战。AI 技术为处理和解读这些数据提供了新的解决途径，尤其在加速成像、图像分割和动态分析方面，展现出巨大的潜力，助力研究人员更快速、更准确地分析数据，并在高维、复杂数据中挖掘隐藏的规律。

陶氏化学公司开发了一项创新技术，该技术借助计算机视觉识别并预测金属涂层的腐蚀失效情况，荣获 2023 年人工智能卓越奖。该技术采用定制化的新型成像技术软硬件，附加实验背景和元数据，实现了对涂料外观的数字化表征。然后，通过卷积神经网络模型分析图像，得到稳定且可量化的评级，经与人类评级对比验证，腐蚀性能预测准确率超过 90%，有望彻底颠覆传统的主观视觉测试方法。

2024 年，中国科学院金属研究所与加利福尼亚大学合作，利用 AI 辅助的透射电子显微镜技术，揭示了全固态锂电池中层状氧化物正极材料的退化机制，为新能源领域的发展难题提供了新的解决方案。

这些案例表明，材料表征与 AI 技术的结合深化了对材料行为的理解，并为材料科学研究提供了更为高效的分析工具。

（三）"AI+材料"领域的未来发展方向

1. 材料数据集：更加高质量、专业化

"AI+材料"技术路径通常如下：首先通过理论计算获取材料科学数据，继而通过高通量计算生成海量此类数据，这些数据随后被用于训练 AI 模型，模型进而能够推断未知材料的性能。由此可见，AI 对数据的依赖性极高，数据集的覆盖度直接决定模型的泛化能力，数据的一致性和可比较性则对预测精度产生影响。在新材料研发方面，由于缺乏历史数据支撑，AI 技术面临"冷启动"难题，为摆脱数据稀缺、异构化、质量缺陷等困境，需要进一步加强数据的采集、处理和整合能力。

目前，全球范围内正积极构建材料科学数据库，如 Meta AI 与美国高校合作，开发了行业领先的催化材料数据集 Open Catalyst Project 和有机金属框架材料吸附数据集 OpenDAC。可以预见，构建高质量数据集将成为"AI+材料"领域的一场关键战役，特别是那些具备产业支撑能力的数据集，未来将成为我国培育发展新兴未来产业的重要战略资源。

2. AI 模型：兼具复杂度和物理可解释性

当前，基于深度神经网络的 AI 模型在材料性能预测方面已展现出较高的准确性，但其内部物化机制可解释度较低，存在"黑箱模型困境"。这一问题的根源在于，现有 AI 模型主要依赖数据驱动，未能有效整合材料科学不可或缺的基础物理规律（如质量守恒定律、热力学定律等）。因此，AI 模型的预测结果虽然可能在数值上接近实验观测值，但其推理过程可能偏离科学原理，甚至产生违背常识的结论。这也使得在需要理论支撑的新材料研发领域，极大限制了研究人员对 AI 模型输出结果的信任度。

基于以上挑战，未来用于材料研发领域的 AI 模型，将朝着兼具复杂度和物理可解释性的方向发展。研究人员将运用多种技术路径，例如，结合第一性原理计算、分子动力学模拟等传统方法生成高可信度数据，并以此训练 AI 模型，减少纯数据驱动带来的偏差；在神经网络架构中引入物理定律作为硬性约束，确保模型的预测结果符合科学原理等，着力推动"精准预测"与"科学可解释性"双重突破的实现。

3. 研究内容和研发人员：跨学科特征更加明显

"AI+材料"领域的创新发展正加速驶入跨学科深度融合的快车道。未来，材料科学与计算机科学、物理学、化学等学科的交叉碰撞，将为新材料的研发提供更加广阔的空间和可能性。在新能源领域，AI 与材料科学的深度融合，可以实现更加高效、稳定的电池材料研发；在生物制药领域，AI 技术的应用则为新型药物载体和生物医用材料的研发提供创新路径；在军工领域，AI 技术则能够助力突破传统材料性能极限，设计出兼具轻质与高强度特性的军用材料。

同时，这一发展趋势也预示着：具备交叉学科知识体系与创新能力的复合型人才将成为未来人才培养的主要方向。这类人才不仅能整合多学科知识，提升模型的预测精度与泛化能力，还能在不同领域间进行跨界创新性思考，提出创新解决方案，成为推动"AI+材料"领域技术突破与产业升级的核心力量。

（本报告撰写人：张 帆 刘雨虹 审核人：杨 艳）

四、合成生物学产业发展的思考与认识

合成生物学是一个多学科交叉的研究领域，在系统生物学基础上，融汇工程科学原理，采用自下而上的策略，重编改造天然的或设计合成新的生物体系，从而揭示生命规律和构筑新一代生物工程体系的"汇聚"型新兴学科，被喻为认识生命的钥匙（"造物致知"）和改变未来的颠覆性技术（"造物致用"），被认为是"第三次生物科学革命"，是推动人类实现从"认识生命"到"设计生命"伟大跨越的重要技术路径。

（一）合成生物学产业发展进程

21世纪以来，全球高度重视合成生物学研究，多个国家和地区制定了支持政策和发展战略，开展合成生物学领域的技术研究，促进合成生物学基础研究和应用研究的快速发展。总体来讲，经历了四个重要发展阶段：

第一阶段：初始创建期（2000—2003年）。本阶段产生了许多奠基性的研究手段和理论，特别是基因线路工程的建立及其在代谢工程中的成功运用。2000年是行业公认的合成生物学元年，两篇 Nature 文章分别涉及全球首个基因波动开关和生物振荡器；2003年，"合成生物学教父"汤姆·奈特（Tom Knight）教授开发 BioBricks，使生物组件的标准化装配成为可能。应用开发上，2002年诞生首例人工合成病毒，且具备侵染能力；2003年，实现人工合成噬菌体基因组；同年，首次通过引入人工基因改造 E. coli 代谢途径，实现青蒿素前体生产，开启人造细胞工厂生产天然产物的新时代。

第二阶段：扩张发展期（2004—2007年）。2004年举办"合成生物学1.0"大会，这是本领域第一个国际性会议；同年，麻省理工学院（MIT）举办首届 iGEM 竞赛，成为迅速推广合成生物学概念和促进生物学、工程学等跨学科协作的强力催化剂。技术突破上，实现了 RNA 调控装置的开发，整个领域的设计范围开始从以转录调控为主，扩大到转录后和翻译调控；应用开发上，2006年首次实现利用工程化改造的 E. coli 侵入癌细胞，成为工程化活体疗法的先驱。

第三阶段：创新转化期（2008—2013年）。合成生物学底层技术效率的大幅提升，推动了合成生物学技术开发和应用的不断拓展。2009年和2012年，转录激活因子样效应物核酸酶（TALEN）和成簇规律间隔短回文重复序列及其相关蛋白基因（CRISPR/Cas）技术的相继问世，基因编辑技术效率大幅提升，从而进一步推动了合成生物学领域向前迈进。在代谢工程领域，2008年利用大肠杆菌中氨基酸的代谢产物成功生产了生物燃料。2013年，Amyris公司利用酵母菌株成功商业化生产青蒿素。

第四阶段：快速发展期（2014年至今）。随着生物大数据的开源应用与生物工程化平台相结合，合成生物学进入了一个新的发展阶段，合成生物学技术创新以及相关应用的开发和商业化全面推进。部分代表性技术或应用里程碑包括人工密码子及非天然氨基酸系统的开发、计算/AI 蛋白结构设计及预测、DNA 存储、以二氧化碳为原料人工合成淀粉等。合成生物学的"设计—构建—测试"循环逐步扩展至"设计—构建—测试—学习"循环。同时,"半导体合成生物学""工程生物学"等新理念或学科的提出,为合成生物学的发展注入了新的活力。

(二)合成生物学应用领域

全球气候变暖和资源过度开发破坏了生态平衡,在可持续发展大势下,绿色低碳技术迎来巨大发展机遇。作为21世纪的新兴学科,合成生物学给制造技术产业带来了巨大变革,合成生物技术已经在高分子材料、能源与化工、生物医药以及食品等领域取得重要研究成果。

1. 高分子材料领域应用

合成生物学为高分子材料的设计提供了新思路。将合成生物学应用到高分子材料的合成可以直接获得具有独特性质且用化工手段难以合成的大分子材料,如利用细菌自身的代谢通路可以直接进行高分子材料的合成。上海交通大学许平课题组利用蓝藻细胞做底盘细胞,以二氧化碳为原料,直接合成可降解的聚乳酸。这项研究可解决塑料污染问题,而且在减碳的同时实现高值产品的制造。清华大学陈国强课题组通过改造细菌β氧化途径,成功提升了聚羟基脂肪酸酯的产量和性能。

合成生物学不仅可以制造出已存在的物质,而且可以创造出具有独特性能的全新物质,如通过基因模块化进行材料的理性设计。剑桥大学Timothy K. Lu等借助合成生物学技术将大肠杆菌生物膜的主要结构蛋白(CsgA)和贻贝的主要黏合蛋白(Mgfp3/5)进行融合表达,该融合蛋白同时具有内在黏合性与界面黏合性,展现出强大的水下黏合特性。华盛顿大学张福中等在前期研究淀粉样蛛丝聚合蛋白的基础上,用微生物对单体分子进行聚合生产高分子量的肌动蛋白,并将其纺织成纤维,其出色的力学性能超过了大部分人工合成材料以及天然材料。

利用合成生物学也可以获得用于聚合的单体分子,聚合后得到性能出色的聚合物。日本北陆先端科学技术大学院大学Kaneko课题组对大肠杆菌进行基因重组,再利用它使糖分发酵,利用生物方法制造出"4-氨基肉桂酸",再通过聚合制成聚酰胺薄膜。这种薄膜难以燃烧,能够耐受390~425℃的高温。劳伦斯伯克利国家实验室Helms课题组对大肠杆菌进行改造,使其将植物中的糖转化为三乙酸内酯(TAL)分子,然后将TAL分子与其他分子共聚得到聚二酮烯胺塑料。由于原料为可再生资源,与传统的塑料制作方法相比更加环保。目前人们对微生物的很多代谢通路和调控机制尚不清晰,对材料的设计途径受到一定的限制,未来可以利用合成生物学进行更复杂高分子的设计合成,精确调控材料的尺寸、形貌以及化学组成,从而探索出功能优异的新材料。

2. 能源与化工领域应用

随着合成生物学的逐步成熟,在全球可持续发展的趋势下,包括纤维素乙醇、高级醇、脂肪烃、生物沼气、生物氢和生物电在内的新一代合成生物能源技术逐步发展。生物化纤、生物塑料、生物尼龙、生物燃料已成功合成,基于合成生物学的生物基燃料与材料正在逐步替代石油基燃料与材料。

通过生物法合成高能量密度的异丁醇受到了广泛重视，该材料可直接用于现有发动机和其他燃油设备，被认为是可替代汽油的新一代生物燃料。2008年，加利福尼亚大学Liao团队在大肠杆菌中成功构建了异丁醇的合成途径，实现了高达86%理论转化率的异丁醇合成。最近，合成生物学在能源方面的成果不断涌现。中国科学院青岛生物能源与过程研究所杨建明等通过转基因工程改造细菌，从而合成生物燃料蒎烯，有望替代石油中提炼的四氢双环戊二烯（JP-10），可用于导弹发射甚至促进新一代发动机的开发。与化石能源相比，通过发酵工程将可再生生物质转化为燃料，可以减少碳排放，且为发展清洁、绿色、可持续的物质生产模式奠定基础。世界各主要经济体均把发展合成生物能源视为保障能源安全、环境质量和经济发展的重要战略选择，合成生物技术正在成为经济可持续发展的核心动力。氢气凭借清洁、热值高、可再生等优势，有望成为未来最理想的能源。然而，传统的制氢过程成本较高，一直都是限制商业化应用的关键因素，利用合成生物学可以抑制氢化酶的氧敏感性和竞争代谢途径，从而提高莱茵衣藻的产氢效率，有望实现生物制氢的商业化。

随着资源短缺和环境污染问题的日益突出，采用可再生生物质或经由合成生物学技术获得化工原料已成为全球可持续发展的核心战略之一。以淀粉、秸秆等生物质资源为原料，能在很大程度上改善环境污染问题甚至实现"负碳"。合成生物学在生物基材料的制备方面具有重大优势。通过合成生物学重构遗传路线与代谢途径，高效转化碳元素进行基本原料的生物合成，如利用可再生资源通过细胞工厂合成具有多种用途的有机小分子单体（丁二酸、D-乳酸等）的技术已经成熟。对微生物进行改造，采用各种一碳化合物（CO、CO_2、CH_4、CH_3OH、$HCOOH$）为原料合成多种化工原料，可以降低现代化工对传统化石资源的依赖，实现绿色、可持续发展。聚酯、聚氨酯、聚酰胺等高分子化工材料合成所需的脂肪族二元胺也可以通过合成生物学的方法获得。利用合成生物学策略对大肠杆菌、谷氨酸棒状杆菌等菌株进行改造，提升了生物合成二元胺的效率，为生物基二元胺的产业化提供可能。利用生物体也可以直接制备无机纳米材料，韩国科学技术院Park等用大肠杆菌合成锌化镉、硒化镉等多种纳米颗粒，通过改变金属离子的初始加入量可以调节纳米颗粒粒径，且合成的纳米颗粒具有优良的物理、化学及电学性能。

3. 生物医药领域应用

生物医药是合成生物学应用最多的领域，涉及细胞免疫疗法、微生态疗法、基因编辑、体外检测和药物成分生产等多方面。合成生物学的发展提高了药物靶点发现、药物筛选以及后续药效研究等阶段的效率，革新了相关技术。目前，合成生物学主要应用在靶点寻找、药物分子合成、制剂开发、毒理学等方面，极大加速了新药研发进程。天然产物的新药研发一直是新药研发领域的热点，但传统的药物研发周期过长，研发速度跟不上疾病的发展进程，如从微生物中自然筛选出一种抗生物新药平均需要10年以上。相比而言，合成生物学对新药的设计具有明显优势，可以省去复杂的有机合成步骤并解决产物合成的手性选择性问题，实现优于或超越自然的设计。目前的成果集中在植物来源萜类化合物的生物合成方面，如青蒿素、紫杉醇、番茄红素、银杏内酯等多种药用活性成分。同时对同类药物的合成基因簇进行编辑可实现老药新品系列批量产生，如通过研究生物合成卡那霉素和庆大霉素的途径，理性设计产生候选新药——庆卡霉素，所获得的系列新结构衍生物活性更优，耐药性降低。合成生物学还可以摆脱传统化学和酶法的限制，实现大健康产品或中间体的合成，如通过途径设计成功实现假尿苷的生物发酵合成，合成方法更加高效且经济环保。默克公司对节杆菌属的选择性转氨酶进行了定向进化，开发了一种新的合成糖尿病药物 Januvia 的方法，实现了对映体过量百分数大于 99.95%。目前，合成生物学已在感染性疾病、代谢性疾病、神经退行性疾病和癌症等多个领域进行了初步尝试，并显示出较为理想的治疗效果，特别是在合成疫苗方面，通过了解病毒的基因组直接设计得到基因组密码子疫苗、基于人工合成基因组的核酸疫苗、基于病毒载体的疫苗、类似病毒的颗粒疫苗以及基于重组酵母的疫苗，给研究人员提供了更广阔的设计空间，大幅度缩短了疫苗的研发周期。

4. 食品领域应用

合成生物学在食品工业的应用分为主要食品成分（蛋白质、糖类、油脂）和辅助食品成分（氨基酸、维生素、色香味成分）两大类。借助细胞工厂进行食品的合成提高了土地利用效率，节约了水资源，减少了农药和化肥的使用。同时，合成生物学的食品制造过程受自然环境的影响较小，可以更加容易控制食品的质量标准，改善食品的营养含量，赋予食品新型功能。如今合成生物学已广泛应用于类胡萝卜素、甲萘醌-7和人乳寡糖等功能性食品的生物合成。在发酵食品方面，合成生物学可以通过创建半合成微生物群落来重建传统的发酵食品生产，同时控制发酵过程使食品更加健康。值得关注的是，2021 年，中国科学院天津工业生物技术研究所马延和课题组成功利用合成生物学技术，以二氧化碳为原料合成出"人造淀粉"，完成了从 0 到 1 的突破，对未来的粮食生产具有革命性影响。

（三）合成生物学产业发展现状

合成生物学产业链可分为上游、中游、下游三个环节。上游聚焦使能技术的开发，包括读—写—编—学、自动化/高通量化和生物制造等，关注底层技术颠覆及提效降本。中游是对生物系统及生物体进行设计、改造的技术平台，核心技术为路径开发，注重合成路线的选择及技术上跑通（如底盘细胞选择及改造、培养条件优化、纯化方法开发等）。下游则涉及人类衣食住行方方面面的应用开发和产品落地，核心技术在于大规模生产的成本、批间差及良品率等的把控。

1. 合成生物学产业上游现状

合成生物学产业上游关注使能技术研究，主要分为设计—构建—测试—学习（DBTL）4 个环节。设计环节包括测序、数据库和工具集等，构建环节包括 DNA 合成、DNA 拼接、基因编辑、定向进化等，测试环节包括设备自动化、高通量化、虚拟测试，学习环节包括 AI 赋能等。上游使能技术繁多，各企业通常聚焦某一技术领域，如二代合成、三代测序、新一代基因编辑工具、仿真测试、自动化/高通量设备等。

在设计环节，二代测序技术目前中外同步，华大智造的数据产出速率、有效 reads 等指标与海外领先企业相当，关键零部件和上游技术进一步国产化持续推进；三代测序技术国内生物技术公司跟进型研发起步较晚，相关测序仪过去几年陆续问世；在数据库和工具上，国内企业高度依赖海外数据库及工具进行相关分析和设计，而国际常用数据库 KEGG 等已较为普及，实现将基因组、化学、系统功能等多维信息的整合。此外，国外的平台公司拥有自己的基因代码库和菌株数据库，如 Zymergen。海外 AlphaFold2、BioStudio 等各类平台软件，已开始实验性用于生物元件、代谢通路和基因组的设计。未来需要国内企业累积自有细胞菌种库，并通过拓展生物元件库和代谢网络等来拓展数据库的数据深度和广度，同时进一步积累人工智能 know-how（数据累积及算法训练）。

而在构建环节，中国在 DNA 拼接上已做到与海外同步，在酶切链接、Gibson 链接、酵母同源重组等技术中外无代差；对于 DNA 合成和基因编辑也在快速追赶，逐步突破专利封锁。海外有 Codex DNA、DNA Script、Twist Bioscience、CustomArray、Thermo FisherScientific、Editas Medicine、CRISPR 等代表企业，国内也有金斯瑞、华大基因、辉大基因等代表企业。未来行业仍需继续攻克难以合成长链 DNA 及成本高等问题，并在基因编辑上攻克精确性问题和效率问题。

在测试环节，国内以自动化机械辅助的人工测试为主，中外当前差距较大。美国合成生物学巨头 Ginkgo Bioworks 已将 EncapS 液滴微流控平台投入商业应用，实现百万级别的菌株筛选。未来微流控芯片技术的进一步推广需要解决大规模生产的成本问题及控制平台小型化问题，同时进一步提升通量。

在学习环节，目前国内外均处于发展初期，依赖人工经验总结及学习。其中，数据分析、蛋白质结构功能预测及设计等尚未实现智能化，但海外在预测算法准确度、数据积累、不依赖注释预测算法等领域领先；路线设计、仿真测试等合成生物学领域特有需求的 AI 技术开发，受限于数据集样本规模，全球均未起步，距离成型工具的出现还有很长的路要走。

2. 合成生物学产业中游现状

合成生物学产业中游主要是平台类公司对生物体进行设计、开发，与下游公司相比，中游公司更强调技术平台的通用性。平台类企业核心技术包括路线设计、菌株开发（底盘细胞选择、代谢途径重构）、菌株优化（耐受性、表达量）。国内知名企业有弈柯莱生物、森瑞斯、凯莱英等，国外知名企业有 Ginkgo Bioworks、Cysbio、Codexis 等。领先企业已开始以 CRDMO 模式❶提供全链条的工程化开发及转化服务，可按技术路线分为体内路线（生物发酵）平台和体外路线（酶法工艺）平台。体外路线包括 3 种类型：一是针对酶的催化活性、稳定性、底物特异性等，进行酶的定向进化或从头设计；二是在一个反应釜中组合多个酶催化步骤（多酶级联催化反应）；三是构建无细胞/类生命系统，利用细胞内的活性成分，在体外构建并实现复杂的生物合成过程。体内路线即构建细胞工厂，通过改造自然界中已存在的代谢通路，提高目标产品的生产效率，或拼接/设计自然界不存在的生物合成途径。

海外领先企业在体内/体外工程转化平台上均已形成成熟商业模式，已出现以 Gingko Bioworks 为代表的"全能选手"。国内的平台赋能型企业尚处商业模式的早期阶段，仅在工业酶开发上与海外差距相对较小。

3. 合成生物学产业下游现状

合成生物学产业下游主要是利用合成生物学技术生产产品。与中游公司相比，下游公司

---

❶ CRDMO 模式是药明康德独创的业务模式，其核心在于一体化、端到端的服务链条。

更强调应用领域的聚焦和产品的精细打磨,核心技术在于大规模生产批间差和良品率的把控。合成生物学产业中大多数企业属于下游企业,聚焦特定细分产品从路线开发到产品商业化的整体通路。随着自身管线开发步入后期,重心将逐步转向产品的商业化生产和销售。国内知名企业有蓝晶微生物、微构工场、凯赛生物等,国外知名企业有 Bolt Threads、Impossible Foods、Genomatica 等。

(四)合成生物学产业展望

合成生物学具有绿色、清洁和可再生的优点,符合可持续发展的趋势,已经在高分子材料、能源与化工、生物医药以及食品领域取得应用,并展示出独特优势。然而,当前合成生物学的原料和产物有限、元件少、效率低、研发周期较长,导致技术成本较高,产品竞争力差,造成合成生物学在产业化方面出现困境。生物制造从实验室到真正产业化,面临着大量涉及学科交叉的难题,迫切需要生物工程、化学工程、发酵工程等学科的交叉,通过对反应器进一步的优化和设计,才能实现产品的高效、低成本、规模化生产,从而在与传统产业的竞争中取得优势。同时,合成生物学的良性发展也是其应用面临的一个重大问题。一方面,合成生物学的发展离不开各国政府的有效监管,各国政府应尽快在道德伦理、技术规范和安全风险方面达成共识,避免合成生物学脱离发展轨道,滥用于军队开发和武器研究,危害人类社会的安全稳定;另一方面,科研人员要做好合成生物学的科普工作,避免公众对其误解或恐慌,全民科学素质的提升有利于未来合成生物学的发展。

合成生物学的发展已进入第 3 个十年,有望逐步向理性设计的方向发展。同时,随着基因测序、基因编辑、计算机模拟建模、人工智能等技术的发展,新的基因代谢路径将会被设计出来,大量的与人类生活密不可分的产品将会通过生物合成的方式生产。随着科技的发展,合成生物学的生产成本有望进一步降低,实现高效低成本生产,从而在市场竞争中占有优势,更好地解决人类目前所面临的能源短缺、环境污染等问题。

(本报告撰写人:龚雅妮 刘雨虹 袁 磊 审核人:赵 旭)

五、熔盐储能：长时储能"黄金赛道"

近年来，我国"双碳"目标已成为高质量发展的"绿色引擎"，熔盐储能技术作为长时、大规模储能的代表，凭借其独特的物理化学特性和灵活的应用场景，正成为能源转型中的关键技术之一。国务院国发〔2021〕23号《2030年前碳达峰行动方案》明确提出，积极发展太阳能光热发电，并推进熔盐储能供热和发电示范应用。伴随储能利好政策密集释放，熔盐储能有望迎来发展机遇期，助力构建清洁低碳、安全高效的新型能源体系。

（一）熔盐储能技术体系与应用场景分析

熔盐储能是基于显热储热原理的先进储能技术，采用硝酸盐等特定无机盐组合物作为储能介质，实现太阳辐射能、电能、工业余热等多形态能源的跨时空转换。该技术通过熔盐相变特性实现能量储存，在 $-50 \sim 600$ ℃温度区间内保持稳定物态，具备储能密度高（可达 $200 \sim 300$ kJ/kg）、热稳定性强（熔点 $220 \sim 142$ ℃）、循环寿命长（大于30年）等技术优势。

1. 基本原理与特征

熔盐储热系统的能量来源广泛，太阳辐射能、电能（谷电、绿电）、热能（蒸汽、余热、废热）等均可作为其能量输入。在光热发电场景中，太阳辐射能通过聚光集热系统被聚焦到熔盐上，使熔盐温度升高，实现光能到热能的转换；在火电灵活性改造项目中，可利用汽轮机抽汽的热能加热熔盐；工业领域则常借助工业生产过程中的余热来加热熔盐，实现能源的二次利用，提高能源综合利用率。

蓄热过程是熔盐储热技术的关键环节之一。以光热发电系统为例，冷熔盐从冷盐罐被泵送至吸热器，在吸热器中吸收太阳辐射能或其他热源的热量，温度迅速升高，变成高温熔盐。在这个过程中，熔盐的内能增加，实现了能量的储存。如果是利用电能加热熔盐，通常会使用熔盐电加热器，电流通过特制的加热元件产生热量，进而传递给熔盐，将电能高效转化为热能储存起来。在一些工业余热回收项目中，工业余热通过热交换器传递给熔盐，使熔盐升温储存能量。这个过程中，熔盐的比热容、密度等特性对蓄热效果有重要影响，比热容大意味着熔盐能够吸收更多热量，密度高则有助于在有限空间内储存更多能量。

当需要利用储存的能量时，熔盐进入放热过程。高温熔盐从热盐罐被泵送至蒸汽发生系统，与水进行热交换。在热交换器中，熔盐将自身储存的热量传递给冷水，使冷水变成高温高压的蒸汽。这些蒸汽可用于驱动汽轮机发电，实现热能到电能的转换，也可直接用于工业生产或居民供暖，满足不同的用能需求。在放热过程中，熔盐的温度逐渐降低，完成放热后返回冷盐罐，等待下一个蓄热循环。热交换器的传热效率是影响放热效果的关键因素，高效的热交换器能使熔盐与水之间快速、充分地进行热量传递，提高能量利用效率。

2. 熔盐储热系统构成分析

加热系统负责为熔盐提供热量，实现能量的输入。常见的加热设备包括水（汽）—熔盐换热器、烟气—熔盐换热器、熔盐电加热器等。在火电灵活性改造项目中，水（汽）—熔盐换热器可利用汽轮机抽汽的热量加热熔盐；在一些有工业废气余热的场景，烟气—熔盐换热器能将废气中的热能传递给熔盐；而熔盐电加热器则在有多余电能时，将电能转化为热能加热熔盐，如在电网谷电时段，利用低价电能加热熔盐进行储能。

储热系统是熔盐储热技术的核心部分，主要由冷熔盐储罐、热熔盐储罐、疏盐罐、各类熔盐泵（冷熔盐泵、热熔盐泵、调温泵、疏盐泵）以及储罐电加热装置等组成。冷熔盐储罐用于储存低温熔盐，为蓄热过程提供冷态的储能介质；热熔盐储罐则储存高温熔盐，在放热过程中提供高温热源。熔盐泵负责在系统中输送熔盐，确保熔盐在不同设备之间循环流动，实现能量的储存和释放。储罐电加热装置可在无外部热源输入时，维持熔盐温度不低于额定温度，保证系统的稳定性。

换热系统的核心设备是盐—水换热器（SGS），它是实现热能转换和传递的关键部件。盐—水换热器一般包含预热器、蒸发器、过热器、再热器、汽包等。在放热过程中，预热器先将给水加热到略低于蒸发的临界温度，提高水的温度；蒸发器则将略低于蒸发临界温度的给水加热到微过热的蒸汽。放热过程是蒸汽产生的关键阶段，换热量占整个换热系统的60%以上。过热器进一步将微过热的蒸汽加热到所需温度，满足发电或工业用汽的参数要求；再热器对蒸汽进行再次加热，提高蒸汽的做功能力；汽包用于分离蒸汽和水，保证蒸汽的品质，维持汽水循环的稳定运行。

辅助系统包含防凝泵、电伴热装置、除氧器、给水泵、凝结水泵、给水加热器、水箱、开关柜、变压器、电缆、控制系统、阀门、管道及附件等。防凝泵和电伴热装置用于防止熔盐在管道和设备中凝固，确保系统在低温环境下正常运行；除氧器去除水中的氧气，防止设备腐蚀；给水泵和凝结水泵负责水的输送和循环；给水加热器提高给水温度，提高系统的热效率；控制系统根据设定的参数和实际运行情况，精确控制各个设备的运行，确保整个熔盐储热系统稳定、高效运行。阀门和管道则是连接各个设备、实现介质流动的重要通道。

熔盐作为储热介质，在熔盐储热系统中起着关键作用。常见的熔盐有二元熔盐、三元熔盐、四元熔盐等，光热电站大规模使用二元硝酸盐（Solar Salt，60%硝酸钠+40%硝酸钾）。它的熔点为220℃，最高使用温度为585℃，具有工作温度范围广、热容量大、导热性好的优点，能有效储存和传递热能。但它的熔点较高，系统需要采取相应的防冻堵措施，增加了一定成本。三元硝酸盐Hitec（希特斯盐）熔点为142℃，建议最高工作温度不超过405℃，由于其成分中的亚硝酸钠高温易分解，使用过程中需氮封，且亚硝酸钠有毒，若泄漏会危害水生环境。通过调整无机盐中不同组分之间的配比，可以得到多种混合熔盐，每种混合熔盐具有特定的熔点、分解温度、比热容、黏度、密度和适宜的工作温度范围，以适应不同的应用场景和需求。

3. 典型应用场景与运行模式

1）光热发电领域

在光热发电领域，熔盐储热分为直接储热和间接储热两种方式。直接储热中，吸热、传热、储热介质均为熔盐，多用于塔式、线菲、熔盐槽式光热发电技术路线。以塔式光热发电为例，冷熔盐经熔盐泵输送到太阳能集热器，吸收太阳辐射能升温后进入热熔盐储罐储存。当需要发电时，高温熔盐从热熔盐储罐流出，进入熔盐蒸汽发生器，与水换热产生过热蒸汽，驱动汽轮机发电，做功后的熔盐温度降低，流回冷熔盐储罐。间接储热则是吸热、传热介质采用导热油，储热介质采用熔盐，常用于导热油槽式光热发电技术路线。在这种方式下，导热油在集热器中吸收太阳热能，通过油—盐换热器将热量传递给熔盐储存起来，发电时熔盐再与水换热产生蒸汽。

2）火电机组灵活性改造

火电机组灵活性改造旨在增加调峰深度、实现快速启停和加快爬坡能力。基于熔盐储热技术的改造方案，将大容量高温熔盐储热系统嵌入传统"锅炉—汽机"热力系统。当火电机组向下调节出力时，启动储热模块，锅炉产生的过热蒸汽和再热蒸汽通过储热功率模块对熔盐进行放热，使低温熔盐罐中的冷熔盐升温并储存在高温熔盐罐中。当机组需要增加出力时，高温熔盐罐中的高温熔盐通过放热功率模块放热，产生的蒸汽回到汽轮机做功发电，或替代汽轮机抽汽对外供热。此外，在电网用电低谷期，还可利用电加热器将深度调峰期间多余电能转化为热能，加热熔盐储存于高温熔盐储罐，在用电高峰期释放热量发电或供热。

3）工业供热与余热回收

在工业供热领域，熔盐储热利用谷电或工业余热加热熔盐。在低谷时段，利用电加热器或工业余热将熔盐加热并储存起来；在尖、高峰时段，将储存的高温熔盐释放，通过换热器与水换热产生蒸汽，满足工业生产的用汽需求。这种方式不仅实现了能源的高效利用，还降低了企业的用能成本。在余热回收场景中，以钢铁行业为例，炼钢过程中产生大量高温余热，通过烟气—熔盐换热器将余热传递给熔盐，储存在高温熔盐储罐中。高温熔盐再通过盐—水换热器与水换热产生蒸汽，可用于发电或其他工业用途，提高了余热利用率，减少了能源浪费。

4）民用供暖

民用供暖中，熔盐储热利用谷电时段低价电进行储能。熔盐泵将低温熔盐储罐内的冷熔盐输送至熔盐加热器，利用谷电加热后储存在高温储罐中。在用热时段，高温熔盐被熔盐泵抽出，进入熔盐—水换热器与水换热，将水加热成热水，为住宅小区供给热能或生活热水。熔盐降温后流回低温熔盐储罐，完成一个供暖循环。这种供暖方式具有安全、稳定、高效的特点，能有效利用低谷电能，降低居民供暖成本。

（二）熔盐储能行业发展现状

在全球储能市场中，它是第三大储能模式，在中国和全球储能市场分别占比 1.2% 和 1.6%。尽管占比相对较小，但在大规模中高温储热领域，熔盐储热技术凭借其独特优势占据主流地位，是实现能源在时间和空间上合理分配的重要技术手段。

1. 技术优势明显，我国储换热及发电技术已较为成熟

熔盐储能设计简单，装机规模较大，多为百兆瓦级，通常搭配光热电站使用。其整体安全性好、绿色无污染，介质沸点高，工作温度为300~1000℃，同时具有饱和蒸气压低、热稳定性和热导性好、在高温下不易发生化学反应等特点。

与其他储能技术相比，熔盐储能还具备以下特点：一是相较氢储能和电化学储能技术，度电成本较低，使用寿命长。锂离子电池储能度电成本为1~2元，运行寿命8~10年，且报废后存在环保处理问题；"光热发电＋熔盐储能"项目初始投资较大，平均单位兆瓦投资约1600万元（其中熔盐泵、储罐等储换热系统占总造价的19%左右），度电综合成本约为0.7元，使用寿命通常超过25年。二是适用范围较广。相较抽水蓄能和压缩空气储能技术，熔盐储能不依赖于水体、地势和天然洞穴等地理因素，且占地面积较小。三是能量转化方式简单。相较其他储能技术，熔盐储能输入、储存和输出的能量形式都是热能，在终端需求为热能的应用场景，优势更为明显。

2. 多元应用场景广，未来市场空间潜力大

全球主要储能模式按装机规模依次是抽水储能、新型储能（锂电子电池、压缩空气、飞轮储能等）和熔盐储能。根据中关村储能产业技术联盟统计，截至2023年底，全球三种储能模式装机规模占比依次是67.0%、31.6%和1.4%，其中熔盐储能装机约4 GW；我国三种储能模式装机规模占比依次是59.4%、39.9%和0.7%，其中熔盐储能装机约0.6 GW。熔盐储能是热储能技术的重要组成部分，也是大规模中高温储能的主流技术方向。

通常熔盐储能主要应用于发电和供热领域，尤其是火电机组储热调峰灵活性改造、光伏光热储能一体化、风电园区储能、工业园区供暖供电等场景。根据国际可再生能源署统计数据，全球配备储热设施的电力系统中，其中采用熔盐储能技术的占比达3/4，通过将热电机组与熔盐储能系统耦合实现热电调峰。

3. 国内中央企业积极布局熔盐储能产业

近年来，中央企业积极布局熔盐储能。国家能源集团、国家电投、中国石化等19家企业已投资建设熔盐储能项目，目前在建工程40余项，其中光热发电30项、电储热调峰灵活改造5项、"余热余能发电＋熔盐储能调峰"3项。

在光热发电方面，主要位于新疆、西藏、青海等"沙戈荒"地区，多为光热储一体化项目，以国家电投、国家能源集团、中广核等电力企业为主。例如，中广核新能源青海德令哈2000 MW光储热一体化项目，其中光伏发电装机1600 MW、光热发电装机400 MW。在煤电储热调峰灵活改造方面，主要满足电力企业煤电厂改造需求，提高电网新能源消纳比例，以国家能源集团、中国华能等为主。例如，国家能源集团在安徽宿州基于熔盐储热的煤电灵活性关键技术研究及示范应用，投资建设可替代电化学储能项目，装机功率和装机容量分别为70 MW和140 MW·h。在"余热余能发电＋熔盐储能调峰"方面，主要为锅炉蒸汽利用，全部来自东方电气集团。例如，安徽六安钢铁熔盐储能换热设备等项目，将炼钢环节产生的余热资源回收利用，实现了熔盐储能在钢铁行业的应用突破。

此外，中国化工为陕西煤业集团、新疆天业等多家企业量身打造"新能源＋熔盐储热＋化工"技术方案，实现化工项目绿电、绿氢、绿色蒸汽一体化供应。中国能建、首航高科也在盐穴压缩空气储能电站（熔盐储热高温方案）和压缩二氧化碳熔盐储能项目中，积极探索熔盐储能的新型运用场景。

（三）熔盐储能技术未来发展面临的挑战

1. 安全问题

尽管熔盐储能技术相对安全，但仍存在一定风险。熔盐在高温下具有腐蚀性，可能对管道、设备造成侵蚀，导致设备损坏和熔盐泄漏。一旦发生泄漏，高温熔盐可能引发火灾、烫伤等安全事故。部分熔盐成分（如亚硝酸盐）具有毒性，若泄漏会对环境和人体健康造成危害。目前熔盐储热行业缺乏统一的安全标准，不同企业的产品和施工质量参差不齐，增加了安全隐患，凸显了安全问题的重要性。例如，2023年河南豫能控股股份有限公司所属鹤壁丰鹤发电有限责任公司与华润电力所属润电能源科学技术有限公司合作的熔盐储热项目发生熔盐高温爆裂事故，造成人员伤亡。

2. 成本因素

熔盐储热系统的成本包括建设成本、运行成本等。建设成本方面，熔盐原料、设备购置（如熔盐储罐、熔盐泵、换热器等）以及工程建设费用较高。虽然规模化建设可降低部分成本，但初始投资仍然较大，这在一定程度上限制了熔盐储热系统的大规模推广应用。运行成本中，熔盐的维护、设备的检修以及电伴热等能耗也增加了使用成本。相比其他一些储能技术，熔盐储热在成本上的竞争力有待提高，需要进一步降低成本以实现更广泛的应用。

3. 技术瓶颈

在技术层面，熔盐储热仍面临一些瓶颈。例如，熔盐的凝固问题是一个关键挑战，需要采取有效的防冻堵措施，如伴热系统、优化管道设计等，但这些措施会增加系统的复杂性和成本。熔盐在高温下的稳定性也需要进一步提高，以减少分解和变质的风险，延长熔盐的使用寿命。此外，熔盐储热系统与其他能源系统的集成技术还不够成熟，需要进一步研发和优化，以提高系统的整体性能和协同效应。

（本报告撰写人：刘知鑫　王小天　李田玮　审核人：赵　旭）

六、国际大石油公司布局以量子计算为代表的未来技术探索与借鉴

量子信息技术是培育未来产业、构建新质生产力、推动高质量发展的重要方向之一,其中量子计算由于具备实现计算能力跨越式发展的可能性,被视为第四次工业革命新赛道中的关键赛道。中国石油集团经济技术研究院能源科技研究所以量子计算为例,深入剖析了国际大石油公司和油服公司在新兴技术发展初期,通过超前预判技术产业化趋势、提前介入产业发展的关键环节、积极开放应用场景,实现以科技创新引领产业发展的战略思路,并研究提出了对能源行业企业布局新兴技术和培育未来产业的启示与建议。

(一)量子算力在能源和材料领域应用前景

量子计算是一种遵循量子力学规律调控量子信息单元进行计算的新型计算模式,有望突破经典算力瓶颈。量子计算机作为执行量子计算任务的设备,以量子比特(Qubit)为基本运算单元。在量子计算中,基于量子叠加原理,量子比特的不同状态可被同时存储和处理。该特性使得量子计算机能够在几秒钟内解决传统计算机需要数年才能完成的多变量问题,这在供应链优化、资产评估和经济预测等方面具有广阔的应用前景。

2019年,谷歌与美国国家航空航天局(NASA)和橡树岭国家实验室(Oak Ridge National Laboratory)合作证明了量子计算能够在解决特定问题时超越现有的超级计算机,首次实现了称为"量子霸权"(Quantum Supremacy)的里程碑。2023年11月,美国兰德智库发布《美国盟国量子产业评估报告》指出,当前量子产业在世界各地迅速发展,量子技术已开启商业化进程,正迅速从研究机构向企业转移。

2024年5月,麦肯锡公司在2024年度《量子技术监测报告》(Quantum Technology Monitor)中指出,金融、化工、制药、交通运输和汽车这五个行业可能最早受益于量子计算的快速发展。到2035年,量子计算为这些行业带来的增量收益最高可达2万亿美元,其中化工行业增量收益将在2000亿~6000亿美元。同时,量子计算技术在能源和材料领域的应用也将逐步进入中试和产业化发展阶段,在油气勘探开发、新材料研发、供应链管理等方面具有广阔前景。

1. 在油气勘探开发领域的应用

量子计算将助力地震资料的快速处理和反演成像,可获得更全面的地下介质参数信息,深化对油藏信息和地质风险的分析和识别。使用量子计算进行数据合成和数字孪生,还可以模拟极其复杂的系统。例如,对勘探前景和钻探组合进行量子模拟,从而更准确地进行风险分析,优化投资决策。此外,考虑到二氧化碳地质封存后需进行长期、稳定、实时监测,且监测所积累的数据量将远超经典计算所能处理的规模,使用量子计算将极大提高CCS/CCUS的管理和利用效率。例如,bp选择与IBM合作开发用于优化地下表征的量子计算算法,探索使用量子计算来解决各类业务和工程挑战。

2. 在新材料研发领域的应用

材料研发领域最大的挑战是在分子建模中计算化合物的基本能态，量子计算在模拟这些具有量子特性的分子结构方面具有天然优势。例如，针对下一代储能电池的材料研究，三菱化学正在与 IBM 合作，利用量子计算推进锂空气电池技术的研发。雪佛龙与牛津量子电路公司（OQC）正在围绕通过量子计算实现对复杂分子的模拟开展合作，加速新材料研发，推进石化产品低碳化进程。

3. 在供应链管理领域的应用

全球的炼厂、管道、铁路、仓储和物流网络是一个跨越不同地域和业务的复杂系统，使得现代能源体系的规划、运行和市场运营等决策优化过程呈现变量激增、约束繁杂等特点，量子计算可为高效解决此类"维数灾难"难题提供新的组合优化技术路径，更好地打通上中下游的全链条管理，提高整体盈利能力。例如，埃克森美孚正与 IBM 合作，期望在天然气需求、价格、天气、交付地点等实时波动的多重约束下，基于量子计算实现对超过 500 艘 LNG 船跨洋运输的最优航线设计。

尽管量子计算应用前景广阔，但当前主要应用于科学研究领域中，应用场景探索和产业生态培育仍面临许多困难。一是量子硬件仍处于初级阶段，量子比特数有限，错误率较高，难以大规模部署；二是能够有效解决实际应用问题的量子算法还有待开发；三是兼具量子计算和专业领域知识的研究人员极其缺乏。此外，一项技术是否能形成未来产业具有较高的不确定性，需要持续关注技术的发展态势和规模化应用部署情况。

（二）量子计算技术的产业化进展概况

当前，量子计算技术从基础科学研究逐步走向应用基础研究，前沿科学研究、技术产品研发和应用场景探索等成果不断涌现，进入了技术、应用及产业相互带动和一体化发展的加速期。

在企业投融资方面，从全球投融资事件数量来看，2022 年和 2023 年全年投融资笔数均超 100 笔，大量初创企业获得了政府赠予投资和不同轮次的股权融资等风险投资，但大多数企业仍处于早期投资阶段。从投融资金额规模来看，过去五年资本市场对量子计算领域企业的投资经历了一轮爆发式增长，2022 年融资金额近 20 亿美元，2023 年稍有回落，约为 14 亿美元。量子计算企业投资金额的回落一方面有全球新冠疫情、经济衰退和美元加息等宏观因素的影响，另一方面也存在一些具体技术和市场原因，如量子计算初创企业的技术产品和投资收益未达市场预期等。

在企业发展方面，科技巨头和初创企业均为促进量子计算的产业化发展提供重要推动力。我国华为、腾讯等大型科技企业陆续建设专门的量子计算团队，布局推动软硬件研发、应用探索、量子计算云平台等方向的发展，但相对欧美科技巨头而言，投入力度仍有加大的空间。我国量子计算初创企业大力推动量子计算技术研究与应用探索，力争在全球量子计算产业生态中占得一席之地。

在产业发展方面，发达国家积极组织产业联盟。我国目前比较知名的有量子信息网络产业联盟和粤港澳大湾区量子科学创新联盟。量子信息网络产业联盟（Quantum Internet Industry Alliance，QIIA）目前有 81 家成员单位已启动技术研究、标准预研、测评验证、应用案例征集等方向的 20 余个研究项目。粤港澳大湾区量子科学创新联盟由 15 家单位共同创建，致力于帮助联盟成员开展基础研究、技术研发、成果转化、供应链对接、人才交流，推动促进未来行业发展的政策落地。

（三）国际油气行业量子计算发展现状

近年来，国际大石油公司积极投资高科技、高增长的初创企业和突破性技术，期望在改善油气业务业绩的同时创造新的经济增长点。国际大石油公司和油服公司正加速布局量子计算，推进产业化发展。据 Pitchbook 公司统计，2019 年以来，针对初创企业的投资额从 3 亿美元飙升到 23.5 亿美元，其中 75% 投向量子计算方向。bp、埃克森美孚、雪佛龙等国际大石油公司，以及贝克休斯、斯伦贝谢等国际油服公司都加快了在量子计算领域的研发合作和商业化应用试点。

1. 超前预判技术的未来应用场景，布局"竞争前研发"项目

例如，贝克休斯 2021 年提出了一种利用量子计算机计算钻头位置从而优化钻井过程的方法，并陆续申请了包括井口定位和地质导向等方面专利。斯伦贝谢则一直在使用名为 D-Wave 公司的量子云计算服务技术来规划和优化大型石油和天然气项目。量子计算机能根据每口井的预期产量，降低设备移动到每个新井位的成本并减少密集井位所带来的影响，实现高效精确布井，从而提高油田生产效能。针对 CCUS 技术发展的庞大算力需求，道达尔公司在 2020 年与剑桥量子计算公司（Cambridge Quantum Computing，CQC）达成一项长期合作计划，共同开发用于 CCUS 领域的量子算法和量子计算解决方案。

2. 投资初创公司，加快技术转化应用

量子计算早期技术路线包括超导量子、光量子、硅基量子点、离子阱、中性原子等。目前谷歌和 IBM 采用的超导量子技术路线"一马当先"，两家公司在量子计算领域专利数量排名居前；法国量子技术公司（Pascal）等初创企业的中性原子技术路线也"驶入快车道"，成为风险投资首选。2022 年 3 月，沙特阿美与 Pasqal 签署了谅解备忘录，就量子计算在能源领域的应用进行合作，并于 2023 年参与了 Pasqal 的 B 轮融资，双方明确由 Pasqal 基于中性原子阵列的量子计算技术（Neutral Atom Quantum Computing）和专业知识开发量子计算平台，沙特阿美则提供能源产业知识与应用场景，共同实现量子计算在能源领域的应用开发。2024 年这两家公司将量子计算推向实际部署阶段，将于 2025 年在沙特阿拉伯安装第一台量子计算机。2024 年 4 月，雪佛龙宣布通过旗下的技术风险投资公司加入 OQC 公司的 1 亿美元 B 轮融资。OQC 公司指出，其开发的量子技术将为油气行业带来颠覆性创新机会，包括催化剂开发与优化、运输和分销网络效率提高等，并指出量子计算有望通过对复杂分子的模拟加速油气行业对新材料的发现和开发，加速石化产品的低碳化进程。

3. 加入产业技术联盟，积极提供应用场景专业知识，促进技术产业化发展

bp、埃克森美孚等公司先后于 2020 年和 2021 年作为行业合作伙伴加入了由 IBM 主导的量子网络计划（IBM Quantum Network）。该网络有 270 多个合作伙伴，包括世界财富 500 强企业、大学、实验室和初创企业等,合作伙伴可参加独家会议和通过云端访问IBM的量子计算机群。得益于行业知识和应用场景的驱动,IBM不断更新量子计算技术发展路线图,硬件技术的迭代升级速度显著加快。

总体而言,国际大石油公司在量子计算技术发展初期,通过超前预判未来技术产业化发展趋势,采用合作研发、申请专利、风险投资、加入行业联盟等多种手段提前介入,并积极开放应用场景,加速技术成果转移转化,促进量子计算技术在公司中的发展应用。

(四)对能源行业发展未来产业的认识与启示

未来产业发展的核心是"创新驱动、应用牵引",科技创新和场景创新的结合更加紧密,将呈现出"突破新科技、满足新需求、发展新业态、孕育新组织"等特征。我国正处于培育未来产业、发展新质生产力的关键阶段,能源行业企业可充分借鉴国际大油公司的有益探索和实践经验,进一步加强未来技术发展趋势研判、抓住爆发关键时点,探索多元化合作模式、促进创新要素集聚,丰富拓展应用场景、促进技术迭代升级,为促进新兴技术形成未来产业筑牢根基。

1. 强化未来技术发展趋势研判及"里程碑"事件识别,抢占未来产业发展先机

未来产业发展早期往往多种技术路线并存。建议能源行业企业加快打造未来技术瞭望站,探索构建"科技+产业+金融"协同的技术挖掘和甄别机制,强化对前沿颠覆性技术的不同技术路线的持续跟踪和趋势预测,以及进入产业化商业化阶段的"里程碑"事件识别。同时,建立完善"里程碑"事件识别和科技发展规划联动调整机制,在相关重大科技事件出现时,及时组织行业内外部专家研判,动态优化未来产业相关技术布局。

2. 强化创新要素和产业要素集聚,积极探索未来技术发展多元模式

在技术研发阶段,充分发挥企业在产学研深度融合创新中的主导作用,积极设立研发基金或合作项目,与相关领域科研团队建立长期、稳定的合作关系;在试验推广阶段,探索设立未来产业风险投资基金,打造早期介入、全周期赋能的耐心资本,助力量子计算、合成生物学等产业技术越过"死亡谷";在商业化规模化阶段,通过直接投资、基金参股、兼并收购等多元化投资方式,培育专精特新"小巨人"企业等。同时,加快建立专业化多层次的科技服务人才培养体系,培育壮大善创新、懂市场、会经营的复合型技术经理人队伍。

3. 强化市场应用场景牵引,发挥科技领军企业的引领支撑作用

充分利用大型企业的应用场景优势,加大典型应用场景的建设和开放力度,常态化推进场景挖掘发布、供需对接、建设运营,探索建立市场化新兴产业和未来产业培育机制,加速产业化进程;引导用好针对"首台(套)、首批次、首版次"的保险补偿机制和激励政策。积极建设"体系化、任务型"创新联合体或未来产业技术联盟,研究完善利益分享和风险共担等机制,以定向委托、定向择优、"揭榜挂帅"等方式,探索"大兵团作战"模式,加快推进未来技术攻关和产业发展示范。

(本报告撰写人:吴 潇 李田玮 赵明洋 审核人:赵 旭)

七、超前部署积极应对人形机器人带来的机遇与挑战

人形机器人集成人工智能（大数据分析、机器学习、人工智能（AI）大模型、场景感知、运动控制、人机交互等）、动力系统、高端制造、新材料等先进技术，有望成为继计算机、智能手机、新能源汽车后的颠覆性产品，将深刻变革人类生产生活方式，重塑全球产业发展格局。为占领科技竞争的新高地、开辟未来产业的新赛道、铸造经济发展的新引擎，我国正大力推动人形机器人发展，近期多部门密集发布相关政策文件，大量企业介入产业链发展，一批新业务、新模式、新业态正在形成。人形机器人技术加速演进，将为油气行业带来新的机遇和挑战。油气企业应着眼未来，紧跟发展趋势，积极参与相关技术研发和产品应用，培育和发展人形机器人产业，同时提前筹划面向新业态需求、新用工模式等的应对措施。

（一）国内外人形机器人研发现状与发展前景

人形机器人的研究最早始于 20 世纪 60 年代，先后经历了以日本本田仿人机器人为代表的系统集成发展阶段和以美国波士顿动力公司仿人机器人为代表的高动态运动发展阶段，但均未实现人形机器人的规模应用。2021 年 8 月，特斯拉首席执行官（CEO）马斯克在特斯拉人工智能日宣布了人形机器人研发计划，并于次年特斯拉人工智能日展示了擎天柱人形机器人原型机，引起全球轰动，从此掀起全球人形机器人研发新高潮，众多公司加快抢占这一产业新赛道。美国 Figure 人工智能公司的 Figure 01 人形机器人已在宝马汽车生产线上进行测试，敏捷机器人公司的人形机器人已在亚马逊仓库实习，2024 年 3 月英伟达发布人形机器人通用基础模型。特斯拉的人形机器人快速迭代，第二代人形机器人已部署在特斯拉动力电池生产线上进行测试，能够在工作中自主学习、自主纠错。2024 年 6 月 14 日，特斯拉 CEO 马斯克在公司股东大会上表示，特斯拉工厂预计 2025 年部署超过 1000 个自产人形机器人。这些人形机器人将实现更高级别的自主操作，能够直接响应指令，执行复杂任务，将具备通过观察视频学习新技能的能力，就可以通过观看任务流程进行学习并执行，无须传统编程。马斯克预测，人形机器人将成为工业生产主力，数量有望超越人类。特斯拉的目标是年产 10 亿个人形机器人，占据市场 10%以上份额。其成本将控制在 1 万美元左右，售价预计 2 万美元，将为特斯拉带来 25 万亿美元以上的年收入。

为加快我国人形机器人产业发展，2023 年 11 月 2 日我国工业和信息化部专门出台了《人形机器人创新发展指导意见》，目标是到 2025 年实现人形机器人批量生产，在特种、制造、民生服务等场景得到示范应用；到 2027 年，形成安全可靠的产业链供应链体系，构建具有国际竞争力的产业生态，综合实力达到世界先进水平，成为重要的经济增长新引擎。2024 年 1 月 29 日，工业和信息化部、教育部、科学技术部、交通运输部、文化和旅游部、国务院国有资产监督管理委员会、中国科学院等七部门联合发布《关于推动未来产业创新

发展的实施意见》，将人形机器人作为国家级未来产业之一和我国未来产业十大标志性产品之首。

随着人工智能技术的不断发展以及上下游产业链快速成熟，国内人形机器人发展日新月异，人形机器人产业风起云涌，各路企业竞逐人形机器人产业，包括小米、华为、宇树科技、优必选、开普勒、傅里叶智能、北京人形机器人创新中心、人形机器人（上海）等公司。优必选的人形机器人已在一汽大众的汽车生产线上进行测试。2024年国内头部企业将开启人形机器人的小批量交付，一个万亿元级别的产业新赛道呼之欲出。

（二）人形机器人带给油气行业的机遇与挑战

与工业机器人相比，人形机器人具备独特优势：不仅能够进行重复性劳动，而且能做更多灵活性工作，能适应人类生活环境并使用人类的工具，也能在复杂地形下工作。尤其是随着AI技术的飞速发展，加载人工智能的人形机器人不再是执行程序的机器，而是具有自学习能力、能够自我成长的"类人"，将在各种生产、生活场景中大批量应用，必然对油气行业产生巨大影响。

1. 大幅提升生产效率并催生新的生产组织模式

在工业生产场景中，大型自动化设备配合人形机器人，装配、检验、运输、安装等，逐渐代替人类实现不间断工作，适应不同的生产任务和加工过程进行柔性制造、个性化生产，促进效率提升。在油气田勘探开发及炼化场景中，人形机器人将代替人类在任何工作环境下从事现场各类繁重、危险的工作，个性化人形机器人甚至能适应极端工作环境，从而突破深远海、极地等资源开发极限。在生产组织中，人形机器人能够按照固化的流程严格执行、敏捷决策，消除人为因素造成的失误或延误，保障生产和作业的效率和效果，促使围绕硬监管模式形成新的生产组织方式。在销售服务等场景中，人形机器人可通过互联共享以及大数据分析为客户提供更适应个性化需求并且始终如一的高品质服务。

2. 产业链扩张造就大量新业态新需求

随着民用及工业用机器人的爆发式增长，催生产业链上下游形成新需求。在材料领域，机器人仿生皮肤制造促进生物制造技术发展、对精密电动机技术的需求带动高性能永磁材料的发展，机体轻量化带动特种工程塑料发展，大量活动部件应用使润滑油脂需求大幅增长。在设备仪器制造方面，精细复杂的动作推动轴承、电动机等零部件小型化、高端化发展，并造就大量传感器需求；异形件加工需求激发大量的增材制造需求。量产后的人形机器人也将进一步扩大电池市场需求。据预测，到2030年，人形机器人减速器、伺服系统、控制器、电池市场规模分别达到744亿元、558亿元、372亿元、167亿元。

3. 冲击现有用工模式，促使人员需求结构改变

从短期看，人形机器人的推广应用将解决困扰全球油气工业的一线人员接替、技术工人断档问题。钻台工、场地工、钻井液工、录井人员等短缺人才将有望实现接替。从中长期看，新技术取代落后的生产力，造成的技术性失业不可避免。人形机器人不仅能取代技术人员，搭载人工智能的人形机器人将取代大量白领员工，如油气行业的部分管理人员、财会人员、法务人员、技术人员、研发人员、销售人员和售后服务人员等。从长期看，人形机器人催生的新技术革命将带来新岗位诞生和新型人才需求，AI 相关的研究、架构、培训、维修等人员需求量将大幅增长，具备深厚行业背景，深刻了解事物运行机制，具有整体设计、组织能力的人才需求也将大幅增长，创新人才、跨学科人才将成为未来的主要需求方向。

4. 促进能源格需求格局调整

人形机器人多采用电控结构，由蓄电池供电，其推广应用将继电动车之后进一步增加电力供应需求。此外，人形机器人的发展与人工智能息息相关，人工智能催生电力供应需求级数化增长。波士顿咨询集团预计，来自 AI 模型训练和更高频的 AI 查询的电力消耗将使 2030 年底美国数据中心的用电量达到 2022 年的 3 倍。AI 加载人形机器人，必将进一步增加电力需求，促进全球能源供应结构调整。

（三）人形机器人在油气行业应用的技术发展方向

未来人形机器人与 AI、自动驾驶、数字孪生和物联网技术深度融合，以提高其在油气行业的适用性。例如，AI 深度学习算法能够优化油气勘探设备的自主运作，使机器人能够自主调整参数，提高钻井和维护工作的效率。自动驾驶技术则可用于油田巡检机器人，使其能够自主导航、避障并识别油气管道的异常情况。

未来，人形机器人将通过深度学习和强化学习技术，增强其环境适应能力。例如，机器人可以通过传感器和视觉识别系统学习复杂的作业场景，提高自主巡检和维护能力。在油气行业，机器人可以通过自适应学习优化管道检测、泄漏监测等工作，减少人为干预。

由于油气行业常涉及高风险作业，如海上钻井、炼油厂检修和泄漏检测，人形机器人未来将更加依赖远程操控技术，并结合 AI 预测维护功能。例如，结合边缘计算和 5G 网络，机器人可以实时获取设备数据，远程操作人员能够通过虚拟现实（VR）或增强现实（AR）界面操控机器人进行维护作业。此外，数字孪生技术能够创建油气设备的虚拟模型，结合机器学习算法预测设备故障，提前规划维护工作，减少非计划停机。

（四）油气公司参与人形机器人产业的建议

1. 及早参与人形机器人产业发展，分享发展红利

早谋划、早布局，通过参股、风险投资等途径参与人形机器人产业发展，分享发展红利，培育新的增长点。既可以参与整机研发生产，也可以选择性参与或自主研制部分关键部件，研制专用润滑油等，尽快形成关键技术、质量标准、关键软件等。基于现有业务，围绕产业链所涉及的制造、材料、软件、系统等上下游环节，打造数个高附加值业务；支持具有一定基础的龙头企业牵头联合产学研用组成创新联合体，加强关键技术和产品攻关，凝聚各方力量加快创新进程。

2. 推进在油气各场景落地应用，形成专业化产品和知识库

在未来广阔的人形机器人市场中，油气行业将是重要且规模巨大的应用场景之一，钻井、修井、物探、铺管等野外作业，炼油厂、石化厂、机械厂等一线作业，研究设计、安全管理、销售服务等有广泛的应用场景。油气企业宜发挥应用场景丰富、市场规模庞大的优势，早谋划、早布局，提早在多个领域布设应用场景，积累先发优势。先期以场景融入和训练为目标，引入社会通用机器人在制造业、销售等场景开展应用，同时在钻井、物探、炼化、管道等各种应用场景中进行专业化训练，逐渐形成自主专业化产品，并率先形成油气领域的知识库、技能库、经验库、规则库、标准库，开展在钻井、物探、炼化等领域取代钻台工、场地工、钻井液工、野外作业人员、现场作业人员、水下作业人员的试验，推广在青海油田、塔里木油田等高温、高寒、高海拔、高危、高强度等恶劣条件下作业场景的人员替代。

（本报告撰写人：郭晓霞　刘知鑫　刘炜辰　审核人：张焕芝）

八、国外主要石油公司专利技术发展趋势洞察

为洞察国外主要石油公司专利布局特征与技术发展方向,对五家国际石油公司和三家技术服务公司2024年全球公开的专利进行了检索分析。结果显示,八家公司全球首次公开的专利数量较2023年同期基本持平,国际石油公司公开专利主要集中在炼油和化工技术领域,技术服务公司公开专利主要集中在工程技术领域。新能源、低碳技术专利占比大幅度增长,主要涉及CCUS、风能、太阳能、提锂、燃料电池等相关技术。

(一) 国外石油公司公开专利数量与地域

1. 国外石油公司公开专利数量较上年略有下降

2024年,八家公司全球首次公开专利数量之和为7905件,略低于2023年的8016件(图1)。其中,五家国际石油公司共公开3376件,占42.7%;三家技术服务公司共公开4529件,占57.3%。总的来看,除贝克休斯外,技术服务公司公开的专利数量明显高于国际石油公司(图1)。中国石油和中国石化2024年公开发明专利数量分别为8813件和8855件,均超过八家公司公开专利数量之和。

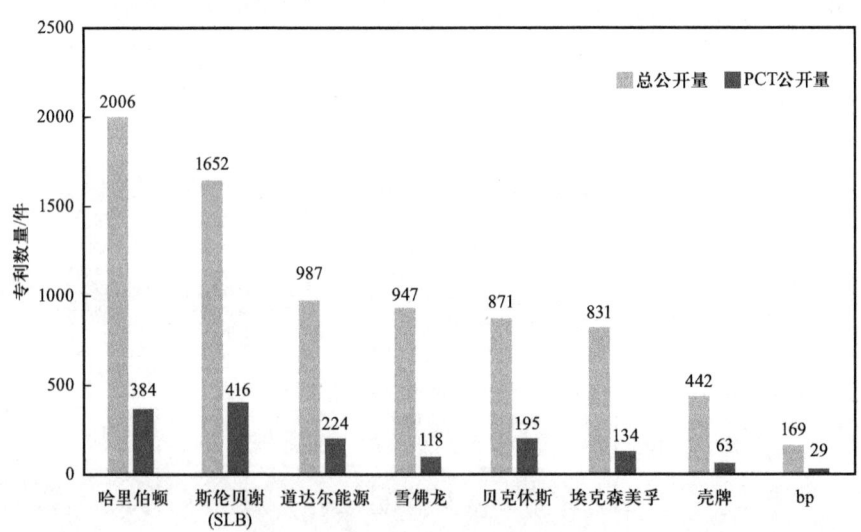

图1 八家公司2024年公开专利情况

八家公司共公开专利合作条约(PCT)国际专利1563件,稍高于2023年全年公开量,占总公开量的19.8%。其中,五家国际石油公司共公开568件,占其总公开量的16.8%;三家技术服务公司共公开995件,占其总公开量的22%。中国石油为163件,占其总公开量的1.85%;中国石化为127件,占其总公开量的1.43%。

2. 美国仍然是公开专利数量最多的国家

从专利分布地域来看，八家公司公开的专利主要集中在具有资源优势和知识产权法治环境优势的北美地区、欧洲地区，以及具有市场潜力的亚太地区。在北美地区，美国是公开专利数量最多的国家，为2026件，占全球公开总量的25.6%。在亚太地区，中国是公开专利数量最多的国家，为444件，占5.6%，略高于2023年的4.6%，这反映出中国油气市场受关注度有所提升。

五家国际石油公司在美国公开专利数量为643件，占其全球公开总量的19.0%；中国341件，占10.1；印度190件，占5.6；韩国158件，占4.7；日本156件，占4.6。2024年五家国际石油公司专利公开地域或组织分布（前20位）详见表1。

表1 2024年五家国际石油公司专利公开地域或组织分布情况

序号	专利公开地域或组织①	数量/件	占比/%
1	美国	643	19.0
2	世界知识产权组织	568	16.8
3	欧洲专利局（EPO）	486	14.4
4	中国	341	10.1
5	印度	190	5.6
6	韩国	158	4.7
7	日本	156	4.6
8	新加坡	130	3.9
9	巴西	105	3.1
10	西班牙	93	2.8
11	澳大利亚	89	2.6
12	法国	75	2.2
13	马来西亚	45	1.3
14	丹麦	35	1.0
15	墨西哥	30	0.9
16	波兰	29	0.9
17	芬兰	23	0.7
18	阿根廷	18	0.5
19	泰国	17	0.5
20	委内瑞拉	16	0.5

① 世界知识产权组织、欧洲专利局为接受专利申请的国际组织，向上述组织申请专利后，需按其规定在法定时间内公开，然后才进入各个具体国家。因此，只对其公开量进行统计。

三家技术服务公司在美国进行了全面的专利布局，公开专利总量达1383件，占其全球公开总量的30.5%；英国323件，占7.1%；巴西252件，占5.6%；挪威251件，占

5.5%；澳大利亚201件，占4.4%；中国103件，占2.3%，高于2023年的1%。2024年三家技术服务公司专利公开地域或组织分布（前20位）详见表2。

表2 2024年三家技术服务公司专利公开地域或组织分布情况

序号	专利公开地域或组织	数量/件	占比/%
1	美国	1383	30.5
2	世界知识产权组织	995	22.0
3	英国	323	7.1
4	欧洲专利局（EPO）	294	6.5
5	巴西	252	5.6
6	挪威	251	5.5
7	澳大利亚	201	4.4
8	阿根廷	123	2.7
9	中国	103	2.3
10	墨西哥	86	1.9
11	马来西亚	57	1.3
12	委内瑞拉	57	1.3
13	印度	50	1.1
14	新加坡	44	1.0
15	丹麦	42	0.9
16	沙特阿拉伯	42	0.9
17	法国	30	0.7
18	荷兰	29	0.6
19	印度尼西亚	25	0.6
20	哥伦比亚	19	0.4

（二）国外石油公司专利布局重点技术方向

1. 传统优势技术的专利布局仍然保持较高比例

从公开专利技术分布领域来看，八家公司在工程技术、炼油化工领域公开专利数量较多，占比分别为45.3%和32.6%，而勘探开发领域占比只有12.0%。其中，五家国际石油公司在炼油化工领域专利占比高达70.4%；三家技术服务公司在工程技术领域专利占比高达71.0%（表3）。

此外，国外石油公司非常注重新兴技术的跨界专利申请，数字化与智能化成为专利布局新方向。通过实施数字化转型战略（如机器学习、智能控制等）提升生产效率并降低运营成本，已成为其提质增效的重要选择。

表3 2024年八家公司公开专利技术领域分布

技术领域	数量/件	占比/%
工程技术	3584	45.3
炼油化工	2577	32.6
勘探开发	948	12.0
新能源与可再生能源	488	6.2
安全环保与节能节水	95	1.2
储运管道	45	0.6
其他	168	2.1

2024年，八家公司的研发热点和专利申请主要围绕其主营业务开展。埃克森美孚三大重点技术方向为烷基芳烃、催化剂体系和聚合物加工助剂，合计占比约为50.4%；雪佛龙三大重点技术方向为加氢处理催化剂、燃料添加剂和聚乙烯反应器，合计占比约为35.3%；道达尔能源三大重点技术方向为润滑剂、芳族化合物、风电，合计占比约为47.6%；壳牌三大重点技术方向为乙烷氧化物脱氢、吸附剂材料、燃料油和润滑油组合物，合计占比约为34.6%；bp三大重点技术方向为费托合成法、电热管理（电池）和地震数据处理，合计占比约为60.4%。

哈里伯顿三大重点技术方向为机器学习、井下工具和气体分离器，合计占比约为42.3%；SLB三大重点技术方向为地震数据智能处理、井下工具和钻井工艺，合计占比约为78.5%；贝克休斯三大重点技术方向为井下工具、声学信号处理和电潜泵，合计占比约为39.4%。

2. 新兴产业相关技术越来越受到重视

八家公司新能源、新材料和新业务公开专利数量出现大幅度增长，占比由2023年的3.7%提升至6.2%。五家国际石油公司中，道达尔能源公开数量最多，为176件，占52.9%，主要集中在风能领域（尤其是风力发电）和太阳能领域（尤其是光伏发电），其次是壳牌72件、bp 30件、雪佛龙28件和埃克森美孚27件。三家技术服务公司中，SLB公开数量最多，为87件，占56.1%，主要集中在提锂技术和地热开发方向，其次是哈里伯顿的48件。

从涉及的具体技术来看，CCUS和风能相关技术领域的专利数量相对较多，分别为89件和78件。此外，八家公司在燃料电池、太阳能光伏、提锂、地热、氢能、储能、生物燃料技术领域均公开了一定数量的专利。

风能技术专利主要涉及风力涡轮机的结构设计和海上风力发电组件等；太阳能技术专利主要涉及光伏面板的安装方法和太阳能热储存装置等；储能技术专利主要涉及电池储能和热能储能等；地热能技术专利主要涉及地热井流量控制技术和地热能收集系统；生物燃料技术专利主要涉及生物燃料生产和生物燃料添加剂，通过利用生物质资源生产能源，不仅可以实现废物的资源化利用，还能减少环境污染和温室气体的排放。

从涉及的技术功效来看，主要体现在五个方面：一是提高能源利用效率；二是降低系统成本；三是增强系统稳定性与安全性；四是提升环境友好性；五是促进能源多元化供应。

（三）国外石油公司专利布局主要特征

1. 国外石油公司更加注重专利的合作与全球化布局

从专利合作研发情况来看，国外石油公司注重技术合作研发与成果利益共享。主要原因是资源配置全球化及企业竞争国际化加快，自主研发进行专利申请与维护成本过高。SLB 和道达尔能源合作专利比例[1]最高，分别为 35.6% 和 23.2%，雪佛龙的合作专利比例为 12%，埃克森美孚的合作专利比例为 7.9%，bp 的合作专利比例为 6.5%；贝克休斯、哈里伯顿和壳牌合作专利比例相对较低。

鉴于专利权固有的地域局限性特征，若要使同一项创新发明在不同国家或地区均享有专利保护，就必须分别向这些国家或地区的专利局提交申请。普遍而言，一件专利对应的同族专利数量越多，往往反映出该专利的重要性也越高。因此，同族专利的数量成为衡量并识别核心关键专利常用且有效的指标。国外石油公司会根据不同国家和地区的法律法规、市场环境和技术发展趋势，制定差异化的专利布局策略，重点选择在技术创新活跃度高、市场需求旺盛且知识产权保护体系健全的地域进行布局。

2024 年，在八家公司公开的专利中，简单同族数量在 2 个及以上的专利 4820 件，占 61%，远高于中国石油的 4.4% 和中国石化的 6.1%；简单同族数量在 5 个及以上的专利 2059 件，占 29.2%。其中，五家国际石油公司平均占比为 35.5%，三家技术服务公司平均占比为 23.9%，均远高于中国石油的 0.2% 和中国石化的 3%。这充分体现了八家公司在专利保护上的全球化策略和国际影响力。哈里伯顿公开简单同族在 5 个及以上的专利数量最多，为 492 件，占 23.8%，其次为道达尔能源 368 件，占 17.8%。在技术领域分布上，炼油化工技术领域占据了显著地位，共 978 件，占 47.4%；在新兴产业领域，共 1590 件，占比高达 77.2%，这也显示了国外石油公司在推动技术创新和产业革新方面的强劲动力。

2. 国外石油公司专利质量指标优于国内石油公司

权利要求数量在宏观上能够反映专利所保护的范围与全面性，通常权利要求数量越多，其保护范围越大、保护越全面，在一定程度上反映了专利的质量也越高。2024 年，八家公司发明专利权利要求数量超过 10 项的平均占比为 60.1%，均远高于中国石油的 23.8% 和中国石化的 40.2%；发明专利权利要求数量超过 30 项的平均占比为 2.7%。其中，五家国际石油公司平均占比为 3.9%，三家技术服务公司平均占比为 1.9%，均远高于中国石油的 0.1% 和中国石化的 0.5%，这也凸显了国外石油公司在专利保护上的全面性。雪佛龙公开发明专利权利要求数量超过 30 项的专利最多，为 69 件，占 31.8%；其次为哈里伯顿 64 件，占 29.4%。在技术领域分布上，炼油化工技术领域 113 件，占 52%；新兴产业领域专利 163 件，占 60.1%。

（本报告撰写人：吴 聃　郝丽娟　审核人：范向红）

---

[1] 合作专利比例指合作申请的专利占总申请专利的比例。

附录一 中国石油科技十大进展

一、2024 年中国石油十大科技进展

（一）深地钻探关键技术取得重大进展，钻深突破万米并获取万米深地岩心

针对万米特深井超高温、超高压、复杂压力系统等难题，中国石油研制"12 000 m 自动化钻机、抗高温井筒工作液、万米取心成套工具"等核心技术装备，集成万米钻探工艺，支撑深地塔科 1 井全球陆上最快突破万米大关，获取珍贵程度堪比"月壤"的岩心资料，并首次在万米以深地层发现油气显示。

主要创新与突破：（1）研制全球首台 12 000 m 特深井自动化钻机，首创万米管柱自动化作业系统，为万米深井全井段钻进提供了坚实保障。（2）构建抗高温（≥240 ℃）聚合物水基钻井液体系和温压响应堵漏材料，有效应对高温高盐高酸性气体、白云岩井壁失稳、高角度裂缝漏失等复杂工况。（3）创新研发抗 220 ℃ 高温水泥浆体系，攻关形成万米特深层长裸眼多压力系统尾管固井技术，标志着中国石油超深高温固井技术迈上新台阶。（4）创新研发抗 240 ℃ 高温高强度取心成套工具，配套完善万米特深层取心工艺，使我国成为继俄罗斯之后全球第二个获得地球万米深层岩心的国家。

深地塔科 1 井打造了深地钻探大国重器，创造了世界陆上钻探 10 000 m 深井用时最短纪录，是亚洲首口、世界第二口垂深超万米井，并首次在万米以深地层发现油气显示，在我国钻探工程史上具有里程碑意义。

（二）自主茂金属催化剂实现规模化工业应用突破

茂金属聚乙烯（mPE）性能优异，其生产技术水平是衡量一个国家聚烯烃产业发展水平的重要标志。茂金属催化剂是生产 mPE 的"芯片"，长期依赖进口且受配额限制，严重制约高端聚烯烃业务发展。聚焦茂金属催化剂结构设计和性能调控等关键科学问题和技术难题，自主攻关开发高效茂金属聚乙烯催化剂，生产 mPE 产品超万吨，抢占茂金属聚烯烃科技竞争和未来发展制高点。

主要创新与突破：（1）助催化剂甲基铝氧烷（MAO）分子簇可控生长技术。通过诱导 MAO 分子簇可控生长，实现催化剂活性位点均一化，突破产品晶点多、细粉含量高等技术难题。（2）催化剂载体功能化改性技术。创新采用氟代苯基硼类物质对载体改性，提高关键组分作用强度，活性金属负载率由 80% 提升至 95%，有效减少 MAO 用量，催化剂生产成本降低超过 10%。（3）游离三甲基铝选择性反应消除技术。通过受阻酚选择性捕捉 MAO 溶液中游离的三甲胺，提升催化剂有效活性中心数量，催化剂活性大幅提升 25%。

该技术授权发明专利 20 件，发表 SCI/EI 论文 7 篇。自主催化剂在兰州石化 30×10^4 t/a 和大庆石化 7.8×10^4 t/a 气相法聚乙烯装置实现工业应用，生产茂金属聚乙烯产品 10 208 t，催化剂综合性能优异，可替代进口催化剂，实现了茂金属聚乙烯核心技术自主可控，推动了

中国石油高端聚烯烃业务高质量发展。

（三）700亿参数昆仑大模型建设成果正式发布

加快发展新一代人工智能是赢得全球科技竞争主动权的重要战略抓手，推动人工智能发展是中央企业发挥功能使命、培育新质生产力、提高核心竞争力、推进高质量发展的必然要求。中国石油构建了覆盖上中下游全业务域的昆仑大模型，全方位、深层次推进人工智能赋能新型工业化。

主要创新与突破：（1）采用昇思算法框架，模型训练、推理及算力体系全栈国产化，实现技术自主可控。（2）采用数据胶囊加密算法，实现核心数据全生命周期安全防护。（3）采用混合长序列并行算法、多层感知重计算策略等技术，大模型运行性能较传统方法提升100%；同时，采用基于弱监督信息对齐及自监督表征统一的海量知识构建等技术，模型精度达到业内领先水平。（4）在地震数据处理方面实现了全波形反演10倍以上速度优化；实现缝洞体预测、火山岩识别等8种地震解释场景；固井质量评价效率提升了3~5倍；在装备制造方面实现液控专业设计文档自动生成，提升设计效率70%。

昆仑大模型是首个面向能源化工全领域、向社会开放使用的行业大模型，2024年11月入选工业和信息化部组织的"人工智能赋能新型工业化"典型应用案例，行业影响力显著。未来将紧密跟踪大模型技术发展，全力打造一流模型应用，着力构建创新应用生态。

（四）大型地质工程一体化压裂软件实现国产化替代与工业化应用

压裂软件是非常规储层改造的必备工具，以往完全依赖进口，核心技术受制于人。中国石油突破非平面三维裂缝模拟、复杂人工裂缝模拟、四维地应力模拟等11项关键技术卡点，成功研发了国内首套具有完全自主知识产权的大型地质工程一体化压裂优化设计软件平台FrSmart，在各油气田实现规模化应用。

主要创新与突破：（1）针对裂缝高效模拟挑战，研发了非平面三维裂缝模拟技术、亿级规模稠密矩阵GPU并行解法，与国际先进软件FrackOptima相比结果差异小于5%，速度提升超10倍，全面突破了"快、准、稳"裂缝模拟难题，达到了国际领先水平。（2）针对地质工程协同优化难题，研发了三维地质力学和压后产能模拟的双向动态耦合技术，实现了从三维静态向四维动态油藏地应力场模拟的跨越，压裂产量拟合精度提高10%，打通了地质工程一体化的关键节点。（3）针对"压前—压中—压后"全场景的压裂模拟需求，开发了九大模块50余项功能的FrSmart 2.0软件平台，实现了压裂工艺的定量化、可视化和一体化模拟，为非常规油气压裂全生命周期的优化与评估提供了工程利器。

该软件申请发明专利4件，登记软件著作权10件，技术秘密3件。核心技术100%自主可控，全国"三桶油"和11所高校安装1625套，在页岩油气、致密油气、深层煤层气等资源领域示范应用万余段层。

（五）首套移动式井场岩样"核磁—激光—CT"一体化集成测量装备研发成功

井场第一时间对岩心近原位高保真测量，是克服油气散失、应力及结构改变带来的误差，精确确定储层物性、含油气性的关键。中国石油成功研制国际首套移动式井场岩样"核磁—激光—CT"一体化集成测量装备，实现重大突破。

主要创新与突破：（1）研制国际首套"核磁—激光—CT"一体化井场近原位岩心连续

高精度成像测量装备,实现岩心元素、矿物组分、孔隙度、流体组分及饱和度等岩石物理参数协同测量,填补业界空白。(2)突破2.5%高线性度梯度线圈、0.2 ms短回波间隔射频、高分辨宽波段激光光谱测量等5项技术卡点,首次实现全直径岩心1 cm核磁切片扫描和D-T2测量,系统指标达到国际领先水平。(3)创新研发多源数据智能融合分析系统,基于多物理场测量结果快速生成孪生数字岩心体,实现三维高清晰融合成像与数值仿真模拟,并与大型测井工业软件CIFLog实现共享,助力油气及时发现和高效勘探开发。

该设备授权国内外发明专利16件,软件著作权8项。在长庆、大庆和塔里木等17家油气田现场应用210井次,累计测量全直径岩心6800余米,推动实验技术由室内单点、单属性向井场连续、多属性测量的全新变革。

(六)3000 m oSeis 海洋节点仪器支撑超深水油气勘探

深海是油气勘探开发重大战略接替领域。面对国外500 m以深海洋节点对我国禁售的困境,中国石油在国内率先攻克了超高静压密封、长时间守时等卡点技术,研发国内首套"3000 m oSeis海洋节点仪器",性能达到国际先进水平,支撑超深水地震采集装备自主可控。

主要创新与突破:(1)创新研制3000 m压电检波器。首创"肋"形耐高静压及振动去耦技术,解决深水节点"卡脖子"难题。(2)首创了适用海洋节点的120 mW国产低功耗芯片级原子钟。创新微型原子气室、CPT真空封装技术、多路时钟授时和校准方法,产品价格降低20%,打破国外技术垄断。(3)研制完成3000 m水深120天长续航的自主海底节点。首创海底节点水下信息回传、姿态智能校准及电源动态管理技术,解决水下质控、重定位及续航短的难点问题。(4)开发完成深海节点管理、数据下载、质控软件系统,形成硬件到软件、核心部件到系统集成、研发到生产制造一体化自主技术,实现深海节点全流程智能化管理。

该仪器申请发明专利18件,授权4件,受理14件(PCT2件),软件著作权7件。在阿联酋、卡塔尔国际OBN项目中与国外产品进行对比测试,资料品质相当,通过国际地震行业最有影响力的VeRIF-i产品认证。该仪器为国家深海战略和提高中国石油在海洋物探高端市场的竞争力提供自主装备保障。

(七)全油气系统地质理论创新推动准噶尔风城组源内规模储量发现

准噶尔盆地风城组发育咸化(碱)湖盆碳酸盐细粒沉积,非常规油气勘探前景巨大,但储层控制因素不清、成藏机理不明,严重制约了勘探进程。中国石油通过多学科联合协同攻关,创新形成了全油气系统地质理论与勘探配套技术,支撑了准噶尔盆地风城组 10×10^8 t级非常规储量新发现。

主要创新与突破:(1)揭示了风城组烃源岩发育"果孢子、杜氏藻、蓝细菌"三类母质,明确了三类母质先后进入生烃窗的全过程、双峰式高效生烃机制。(2)揭示了相带控制粒度、粒度控制喉道的全粒序储层发育机制,建立了盆缘区砂砾岩—斜坡区云质砂岩—凹陷区云质泥页岩的储层有序分布模式。(3)揭示了致密储层 $0.7~\mu m$ 自封闭成藏机制,创建了盆缘区常规油气—斜坡区致密油气—凹陷区页岩油气序次分布的全油气系统成藏模式。(4)发展完善了深层非常规储层精细描述、评价与改造勘探技术体系,支撑了风城组 $10 \times$

10^8 t 级致密（页岩）油规模发现。

该理论授权发明专利 8 件，发表论文 25 篇（SCI/EI 论文 10 篇），专著 2 部。指导了风城组源内油气综合勘探，近五年提交致密（页岩）油储量 $8.4×10^8$ t，开辟了 3 个井组试验区，年产油量超 $10×10^4$ t。在国际上率先发现了全油气系统勘探实例，具有重要的学科发展意义和勘探实践意义。

（八）以苯为单一原料的尼龙 66 成套技术实现重大突破

尼龙 66 关键单体及高品质服用纤维尼龙 66 生产技术长期被国外垄断，极大影响产业链自主可控性，制约我国国防军工等领域高质量发展。针对国防军工急需轻质、耐磨、阻燃尼龙 66 需求，中国石油自主开发以苯为单一原料的尼龙 66 成套技术，发挥苯资源优势，打造自主可控产业链，为国防军工安全提供保障。

主要创新与突破：（1）环己烯一步氧化制己二酸低碳技术。攻克相转移催化反应高效传质技术难题，解决传统两步法流程长、能耗高、温室气体排放量大问题，同比两步法笑气排放降低 90%。（2）超重力法己二酸氨化制己二腈工艺。开发反应器延缓结焦、副产物高值利用、氨气集中回收利用三大技术，收率提高 5%。（3）尼龙 66 "六大器"聚合技术。解决分子量灵活调控难题，实现分子量分布收窄 17%，突破高品质纺丝级尼龙 66 生产技术壁垒。（4）共聚阻燃尼龙 66 产业化制备技术。解决阻燃剂转化率低、聚合物分子量低难题，实现分子量、序列结构可控，建设世界首套千吨级工业示范装置，填补国际空白。

形成国内首套以苯为单一原料的尼龙 66 成套技术工艺包，支撑 $5×10^4$ t/a 己二腈、$5×10^4$ t/a 己二胺、$10×10^4$ t/a 尼龙 66 装置建设，奋力跨入国内尼龙产业第一方阵，有效保障我国国防军工新材料相关产业链供应链安全和自主可控。

（九）气相法聚烯烃弹性体技术开发及商业化

中国石油在国内首次成功开发出气相法聚烯烃弹性体（POE）生产技术，突破高含量低碳 α-烯烃共聚、催化剂体系、热力学平衡重构等多个瓶颈难题，开辟较溶液法流程更短、成本更优、可推广性更强的气相法新路线。

主要创新与突破：（1）气相法 POE 用高共聚性能茂金属催化剂。围绕负载催化剂颗粒形态、活性中心分布以及活性释放动力学与工艺匹配度，开展多维度评价，选定活性适宜且共聚能力强的催化剂，攻克聚合细粉含量、静电控制等技术难题。（2）反应器撤热组合工艺。基于热力学原理，核算聚合体系传热系数，重构热力学平衡。（3）聚烯烃多层次结构与宏观性能的构效关系。共聚单体在分子链中均匀分布，密度低达 0.878 0 g/cm^3，透光率 91% 以上，挥发分小于 150 mg/kg。

该技术申请发明专利 14 件，形成技术秘密 7 件，在 $12×10^4$ t/a 气相法生产装置上开发出 7 个新产品，稳定生产 10 055 t，成功应用 20 家典型客户，综合性能达到国际先进水平，保障新能源用关键材料自主可控和产业链供应链安全稳定。

（十）1 MW 井下大功率电加热蒸汽干度提升技术助力深层稠油高效开采

针对深层稠油热采开发难度大，以及地面注汽锅炉能耗大、碳排高的难题，创新采用电加热装置在井下对蒸汽进行二次加热，国际首创形成 1 MW 井下大功率电加热蒸汽提干技术，连续两年入围国际"海湾能源信息卓越奖"。

主要创新与突破：(1) 建立电加热辅助稠油热采油藏筛选标准。首次确定电加热辅助吞吐和转驱开采的油藏适用界限，有效指导试验选井。(2) 打造世界首套 1 MW 井下大功率电加热蒸汽提干装置。跨越式突破 450 ℃ 高温、4 kV 高电压绝缘、5 kW/m 高功率密度、外径 38 mm 小尺寸极限预制等行业难题，有效提升井底蒸汽干度 20%~30%。(3) 研发形成 4 kV 高压变频调功装置。创新采用变频调功技术，通过压频分离+定频调压运行模式，实现能量转化率≥96.5% 技术突破，精确调控井下电加热装置运行功率。(4) 首次形成耐高温高压电加热井口密封系统。采用双闸板+压帽压紧三级液压密封，在井口创新性增设长期耐高温辅助悬挂、密封功能。

该技术申请发明专利 16 件，其中授权发明专利 2 件，认定技术秘密 2 项，发表 SPE/EI 论文 3 篇，入选中国石油重大装备目录。电加热先导试验井组产量提升 22%，节气 27%，该技术可实现千米深层蒸汽辅助重力泄油（SAGD）开发井底蒸汽干度 70%，采收率大幅提高 30% 以上，规模应用后将助力深层稠油高效动用。

二、2014—2023 年中国石油与国际石油科技十大进展汇总

（一）2014 年中国石油与国际石油科技十大进展

1. 中国石油科技十大进展

（1）古老海相碳酸盐岩天然气成藏地质理论技术创新指导安岳特大气田战略发现和快速探明。

（2）非常规油气地质理论技术创新有效指导致密油勘探效果显著。

（3）三元复合驱大幅度提高采收率技术配套实现工业化应用。

（4）三相相对渗透率实验平台及测试技术取得重大突破。

（5）LFV3 低频可控震源实现规模化应用。

（6）多频核磁共振测井仪器研制成功。

（7）四单根立柱 9000 m 钻机现场试验取得重大突破。

（8）油气管道重大装备及监控与数据采集系统软件实现国产化。

（9）超低硫柴油加氢精制系列催化剂和工艺成套技术支撑国Ⅴ车用柴油质量升级。

（10）合成橡胶环保技术工业化取得重大突破。

2. 国际石油科技十大进展

（1）细粒沉积岩形成机理研究有效指导油气勘探。

（2）CO_2 压裂技术取得重大突破。

（3）低矿化度水驱技术取得重大进展。

（4）声波全波形反演技术走向实际应用。

（5）地震导向钻井技术有效降低钻探风险。

（6）岩性扫描成像测井仪器提高复杂岩性储层评价精度。

（7）多项钻头技术创新大幅度提升破岩效率。

（8）干线管道监测系统成功应用于东西伯利亚—太平洋输油管道。

（9）炼油厂进入分子管理技术时代。

（10）甲烷无氧一步法生产乙烯、芳烃和氢气的新技术取得重大突破。

（二）2015年中国石油与国际石油科技十大进展

1. 中国石油科技十大进展

（1）致密油地质理论及配套技术创新支撑鄂尔多斯盆地致密油取得重大突破。

（2）含油气盆地成盆—成烃—成藏全过程物理模拟再现技术有效指导油气勘探。

（3）大型碳酸盐岩油藏高效开发关键技术取得重大突破，支撑海外碳酸盐岩油藏高效开发。

（4）直井火驱提高稠油采收率技术成为稠油开发新一代战略接替技术。

（5）开发地震技术创新为中国石油精细调整挖潜提供有效技术支撑。

（6）随钻电阻率成像测井仪器研制成功。

（7）高性能水基钻井液技术取得重大进展，成为页岩气开发油基钻井液的有效替代技术。

（8）X80钢级1422 mm大口径管道建设技术为中俄东线管道建设提供了强有力技术保障。

（9）千万吨级大型炼厂成套技术开发应用取得重大突破。

（10）稀土顺丁橡胶工业化成套技术开发试验成功。

2. 国际石油科技十大进展

（1）多场耦合模拟技术大幅提升地层环境模拟真实性。

（2）重复压裂和无限级压裂技术大幅改善非常规油气开发经济效益。

（3）全电动智能井系统取得重大进展。

（4）低频可控震源推动"两宽一高"地震采集快速发展。

（5）高分辨率油基钻井液微电阻率成像测井仪器提高成像质量。

（6）钻井井下工具耐高温水平突破200 ℃大关。

（7）经济高效的玻璃纤维管生产技术将推动管道行业发生革命性变化。

（8）全球首套煤油共炼工业化技术取得重大进展。

（9）加热炉减排新技术大幅降低氮氧化物排放。

（10）人工光合制氢技术取得进展。

（三）2016年中国石油与国际石油科技十大进展

1. 中国石油科技十大进展

（1）古老油气系统源灶多途径成烃理论突破有效指导深层勘探。

（2）深层碳酸盐岩气藏开发技术突破有力支撑安岳大气田规模开发。

（3）全可溶桥塞水平井分段压裂技术工业试验取得重大突破。

（4）PHR系列渣油加氢催化剂工业应用试验获得成功。

（5）满足国V标准汽油生产系列成套技术有效支撑汽油质量升级。

（6）医用聚烯烃树脂产业化技术开发及安全性评价取得重大突破。

（7）微地震监测技术规模化应用取得重大进展。

(8) 三品质测井评价技术突破有力支撑非常规油气勘探开发。
(9) 膨胀管裸眼封堵技术治理恶性井漏取得重大进展。
(10) 天然气管道全尺寸爆破试验技术取得重大突破。

2. 国际石油科技十大进展

(1) "源—渠—汇"系统研究有效指导多类沉积盆地油气勘探。
(2) 非常规"甜点"预测技术有望大幅提高勘探效率。
(3) 内源微生物采油技术研发与试验取得突破。
(4) 太阳能稠油热采技术实现商业化规模应用。
(5) 新型烷基化技术取得重要进展。
(6) 低成本天然气制氢新工艺取得突破。
(7) 逆时偏移成像技术研发与应用取得新进展。
(8) 随钻前探电阻率测井技术取得突破。
(9) "一趟钻"技术助低油价下页岩油气效益开发。
(10) 天然气水合物储气技术取得突破。

(四) 2017年中国石油与国际石油科技十大进展

1. 中国石油科技十大进展

(1) 砾岩油区成藏理论和勘探技术创新助推玛湖凹陷大油气区发现。
(2) 特低渗透—致密砂岩气藏开发动态物理模拟系统研发取得重大进展。
(3) 中国石油创新勘探开发工程技术实现页岩气规模有效开发。
(4) 国Ⅵ标准汽油生产技术工业化试验取得成功。
(5) 丁苯橡胶无磷（环保）聚合技术成功实现工业应用。
(6) 基于起伏地表的速度建模软件成功研发并实现商业化应用。
(7) 方位远探测声波反射波成像测井系统提高井旁储层判识能力。
(8) 固井密封性控制技术强力支撑深层及非常规天然气资源安全高效勘探开发。
(9) 我国第三代大输量天然气管道工程关键技术取得重大突破。
(10) 工程技术突破助力南海水合物试采创造世界指标。

2. 国际石油科技十大进展

(1) 地质云数据助推地质综合研究提高勘探成功率。
(2) 大型复杂油气藏数值模拟技术取得新进展。
(3) 大数据分析技术指导油气田开发成效显著。
(4) STRONG沸腾床渣油加氢技术工业试验取得成功。
(5) 二氧化碳加氢制低碳烯烃取得突破。
(6) 压缩感知地震勘探技术降本增效成果显著。
(7) 多功能脉冲中子测井仪实现高质量套管井储层监测。
(8) 钻井参数优化助力实现油气井整体价值最大化。
(9) 示踪剂及监测系统有效提高储运设备泄漏防治水平。
(10) 工业互联网环境平台创造油气行业新纪元。

(五) 2018 年中国石油与国际石油科技十大进展

1. 中国石油科技十大进展

(1) 陆相页岩油勘探关键技术研究取得重要进展。

(2) 注天然气重力混相驱提高采收率技术获得突破。

(3) 无碱二元复合驱技术工业化应用取得重大进展。

(4) 可控震源超高效混叠地震勘探技术国际领先。

(5) 地层元素全谱测井处理技术实现规模应用。

(6) 抗高温高盐油基钻井液等助力 8000 m 钻井降本增效。

(7) 应变设计和大应变管线钢管关键技术取得重大进展。

(8) 化工原料型加氢裂化催化剂工业应用试验取得成功。

(9) 超高分子量聚乙烯生产技术开发及工业应用取得成功。

(10) 中国合成橡胶产业首个国际标准发布实施。

2. 国际石油科技十大进展

(1) 深海油气沉积体系和盐下碳酸盐岩勘探技术取得新进展。

(2) "长水平井+超级压裂" 技术助推非常规油气增产增效。

(3) 海底节点地震勘探技术取得新进展。

(4) 基于深度学习的地震解释技术成为研究热点。

(5) 新一代多功能测井地面系统大幅度提高数据采集速度。

(6) 先进的井下测控微机电系统传感器技术快速发展。

(7) 负压脉冲钻井技术提升连续管定向钻深能力。

(8) 数字孪生技术助力管道智能化建设。

(9) 渣油悬浮床加氢裂化技术应用取得新进展。

(10) 原油直接裂解制烯烃技术工业应用取得重大进展。

(六) 2019 年中国石油与国际石油科技十大进展

1. 中国石油科技十大进展

(1) 油气成因识别与储层表征创新技术助推深层勘探重大进展。

(2) 柴达木咸化湖盆油气勘探理论技术创新获柴西探区重大突破。

(3) 减氧空气驱提高采收率技术取得重大突破。

(4) 准噶尔盆地非常规油藏长水平井小井距立体开发取得重大进展。

(5) uDAS 井中地球物理光纤采集系统研发成功。

(6) 陆相页岩油测井评价关键技术获得重大突破。

(7) 一体化精细控压钻完井技术助力复杂地层安全优质钻完井。

(8) 复杂地质条件气藏型储气库关键技术及产业化获重大突破。

(9) 柴油加氢精制—裂化组合催化剂成功实现工业应用。

(10) 茂金属聚丙烯催化剂及高端聚丙烯产品开发成功。

2. 国际石油科技十大进展

(1) 机器学习大幅优化河流沉积模式综合解释。

(2) 火箭推进剂无水压裂技术实现航天和油气行业跨界融合。
(3) 基于物联网和云计算的油气生产平台实现数字化转型。
(4) 海洋可控震源样机研制成功。
(5) 智能电缆地层测试技术大幅提高测试效率与效益。
(6) 自主学习的智能定向钻井系统有效提速降本。
(7) 全球最大浮式液化天然气装置投产。
(8) 复合离子液体碳四烷基化工艺技术成功实现工业应用。
(9) 离子液体催化乙烯合成气制甲基丙烯酸甲酯技术取得突破。
(10) 区块链成为油气行业发展的创新增长点。

(七) 2020 年中国石油与国际石油科技十大进展

1. 中国石油科技十大进展

(1) 风险勘探评价技术创新引领油气发现实现战略性突破。
(2) 大面积、高丰度页岩气富集理论指导川南形成万亿立方米大气区。
(3) 纳米驱油技术助力低渗透/超低渗透老油田挖潜降本稳产。
(4) eSeis 陆上节点地震仪器达到国际领先水平并实现产业化。
(5) 三维感应成像测井仪研发成功实现各向异性储层评价突破。
(6) 自动化固井技术装备提升固井质量与作业效率。
(7) 立体式大平台水平井钻井技术助推页岩油规模开发。
(8) 自动化施工和数字化管道技术支撑中俄东线项目建设。
(9) 航空生物燃料生产成套技术研发及工业应用。
(10) 全球首套柴油吸附分离工艺及装备成功实现工业应用。

2. 国际石油科技十大进展

(1) 表征页岩含烃有效孔隙度技术助力页岩油勘探开发。
(2) 地下原位裂解降黏开采技术提高稠油开发效率。
(3) 高效精细油藏数值模拟技术取得重大进展。
(4) 分布式光纤声波传感监测技术应用快速发展。
(5) 随钻声电成像测井仪提升地质导向与地层评价精度。
(6) 钻头导向技术实现水平井导向钻井的新突破。
(7) 长寿命导向螺杆钻具提速降本成效显著。
(8) LNG 薄膜型储罐技术引领储罐大型化发展趋势。
(9) 塑料废弃物转化为柴油的新型催化剂成功实现工业试验。
(10) 将 PET 聚酯酶降解为单体的新技术取得成功。

(八) 2021 年中国石油与国际石油科技十大进展

1. 中国石油科技十大进展

(1) 复杂碳酸盐岩油气藏地质认识和技术创新助推超深层油气重大发现。
(2) 多功能一体化油藏数值模拟软件实现国产化替代。
(3) 超大型地震处理解释一体化系统 GeoEast 实现升级换代。

(4) iPreSeis 复杂构造成像与定量储层预测技术取得重大突破。

(5) 低饱和度油气层测井评价技术创新突破增储上产效果显著。

(6) CG STEER 旋转地质导向钻井系统推动非常规油气开发关键技术自主可控。

(7) "一键式"人机交互 7000 m 自动化钻机显著提升钻井自动化水平。

(8) 天然气集输管网腐蚀及风险防控技术体系研究与应用取得突破性进展。

(9) 全球首套超重力硫酸烷基化新技术工业试验成功。

(10) 百万吨级乙烷裂解制乙烯成套技术工业应用成功。

2. 国际石油科技十大进展

(1) 磁性增强识别技术有效划分油气藏烃流体界面。

(2) 纳米颗粒循环注气技术提高页岩油采收率。

(3) 同步压裂技术进一步提升非常规油气作业效率。

(4) 海底自动化节点地震勘探取得新进展。

(5) 高精度随钻核磁共振测井提升复杂储层评价能力。

(6) 有缆供电钻杆的成功研制推动钻井向井下电动化迈进。

(7) 大型低温液化氢运输船引领大容量液化氢运输趋势。

(8) 高收率烯烃催化裂解技术取得新进展。

(9) 中国首次在实验室实现人工合成淀粉。

(10) 一项具有革命性的塑料回收工艺成功实现商业化。

(九) 2022 年中国石油与国际石油科技十大进展

1. 中国石油科技十大进展

(1) 被动陆缘盆地深水油气勘探理论技术创新支撑古拉绍重大发现。

(2) 超深层地质力学技术支撑塔里木油气勘探开发向深地挺进。

(3) 低渗透油藏离子匹配纳米分散体系提高采收率技术取得重要突破。

(4) 智能化分层注水技术促进水驱开发形成精细化高效开发新模式。

(5) 恶性井漏防治关键技术助力钻完井工程安全、提质增效。

(6) OBN 地震勘探技术与装备创新引领海洋业务实现跨越式发展。

(7) 新一代桥射联作技术取得突破并规模应用。

(8) 单点系泊与海洋管道施工关键技术实现重大突破。

(9) 1,4 - 环己烷二甲醇国产化技术攻关取得重大进展。

(10) 茂金属聚乙烯生产技术助力高端聚烯烃产业发展。

2. 国际石油科技十大进展

(1) 沉浸式扩展现实油藏模拟可视化技术取得重大进展。

(2) 智能微芯片技术在非常规油气田开发中取得突破性进展。

(3) 天然气直驱涡轮机水力压裂技术助力绿色转型。

(4) 定向钻井技术实现由自动定向向自主定向的跨越。

(5) 世界首台全自动陆上钻机显著提升钻井智能化水平。

(6) 新型压缩机助力低碳天然气管道输送。

(7) 将废塑料转化为工业用二氧化碳吸附剂的新技术取得进展。

(8) 硅异质结太阳能电池转化效率打破世界纪录。

(9) 全球首款智能自动化压裂系统应用效果显著。

(10) 新兴机器人技术加速油气行业数字化转型。

(十) 2023年中国石油与国际石油科技十大进展

1. 中国石油科技十大进展

(1) 高黏土页岩油富集理论与关键技术突破支撑古龙页岩油示范区建设。

(2) 深层煤岩气富集理论与开发关键技术创新推动产业发展。

(3) 胺液深度复活技术支撑含硫天然气高效生产。

(4) 溶液法高性能乙烯-辛烯共聚聚烯烃弹性体成套技术开发与应用。

(5) 国内首套PETG共聚酯成套技术开发与应用。

(6) 轮胎用关键材料高性能溶聚丁苯橡胶技术开发与应用。

(7) 智能化地震作业系统推动地震采集提质增效。

(8) 水平井过钻具成像测井装备与处理软件实现国产化替代。

(9) 无源磁导向钻井技术实现重大突破。

(10) 千立方米级宽负荷低能耗碱性电解水制氢技术装备首次投运。

2. 国际石油科技十大进展

(1) 天然氢认识突破加速多国推行开发利用计划。

(2) 3000 m深水盐下勘探技术助推纳米比亚深水重大发现。

(3) 智能化油藏描述技术提高勘探开发的效率和精度。

(4) 利用微生物发酵制取生物基己二酸技术取得重大进展。

(5) 基于生物转化利用技术的二氧化碳制乙烯合成新工艺实现生物制造新的跨越。

(6) 利用合成生物学技术开发的聚乳酸"负碳"生产工艺取得进展。

(7) 海洋低频大容量气枪震源研究取得突破。

(8) 三维随钻测井技术助力提高复杂储层精准识别能力。

(9) 内部定向压差工具开辟旋转导向钻井技术新路线。

(10) 环焊缝视觉检测监测系统实现管道焊接全过程监控。

(本附录撰写人:郭晓霞 刘雨虹 刘知鑫 李田玮 审核人:杨 艳 赵 旭 张焕芝)

附录二 国外石油科技主要奖项

一、2024年石油工程技术创新特别贡献奖

由石油公司和油服公司提交，经石油公司、咨询公司的工程师和科学家组成的评委会评审，美国《Hart能源》杂志评选出2024年18项石油工程技术创新特别贡献奖，获奖石油上游工业的新产品、新技术包括理念、设计和应用方面的创新，有效解决油气生产中的难题。

（一）人工举升奖——沙特阿美公司和Lex电潜泵公司的超高速高含气率泵

沙特阿美公司与Lex电潜泵公司联合研发的超高速高含气率泵解决了高含气率油井的生产难题。该泵采用螺旋叶片设计的转子和定子，通过轴向流动技术将气体与液体充分混合，避免气锁现象，入口含气率处理能力高达90%（传统泵仅75%）。其紧凑设计（总长55 ft）和防砂性能（转子与定子间隙较大）提升了可靠性，并配备热交换器系统冷却井下电动机。现场应用显示，该技术显著提高了油气田的生产效率和运行稳定性，适用于高含气复杂工况。

（二）碳管理奖——卡特彼勒油气公司的Cat混合储能解决方案

Cat混合储能系统通过天然气替代柴油燃料，降低钻井作业的碳排放和运营成本。该系统集成储能模块、发电机组和微电网控制器，支持快速响应和多种能源配置。与纯柴油钻机相比，其混合动力系统瞬态响应更优，能够降低天然气燃料成本30%或降低油田气燃料成本85%，同时减少氮氧化物排放81%。此外，该系统自动化程度高，能适应恶劣环境，提升钻井作业的能源效率和环保性能，为传统钻机向低碳转型提供一种可行路径。

（三）数字油田奖——Expro公司的Centri-FI综合控制台

Centri-FI系统通过平板电脑实现起下钻、完井工具搬运等操作的远程控制，仅需1名操作员即可完成传统需3~4人才能完成的工作。该系统集成机器学习与人工智能，实时监控关键指标并优化流程，减少非生产时间。其模块化设计支持多设备协同，能提升钻台安全性和作业效率，同时降低20%以上的人工成本。该技术已在多个油田验证，显著缩短了钻井周期，并提高了资产回报率。

（四）钻头奖——斯伦贝谢公司的AccuStrike短上扣部位钻头

AccuStrike钻头专为定向钻井设计，通过一体化钢制结构和最小化上扣部位长度，优化了与旋转导向系统（如PowerDrive Orbit G2）的配合。其独特的切削结构减少了钻头振动和工具损坏风险，造斜能力提升30%，并支持复杂井眼轨迹控制。现场测试表明，该钻头单趟钻进尺更长，钻井时间缩短15%，适用于深井和水平井的高效钻井。

（五）钻井液/增产作业奖——哈里伯顿公司的 BaraHib 可追踪抑制性钻井液体系

BaraHib 体系是一种高性能水基钻井液，通过定量测量氨基抑制剂浓度，有效抑制黏土矿物水化，提升井筒稳定性。其剪切稀释特性可增强井眼清洁能力，提高机械钻速 10%～15%。该体系特别适用于大斜度井和页岩地层，可减少扩眼作业需求，可减少 20% 的钻井液浪费，兼顾效率与环保。

（六）钻井系统奖——Patterson – UTI 旗下 Ulterra 公司的减振工具

Ulterra 公司的减振工具针对高频扭转振动设计，采用高温弹性材料 Vylon 和摩擦板结构，有效阻尼振动并减少随钻测量工具的故障率。其紧凑设计（长度仅 3 ft）和低故障率（无活动部件）适配多种钻具组合。现场数据显示谐波振动降低 50%，钻柱寿命延长 30%。该工具为复杂地层钻井提供了可靠解决方案。

（七）勘探/地球科学奖——哈里伯顿公司的 DecisionSpace 365 灵活现场管理技术方案

哈里伯顿子公司兰德马克推出的 DecisionSpace 365 灵活现场管理技术方案，采用创新的网格架构，将分散的多学科数据整合到一个平台上，建立自动化工作流程，构建油田数字孪生场景，通过标准化的参考系统，随时随地实时获取项目信息，实现实时数据共享，支持团队协作优化开发方案。该平台已在多个项目应用，快速测试不同开采场景，加密井位规划效率提升 40%。

（八）浮式系统与钻机奖——PTS 公司的多体船设计

多体船设计采用铰接方式将两艘或多艘油轮连接在一起，主要包括两种形式：浮式生产储油卸油装置（FPSO）和浮式液化天然气装置（FLNG）。多体船设计能够以更简单且经济的方式实现船体与平台/甲板之间的运动解耦，并且能够扩展船舶配置容量，从而提高运营效率。与传统的单体 FPSO 或 FLNG 相比，多体船设计可降低设计、建造、安装和调试方面的成本高达 30%。同时，多体船设计重心较低，比单体船设计具有更高的稳定性，减少了对液体储存容量的负面影响；采用扩展式设备布局，减少了设备和工作区域的受限空间，提升了安全性。

（九）地层评价奖——Cordax 评价技术公司的 LWT – GEN3 地层密度测井系统

Cordax 开发的 LWT – GEN3 地层密度测井系统由 LWT – GEN3 钻铤和三探测器测量仪器组成。LWT – GEN3 钻铤集成到常规底部钻具组合中，具有全通径设计，在钻井过程中不携带电子或核放射源。当井眼钻完并稳定后，三探测器测量仪器从地面泵送至 LWT – GEN3 钻铤并锁定到位。在起钻的同时，记录地层密度数据。在地面，地层密度数据与深度数据合并，生成基于深度的地层密度数据。

（十）HSE 奖——NOV 公司的机械轴锁定装置

将永磁电动机机械轴锁定装置引入油气生产，能够解决与永磁电动机相关的重大安全风险，彻底消除意外旋转和电压产生的风险。现场测试验证其作为故障安全机制的功能，在多家油气作业者的多口井中成功部署，充分展示了其在确保安全性和预防危险状况方面的卓越性能。机械轴锁定装置的实施不仅提升了安全性，还通过消除去除油管堵塞所需的二次服务，优化了作业流程。这一解决方案解决了与永磁电动机相关的关键安全问题，致力于为安全高效的永磁电动机操作树立全新标准。

（十一）水力压裂/压裂泵奖——Lonestar 完井工具公司的 LONEstart 趾端阀

LONEstart 趾端阀采用顶部接头/活塞整体式设计，在活塞与顶部接头之间设计一个小剪切平面，无须外部剪切装置，而且减少了 50% 的高压动态内径密封件。其光滑的内孔内径及优化的活塞设计可产生比大多数标准趾端阀更高的开启力，即使套管鞋中存在水泥残留物，也能确保顺利开启。

（十二）IOR/EOR/修井奖——Locus 生物质能公司的 AcidBoost 表面活性剂

AcidBoost 表面活性剂是一种基于生物表面活性剂的微乳液，旨在通过简化和提升酸化修复工艺，使用单一酸类添加剂，提升酸化处理效率，并降低操作复杂性以及相关的 HSE 风险。在实际应用中，AcidBoost 表面活性剂创造亲水性环境并防止乳化，从而增强酸的反应性和渗透性，为井筒修复提供更高效的解决方案，具有提高酸化效率并增加石油产量的潜力。

（十三）机器学习与 AI 奖——Nabors 工业公司和 Corva 公司的预测钻井系统

Corva 公司的预测钻井应用与 Nabors 工业公司的通用钻机控制及自动化平台 SmartROS 连接，采用基于机器学习的机械钻速优化器，通过云到云的无缝连接，远程控制钻机自动司钻装置的设定值，实现闭环自动化钻井，减少系统失效，最大限度地降低单位进尺钻井成本。Nabors 工业公司数据显示，当预测钻井系统的使用率达到或超过 70% 时，机械钻速可提升 15%~20%，冲击与振动可显著减少，并且能够一趟钻完成水平段。该系统可实现远程操控能力，大幅减少现场干预需求，降低钻井操作人员的劳动强度，使其专注于其他确保安全钻井的关键任务。

（十四）海洋工程建设和弃置奖——贝克休斯的 Agnostic Tooling 开放式工具

Agnostic Tooling 通过评估工具的基本功能并利用工具之间的共性来简化和改进设计，从而减少工具需求。这种创新的工具设计采用模块化方法，使工具能够适应多种井型，并根据特定操作要求定制功能，从而减少所需工具的数量，提升作业能力，并降低碳排放。该创新工具可显著降低弃置作业成本。调查显示，该工具可减少弃置作业所需的工具数量及其后续维护需求，简化设计验收流程，以及通过通用的顶部和底部连接最大限度地减少接口设备。

（十五）非压裂完井奖——哈里伯顿公司的双行程智能完井管柱

哈里伯顿公司开发了 Auris 完整性检查器系统和配备 Fuzion-TJ 控制线的伸缩移动接头两项关键技术，使深水海底油井的双行程智能完井管柱成为可能。Auris 完整性检查器与 Fuzion-TJ 伸缩移动接头的双行程智能完井管柱基于 Dynalink 声波遥测系统实现井下双向通信，通过实时压力测试及全井段仪表检测验证液压/电气系统完整性，降低完井风险；并集成 7.25 in 液压管、1.25 in 电缆及热交换线路，具备 20 ft 行程能力与井下旁路功能，其键控芯轴设计在保持扭矩传输的同时，解决了深水井空间受限条件下上下部完井的可靠连接难题，成为实现双行程智能完井的核心技术支撑。

（十六）陆上钻机奖——Nabors 工业公司旗下的 Canrig 钻井技术公司的 Sigma 顶驱

Sigma 顶驱能在严苛钻井条件下运行，扭矩可达 75 000 ft·lbf，支持超长水平段钻井。

它配备 Nabors 工业公司智能软件套件,可无缝集成和自动控制,还能监控设备健康、使用情况和诊断信息,实现预防性维护。相比传统顶驱,其零件减少 30%,紧凑设计利于钻台排放更多立柱,提升操作安全性。液冷电动机设计避免冷凝和过热,减少故障和噪声。Sigma 顶驱还得到了 Nabors 工业公司的专家团队 7×24 h 的支持,该团队为客户提供随时可用的专家,无论在钻井现场还是在远程操作中心或办公室。

(十七)海底系统奖——Mocean 能源公司和 Verlume 公司的可再生能源水下供电系统

Blue X 海洋能源转换器与 Halo 水下电池集成,通过海洋能转化技术为海上微电网中的水下设备提供低碳电力与实时通信,突破传统海底电缆部署周期长、碳排放高的瓶颈,具备远程运维能力。该方案已应用于贝克休斯公司的水下电子模块及 Transmark Subsea 公司的自主水下机器人驻留车库(AUV Garage),为碳封存、设施弃置等偏远海域作业提供稳定可再生能源。该技术已通过商业化验证,计划两年内在北海等海域规模化部署,成为海上可再生能源脱碳的关键基础设施。作为现成解决方案,它不仅支持大规模海上清洁能源开发,更通过替代化石能源驱动的水下系统,推动海洋工程领域加速实现净零目标。

(十八)水管理奖——沙特阿美公司的低矿化度非常规储层压裂返排水管理项目

零液体排放采出水管理技术通过离子改性与脱盐工艺将油田采出水转化为高附加值资源。预处理阶段采用化学清除剂和氮气诱导气浮技术,分别去除溶解态 H_2S 和分散态碳氢化合物;随后通过动态蒸汽压缩(DyVaR)装置在 $80 \sim 90$ ℃温和条件下蒸发采出水,经冷凝产出低盐度淡水,浓缩盐水循环处理实现 70%~80% 水回收率。浓缩盐可提取矿物或直接用于配制钻井液,实现 100% 资源化。该技术已应用于注水驱油、非常规压裂及原油脱盐等领域,兼具环保效益与经济效益。沙特阿美公司验证其可作为灌溉水源及绿氢生产原料,助力油气行业能源转型,成为实现循环经济与净零目标的关键技术路径。

(本部分编译人:李晓光 贺怡然 焦 姣 审核人:杨金华)

二、2024 年 OTC 聚焦新技术奖

国际海洋技术会议(OTC)组委会于 2024 年 5 月 6 日宣布了本年度"聚焦新技术"奖的获得者,以表彰推动海洋能源行业带来技术变革的最前沿、最先进的创新成果。本年度有 15 项技术获奖,其中 5 项来自中小企业。

(一)贝克休斯公司的 TRU – ARMS™ 高级油藏测绘服务

TRU – ARMS™ 高级油藏测绘服务是油藏测绘技术上的飞跃,该服务能够识别距井眼最远达 300 ft 的岩性边界和流体边界,从而完善油田开发规划,提高油气产量和采收率。这项创新服务同时利用专有的分析方法进行储量评估。

(二)贝克休斯公司的 Sonus™ 声波坐封式尾管悬挂器

Sonus™ 声波坐封式尾管悬挂器系统提供一种全新的尾管悬挂器安装方式,可节省时间,优化作业流程,降低作业风险。该系统在整个尾管安装过程中能够提供实时的井下数据,并

且配备双向通信功能，以便在固井前、固井过程中、固井后有选择地启动设备。

（三）博世力士乐公司的 Hägglunds Quantum 马达

博世力士乐公司开发的 Hägglunds Quantum 马达是同类产品中体积最小、性能最强大的产品，其全新性能兼具了紧凑型和效率两大优势。凭借创新型的连接模块，能够达到超高的功率密度，最高转速可达 170 r/min，最大扭矩可达 350 kN·m，并确保以较高的效率满扭矩运行。

（四）DeepOcean 公司的水下自主巡检无人机

水下自主巡检无人机（AID）可为海底资产提供预编程的检测路线，在不增加人员数量的情况下同步增加作业量。DeepOcean 公司的数字孪生模型中规划好的路线，会从远程操作中心传输至该无人机进行持续监测。这在确保获取高质量数据的同时提高作业效率。DeepOcean 公司已部署了首架水下自主巡检无人机，用于海上风电场和油气田设施检测。

（五）Fugro 公司的"蓝龙号"海底钻机

荷兰辉固（Fugro）公司"蓝龙号"（Blue Dragon®）全自动海底钻机自 2023 年开始商业应用，彻底革新了海底岩土工程勘察领域。模块化、全自动化的"蓝龙号"海底钻机能够在一次下潜作业中完成原位测试、土壤采样以及岩石取心等工作，可在不同水深和地形条件下作业，降低作业风险，提高作业安全性。

（六）Fugro 公司的远程海底检测方案

荷兰辉固（Fugro）公司的远程海底检测解决方案整合了公司 Blue Essence® 号无人水面快艇（USV）和 Blue Volta® 号电动遥控潜水器（eROV），并由该公司的一个远程操作中心进行管理。由于采用无人操作模式，这种方案降低了 HSE 风险和项目成本，减少了碳排放，同时促进了与客户的实时协作，以优化决策过程。

（七）德国汉高公司的 LOCTITE® Pulse™ 解决方案

德国汉高（Henkel）公司的 LOCTITE® Pulse™ 解决方案是一种可扩展的端到端工业物联网解决方案，无缝融入现有的基础设施，并可根据需求轻松扩展，用于提高工厂设备的可靠性和运行效率。在关键设施上部署 LOCTITE® Pulse™ 脉冲传感器，可以通过一个应用程序监测关键的静态和旋转动态资产，提高工厂安全性、生产率、缩短停机时间。

（八）Oil States 公司的数字平台与数字生态系统

Oil States 公司开发的 ACTIVEHub™ 平台及 ACTIVELatch™ 数字技术生态系统，为业内首款电池供电的无线电控平台，可提供远程监测与控制功能。当 ACTIVEClose™ 和 ACTIVESense™ 技术配合使用时，可对阀门和压力控制设备实现远程监测与控制，从而提升油井现场的安全性和作业效率。

（九）Oil States 公司的 Swift™ DW2 防转棘齿连接器

Oil States 公司的 Swift™ DW2 防转棘齿（RAR）连接器为油气作业者提供了一种独特的整体式机械防转机制，可在极端且对组件疲劳敏感的超深水环境条件下防止连接器松脱，是市场上唯一一款将整体式防转棘齿装置作为标准组件的、真正意义上的金属密封导管和套管连接器。

（十）Saipem 公司的集成声学装置

塞班（Saipem）公司开发的集成声学装置（I.A.U.）是能够在敷设作业期间对海上管道进行非侵入式远程完整性监测的数字仪器，实时定位几千米外的障碍物，监测管道变形和进水情况，及时发现异常情况，从而降低作业风险，为客户提供了附加价值。该集成声学装置已通过挪威船级社（DNV）认证，目前已开始为正在施工的项目提供服务支持。

（十一）BridgeFlow Valve 公司的机械球阀

BridgeFlow Valve 公司的机械密封球阀革新了阀门技术，其创新设计确保了阀门在运行时不会泄漏，能够无摩擦转动且实现高效的流体输送，相比传统方法具有更强的耐用性和密封性，并且兼具环境可持续性，为阀门的可靠性和效率设定了新的标准。

（十二）GOWell 公司的多孔径运动补偿涡流脉冲探测方法

GOWell 公司的第二代增强管道检测工具（ePDT-Ⅱ）采用多孔径运动补偿电磁技术，经实践验证，可对多达五根的同心套管进行管道壁厚测量。腐蚀监测能够帮助操作人员节省高昂的维修费用，以及避免潜在的油井弃置风险。ePDT-Ⅱ已成功拓展了其管道评估范围，可对外径为 $2\frac{7}{8}$~24 in 的管柱进行评估。

（十三）GOWell 公司的弹性结构非谐共振式过油管固井评价技术

GOWell 公司的过油管固井评价（TTCE）技术利用创新弹性结构非谐共振技术实现过油管固井评价。TTCE 可应用于多种场景，如油气开发、地热、弃井封堵、储气库等，为井筒完整性管理提供高效且经济的选择，无须起出油管即可对环空水泥进行评价。

（十四）HYTORC 公司的 LIGHTNING™ 系列单电动机泵

德国 HYTORC 公司的 LIGHTNING™ 系列单电动机泵用于螺栓快速紧固作业，采用 1170 W·h 的电池，无须依赖电网供电，变速电动机设计增加了泵送流量和泵送速度，并可在各种天气条件下运行。智能款配备直观的触摸屏，并具备记录功能。

（十五）NanopreciseSci 公司的 NrgMonitor™ 平台

NrgMonitor™ 是一个能源效率与健康分析平台，能够追踪能源效率、监测碳足迹，并实现对电动机驱动设备的状态监测。该平台能够识别耗能资产、精准定位故障，并预测设备的使用寿命，助力实现净零排放目标，同时防止出现非计划停机情况。

（本部分编译人：李晓光　焦姣　贺怡然　审核人：杨金华）

三、2024 年 IPTC 卓越项目奖

为充分呈现全球勘探开发项目在运营管理最佳实践与技术创新能力方面的卓越成就，国际石油技术会议（IPTC）设立了卓越项目奖，旨在表彰为行业创造杰出价值的项目。这些项目充分体现了强大的团队合作精神、扎实的地球科学知识、杰出的工程建设实践，并注重

可持续发展和 HSE 文化，对国家、地区和世界产生积极影响。2024 年，IPTC 卓越项目奖授予两个项目：埃克森美孚公司 Liza 项目（1 期和 2 期）被授予为价值超过 5 亿美元的卓越项目，阿布扎比国家石油公司的 CCUS 发展之旅（CCUS Evolution Journey）项目被授予为价值 2 亿~5 亿美元的卓越项目。英国石油公司（bp）的 Shah Deniz 2 项目和埃尼集团（Eni）的 Coral South FLNG 项目分别入围卓越项目。

（一）埃克森美孚公司的 Liza 项目

2015 年 5 月，圭亚那海上 Stabroek 区块 Liza-1 探井获得发现。在不到 5 年的时间里，即 2019 年 12 月，Liza 一期项目开始使用 Liza Destiny FPSO 船进行生产，成为业内从发现到投产最快的项目之一。Liza 一期投产后 2 年，Liza 二期于 2022 年 2 月在 Liza Unity FPSO 开始生产。Liza 二期开发项目部署了新技术和新管理执行方法来应对全球新冠疫情带来的挑战：边境进入、远海限制性条件等。跨项目集成是该项目取得成功的关键，"一个团队"的团结协作理念发挥了重要作用。

（二）阿布扎比国家石油公司的 CCUS 发展之旅项目

阿布扎比国家石油公司（ADNOC）的 CCUS 发展之旅项目，将钢铁厂排放的 CO_2 捕获，用于油田提高采收率，增产数亿桶原油。项目始于 2016 年，目前已在全领域扩建。该项目符合可持续的未来愿景，为到 2045 年实现净零排放目标做出了重大贡献，目标是到 2030 年实现 1000×10^4 t/a 二氧化碳储存。ADNOC 在石油开采、二氧化碳效率和储存方面的决心和成就为能源和可持续性的和谐未来树立了鼓舞人心的榜样，被授予为 2024 年价值 2 亿~5 亿美元的 IPTC 卓越项目奖。

（本部分编译人：焦　姣　李晓光　审核人：杨金华）

附录三 未来极具潜力的十大油气和新能源技术

中国石油集团经济技术研究院能源科技创新与发展研究团队在长期跟踪国内外能源科技进展的基础上,通过专利/文献分析和多轮次专家研讨,评选出未来极具潜力的十大油气与新能源技术。筛选范围:油气勘探开发、工程技术与装备、炼化与新材料、新能源与绿色低碳。筛选标准:当前处于研发、试验或初步应用阶段,2050年前有望商业化应用并形成新质生产力的技术。

(一)深地油气勘探开发技术

深地油气勘探开发是我国增储上产重大战略接替新领域。近年来,世界新增油气储量60%来自深部地层。我国深层、超深层油气资源量达 671×10^8 t 油当量,占全国油气资源总量34%。面临的挑战主要是超深、高温、高压、地质复杂多变,勘探开发风险大、成本高、难度大,对地质理论创新、井筒技术创新、开发技术创新和装备迭代升级提出极高要求。向地球深部进军是全球能源科技创新的重要方向。未来亟须加强超深层油气富集机理与分布规律研究,攻克超深油气安全高效钻完井关键技术、材料与装备,抢占全球深层超深层油气勘探开发战略高地。

(二)深海油气勘探开发技术

深海油气勘探开发是全球油气增储上产重要战略接替领域,也是全球海洋经济的增长点。近年来,深海油气发现占全球油气新发现一半以上,深海油气可采资源量约为 1560×10^8 t,占全球油气可采资源总量的15%以上。面临的挑战主要是深水复杂环境、特殊压力、海底低温、地下资源与地面工程设施协同等;装备制造、工程施工和运营维护等环节投入高、风险大,勘探开发成本居高不下。未来重点技术攻关方向包括超深水FPSO、深水FLNG(浮式液化天然气装置)、单点系泊系统、海底工厂、深远海保障基地等。随着我国海上能源开发进入多能协同开发新阶段,深海油气与深远海风电融合开发也将成为重要方向。

(三)陆相页岩油气勘探开发技术

我国陆相页岩油可采资源量 $(30 \sim 60) \times 10^8$ t,陆相页岩气可采资源量 $(21.8 \sim 36.1) \times 10^{12}$ m^3;陆相页岩油气勘探开发正处于起步和局部破局阶段。面临的主要挑战是产层埋藏深、非均质性强、提产难度大,井下事故复杂和套变频发,建井周期长、建井成本高、开发风险大。陆相页岩油气有望实现规模效益开发,成为我国油气增储上产的重大战略接替领域。未来重点技术方向包括陆相页岩油气地质理论、CO_2和纳米提高采收率技术、水平井超级"一趟钻"配套技术、精准智能压裂、立体开发、绿电+原位改质等,这些技术突破将助推中国版页岩革命。

(四)石油基高端新材料生产技术

随着新能源等新兴产业迅猛崛起,化工新材料需求快速增长,炼化行业正从生产燃料为主向生产化工原料及高端新材料转型。石油基高端新材料主要包括部分高性能聚烯烃、工程塑料等合成树脂以及合成橡胶、碳材料等新材料，其市场价值高，需求迫切。我国新材料领域当前供需结构性矛盾突出，2023 年我国消费约 1600×10^4 t 聚烯烃产品，近 1000×10^4 t 依赖进口；聚芳醚砜、高温聚酰胺、聚醚醚酮等自给率低于 40%。石油基高端新材料生产技术将更加聚焦于满足新兴产业市场急需产品的品质、品类，从化工原料、催化剂和装备、绿色制造等方面开展技术攻关，使化工新材料全生命周期更加绿色低碳。石油基高端新材料将是我国新兴产业发展的重要支撑，对石化行业转型提质增效、实现高质量可持续发展具有重要意义。

（五）风光氢储规模化可持续利用技术

风光氢储规模化可持续利用技术是一种集风能、光伏、电解水制氢、储氢和氢燃料电池等于一体的关键技术系统，目前正处于研究验证阶段。该技术旨在解决风能和太阳能发电的间歇性和不稳定性问题，通过将过剩的电能转化为氢气储存，以实现能源高效利用和电网稳定运行。面临的挑战包括技术成本高、系统效率优化、氢气安全储存和运输等。重点技术方向包括高效率电解水制氢、储氢材料和氢燃料电池等，未来有望实现可再生氢"制储输用"全链条一体化运营，对于推动风电、光伏、氢能、储能等多种能源协同发展，提升清洁能源综合利用效率具有重大战略意义。

（六）CCUS 技术

CCUS 技术是一种从工业过程、能源利用或大气中捕集 CO_2，并将其直接利用或注入地层以实现 CO_2 永久减排的过程。该技术是实现 CO_2 大规模减排的重要技术手段，目前整体处于商业化早期阶段。面临的挑战主要是碳捕集成本和能耗高、CO_2 资源化利用途径有限、CO_2 矿化封存速率难调控等。重点技术方向包括化学链燃烧等低成本低能耗碳捕集、CO_2 制绿色甲醇等化学利用、CO_2 生物及矿化利用、深部咸水层规模化封存、CO_2 快速矿化及速率调控、地质体碳封存容量高效利用等技术。预计 2030 年前后，CCUS 核心技术将取得突破性进展，有望大幅降低工业和能源生产过程中的碳排放，成为降碳"撒手锏"。

（七）资源回收与循环利用技术

随着全球可再生能源和电动汽车需求的不断增长，废塑料、废轮胎、废旧电池等数量剧增，其资源化回收与循环利用对节约能源和保护环境尤为重要。废塑料化学循环利用是废塑料处理的路径之一，但存在热解油出油率低、杂质多、成本高等难点。退役动力电池的梯次利用能够解决回收处理问题，但面临如何确定简单、合适、可靠的分选条件等难题。此外，废旧轮胎、废催化剂以及"三废"的资源化回收利用都将对能源行业可持续发展形成挑战。资源回收与循环利用技术作为推动绿色低碳发展的重要手段，将成为支撑经济社会可持续发展的重要力量。化学循环处理技术有望突破废塑料材料化回收利用的发展瓶颈，彻底解决塑料污染问题。构建覆盖全面、运转高效、规范有序的退役动力电池高效循环利用体系，有望支撑新能源汽车产业绿色高质量发展。

（八）基于合成生物学的先进生物制造技术

基于合成生物学的先进生物制造技术是一种利用合成生物学原理和方法，通过设计和构建新的生物系统或重新设计现有生物系统，实现特定功能产品的生物制造技术，目前正处于从实验室研究向产业化应用过渡阶段。该技术可提高生物制造的效率和可持续性，替代传统化工合成路线，减少对化石能源的依赖，降低环境污染。面临的挑战包括物组件准确描述和应用、基因网络预测和构建、大规模基因网络建设和测试、生物系统精确控制和优化等。合成生物学将加速推动生物制造业变革，基于合成生物学的先进生物制造技术未来有望重塑医药、化工、能源等传统行业。预计未来 10~20 年，合成生物制造有望形成每年数万亿美元的市场规模。绿色生物制造将成为"双碳"目标约束下，能源化工企业的重要技术选择。

（九）能源智慧生产与利用技术

能源智慧生产与利用技术是一种融合"智慧油气生产"与"AI 智能决策的新能源利用系统"形成的未来能源技术，目前仍处于萌芽阶段。通过 AI 决策、能源互联网、多能互补等方法来解决未来能源的智能化与绿色化利用问题。面临的挑战主要包括如何利用 AI 探索新能源多时间尺度功能场景下的油气开发机制、油气与新能源融合高效开发协同调配方法等。AI 技术将推动传统油气田生产管理的智能化提升，并打造自动、高效的智慧油气田运行模式。基于 AI 智能决策的能源互联网将集成分布式发电、储能、通信传感等智能电网技术，推动智慧油气田与光伏发电、油田地热供能等多种新能源场景融合高效开发，助力生产环节与新能源利用的协同耦合，实现多能互补与长效匹配。

（十）可控核聚变技术

可控核聚变技术是一种旨在实现轻原子核（如氢的同位素氘和氚）在极高温度和压力下聚合成重原子核（如氦）并释放巨大能量的过程。目前正处于实验阶段，需要解决如何安全、高效地模拟太阳内部核聚变过程，以提供几乎无限的清洁能源。面临的挑战主要是燃烧等离子体稳态自持运行、耐高能中子轰击及高热负荷材料、氚自持等。亟须突破高温超导磁体等关键技术，提高等离子体的约束效率和稳定性，助力实现稳态自持运行，加快推动工业示范。预计 2050 年前后，可控核聚变将实现商业化应用，有望推动人类社会逐渐摆脱对化石燃料的依赖，进入全新能源时代。

（本附录撰写人：杨　艳　赵　旭　张焕芝　李晓光　郭晓霞
刘知鑫　赵明洋　张　帆　龚雅妮　审核人：张运东）